O PODER NORMATIVO DA
JUSTIÇA DO TRABALHO APÓS A
EMENDA CONSTITUCIONAL N. 45/2004

WALTER WILIAM RIPPER

Pós-graduado em Direito Processual Civil e Mestre em Direito do Trabalho pela Pontifícia Universidade Católica de São Paulo (PUC/SP). Professor Universitário de Direito do Trabalho e Direito Processual do Trabalho. Membro da Asociación Iberoamericana de Derecho Del Trabajo y de La Seguridad Social. Sócio-fundador da Advocacia Ripper S/C, em São Paulo.

O PODER NORMATIVO DA JUSTIÇA DO TRABALHO APÓS A EMENDA CONSTITUCIONAL N. 45/2004

EDITORA
LTr
SÃO PAULO

Dados Internacionais de Catalogação na Publicação (CIP)
(Câmara Brasileira do Livro, SP, Brasil)

Ripper, Walter Wiliam
O poder normativo da justiça do trabalho após a emenda constitucional n. 45/2004 / Walter Wiliam Ripper. — São Paulo : LTr, 2007.

Bibliografia.

ISBN 978-85-361-1009-7

1. Brasil — Constituição (1988) — Emenda n. 45/2004 2. Justiça do trabalho — Brasil 3. Poder normativo I. Título.

07-6239 CDU-347.998:331(81)

Índices para catálogo sistemático:
1. Brasil : Justiça do trabalho : Poder normativo : Direito 347.998:331(81)
2. Brasil : Poder normativo : Justiça do trabalho : Direito 347.998:331(81)

(Cód. 3508.9)

© Todos os direitos reservados

LTr

EDITORA LTDA.

Rua Apa, 165 — CEP 01201-904 — Fone (11) 3826-2788 — Fax (11) 3826-9180
São Paulo, SP — Brasil — www.ltr.com.br

Outubro, 2007

*Dedico este estudo à
minha amada esposa, Silviane,
pela compreensão, amor e dedicação
sempre a mim conferidos.*

*Aos meus lindos filhos,
Arthur e Gabriela,
que me encantam todos os dias
com seus doces olhares.*

Dedico este livro a
minha amada esposa, Silviane
pela compreensão, amor e dedicação
sempre a mim comedidos.

Aos meus amados filhos,
Arthur e Gabriela
que me encantam todos os dias
com seus doces olhares.

AGRADECIMENTOS

Ao Professor Doutor *Pedro Paulo Teixeira Manus*, meu orientador, a quem agradeço pela sábia metodologia de ensino aplicada em âmbito de pós-graduação — cujo modelo apropriei-me para minha carreira acadêmica —, pelas reflexões de conhecimento e pela amizade construída.

Ao Professor Doutor *Paulo Sérgio João*, cujas aulas abriram-me os olhos à necessidade da pesquisa sobre o tema e, com seus apontamentos bem postados à monografia de conclusão de crédito, motivou-me à investigação mais aprofundada sobre o assunto em estudo.

Ao Professor Doutor *Renato Rua de Almeida*, por me mostrar a profundidade filosófica do Direito do Trabalho e a importância da ratificação no Brasil da liberdade sindical em sua plenitude.

Aos meus amigos da PUC/SP, sempre atualizados, cujos comentários e sugestões foram de substancial importância para o presente estudo, em especial ao *Mauro Schiavi* que não olvidou esforços até ver esta obra publicada e à *Cristina Paranhos Olmos.*

Aos meus queridos alunos, com quem tanto aprendo todos os dias, e aos meus amigos de docência, Prof. *Carlos E. A. Boucault*, Prof. *Rodrigo Tardeli* e Prof. *Daniel A. Casagrande*.

Aos colaboradores da Advocacia Ripper e, em especial, ao meu querido irmão, sócio e amigo, *Wagner Ripper*, pela compreensão da minha ausência nas horas dedicadas a este estudo.

Aos meus pais, *Walter* e *Guida*, pelo incentivo à carreira.

E como não poderia deixar de ser, à minha amada esposa, *Silviane*, pela revisão, releitura e sugestões apresentadas sobre a pesquisa e redação deste trabalho, sempre com amor, carinho e sabedoria. Sem ela, eu jamais seria capaz!

SUMÁRIO

PREFÁCIO 11

INTRODUÇÃO 15

1. Justificativa 15
2. Delimitação do tema 17
3. Métodos e técnicas de pesquisa 18

1. LIBERDADE SINDICAL 19

    1.1. Princípio basilar do Direito Coletivo do Trabalho 19
    1.2. Conceito 22
    1.3. Evolução histórica da liberdade sindical 27
    1.4. Autonomia sindical 33
        1.4.1. Autonomia organizativa 36
        1.4.2. Autonomia administrativa 37
        1.4.3. Autonomia negocial 37
        1.4.4. Autonomia de luta 38
    1.5. Liberdade de associação 38
    1.6. Unidade, unicidade e pluralidade sindical 43
    1.7. Liberdade sindical dentro da empresa 46

2. CONFLITOS COLETIVOS DE TRABALHO 49

    2.1. Conceito de conflito 49
    2.2. Conflitos individuais e coletivos 52
    2.3. Conflitos coletivos econômicos e jurídicos 55
    2.4. Negociação coletiva 57
    2.5. Formas de solução dos conflitos coletivos 61
        2.5.1. Autotutela 62
            2.5.1.1. *Lockout* 64
            2.5.1.2. Greve 64
        2.5.2. Autocomposição 65
            2.5.2.1. Autoconciliação 66
            2.5.2.2. Conciliação 66
            2.5.2.3. Mediação 67

2.5.3. Heterocomposição 68
    2.5.3.1. Arbitragem 69
    2.5.3.2. Judicial e arbitragem pública limitada 71

3. O PODER NORMATIVO DA JUSTIÇA DO TRABALHO 74

3.1. Conceito 74
3.2. Retrospecto histórico do poder normativo no Brasil 76
3.3. Críticas, inovações e tendências 82
3.4. Direito estrangeiro 86
    3.4.1. Países que privilegiam a negociação coletiva 88
    3.4.2. Países que adotam formas impositivas não-judiciais .. 91
    3.4.3. Países que contemplam o poder normativo 92
3.5. Poder normativo e a jurisdição 93
3.6. Necessidade de *comum acordo* para ajuizamento 95
    3.6.1. Natureza jurídica da expressão *comum acordo* 98
    3.6.2. *Comum acordo* e direito de ação 102
3.7. Limites do poder normativo 104
    3.7.1. Limite mínimo 105
    3.7.2. Limite máximo 107
3.8. Atual natureza jurídica das decisões coletivas 109
3.9. Atuação do Ministério Público do Trabalho 110
3.10. O projeto de reforma sindical 112

CONCLUSÃO 115

BIBLIOGRAFIA 119

ANEXOS

1. Convenção n. 87 da OIT 125
2. Proposta de Emenda à Constituição (PEC n. 369/05) 130
3. Anteprojeto de Lei das Relações Sindicais aprovado pelo Fórum Nacional do Trabalho (FNT) 132

PREFÁCIO

Tenho o prazer de ter sido convidado para prefaciar esta obra, "O Poder Normativo da Justiça do Trabalho após a Emenda Constitucional n. 45/2004", de autoria do *Walter Wiliam Ripper*, que conheci como aluno no programa de pós-graduação da PUC/SP e que nos deu o prazer de concluir esta primeira fase dos estudos, presenteando a literatura jurídica com a publicação deste trabalho.

Trata-se de pesquisa que reproduz a inquietação acadêmica que tomou conta de todos estudiosos do Direito do Trabalho após a Emenda Constitucional n. 45, de 8 de dezembro de 2004. Debatia-se a essência das novas relações de trabalho diante da acenada extinção do já fragilizado poder normativo da Justiça do Trabalho.

Não foram poucas as dúvidas e o desafio de enfrentar o debate pelo viés acadêmico está sujeito a contestações e divergências. Este é o lado bom da pesquisa: admitir-se ao debate e expor com coragem suas idéias.

O presente estudo é corajoso porque, como nós, o autor acredita que a Emenda n. 45 trouxe a extinção do poder normativo da Justiça do Trabalho, e, como diz o autor, trouxe também a obrigação do *comum acordo* prévio das partes para o ajuizamento de dissídio coletivo de natureza econômica; a impossibilidade dos Tribunais do Trabalho estabelecerem novas *normas e condições* de trabalho; e a limitação das decisões judiciais proferidas nos conflitos coletivos em respeito às disposições mínimas legais de proteção ao trabalho, bem como as *convencionadas anteriormente*.

Todavia, o enfrentamento das questões trabalhistas em seu sentido estritamente jurídico esbarra com aspectos sociais históricos, colocando, com freqüência, o operador do direito no dilema: devemos continuar no protecionismo paternalista da autonomia da vontade coletiva, privilegiando sindicatos inexpressivos; ou, contrariamente, devemos buscar a reformulação do pensar para o crescimento fortalecido de entidades sindicais legítimas e representativas de categorias profissionais e econômicas.

O Professor *Walter* com responsabilidade, qualidade e segurança optou pelo novo pensar, revolucionário e legítimo legalmente, acenando para o crescimento das relações coletivas de trabalho e amadurecimento das negociações coletivas.

Com certeza, pela pesquisa que traz e pela posição definida do autor diante do tema em debate, esta obra contribuirá para o desenvolvimento de novas idéias incentivando os operadores do direito à revisão de comportamentos na busca do engrandecimento do Direito do Trabalho.

São Paulo, agosto de 2007.

Paulo Sergio João
Professor Doutor da PUC/SP.

*"(...) Por isso na impaciência
Desta sede de saber,
Como as aves do deserto
As almas buscam beber...
Oh! Bendito o que semeia
Livros... livros à mão cheia...
E manda o povo pensar!
O livro caindo n'alma
É germe — que faz a palma,
É chuva — que faz o mar,(...)"*

(Castro Alves)

INTRODUÇÃO

1. JUSTIFICATIVA

Entre os inúmeros motivos que nos levaram à escolha do tema, destacam-se: o momento histórico de transição por que passa o Poder Judiciário brasileiro, em especial a Corte Trabalhista, após a reforma constitucional proclamada pela Emenda Constitucional n. 45, de 8 de dezembro de 2004; e a carência nos anais acadêmicos de uma pesquisa científica mais atual sobre o poder normativo da Justiça do Trabalho, após a nova leitura constitucional.

Em meio ao inegável desconforto da sociedade em relação ao Poder Judiciário, principalmente calcado na morosidade do oferecimento da tutela jurisdicional, a Emenda Constitucional foi promulgada, tendo como sustentações maiores em seu texto a celeridade processual e a reestruturação do Poder Judiciário brasileiro. Para tanto, visivelmente estimulou as formas extrajudiciais de solução de conflitos, entre elas: as autocompositivas, por meio da negociação entre as partes, individual e coletiva; e a arbitral voluntária.

A competência da Justiça do Trabalho foi soberbamente alterada pela nova redação do art. 114 da Constituição Federal, tanto para o Direito Individual como para o Direito Coletivo do Trabalho. Umas das modificações mais importantes introduzidas no referido dispositivo constitucional, de inefável influência no Direito Coletivo, foi a do § 2º, que assim passou a dispor, *in verbis:* "§ 2º Recusando-se qualquer das partes à negociação coletiva ou à arbitragem, é facultado às mesmas, de comum acordo, ajuizar dissídio coletivo de natureza econômica, podendo a Justiça do Trabalho decidir o conflito, respeitadas as disposições mínimas legais de proteção ao trabalho, bem como as convencionadas anteriormente."

O novo texto constitucional, portanto, trouxe inovações inéditas no ordenamento jus-laboralista pátrio, especialmente a respeito do poder normativo conferido aos Tribunais como meio de solução dos conflitos coletivos de trabalho.

Criou-se a exigência do mútuo consentimento das partes, por meio da expressão *de comum acordo*, para o ajuizamento do dissídio coletivo de natureza econômica. Expungiu-se do texto constitucional anterior, a possibilidade da Justiça do Trabalho *estabelecer normas e condições* de trabalho. E, além da limitação contida na redação proscrita —

respeitadas as disposições convencionais e legais mínimas de proteção ao trabalho —, ampliou-a, também, às cláusulas *convencionadas anteriormente*.

A alteração constitucional proclamada pela Emenda Constitucional n. 45/2004 também inseriu dispositivo antes inexistente — o § 3º do art. 114 da Constituição — conferindo faculdade expressa ao Ministério Público do Trabalho para ajuizar dissídio coletivo em caso de greve em serviço ou atividade essencial, desde que exista possibilidade de lesão do interesse público.

Além do mais, numa visão exclusiva para o Direito Coletivo do Trabalho, a Emenda Constitucional n. 45/2004 veio preparar a sociedade para a Reforma Sindical em trâmite no Congresso Nacional, por meio da Proposta de Emenda à Constituição n. 369/05 e do Anteprojeto de Lei das Relações Sindicais, cujos textos reestruturam o sistema sindical brasileiro.

A par disso, aqueceu-se fortemente o movimento doutrinário e jurisprudencial do País a respeito do Direito Coletivo do Trabalho, principalmente acerca do poder normativo da Justiça Laboral, contudo, sem uma posição de destaque para sedimentação.

Por essa razão, os doutrinadores e os Tribunais têm se digladiado sobre várias questões jurídicas envolvendo o poder normativo, entre elas: acerca da sua extinção ou não de acordo com o novo mandamento constitucional; sobre a natureza jurídica da exigência do *comum acordo* das partes para ajuizamento dos dissídios coletivos; a respeito da permanência ou não da competência da Justiça do Trabalho para apreciar os dissídios coletivos de natureza jurídica; sobre as novas limitações das decisões dos Tribunais trabalhistas em dissídios coletivos, diante das cláusulas *convencionadas anteriormente* ou preexistentes; e acerca da eventual violação do direito de ação ou de acesso ao Poder Judiciário.

O poder normativo teve origem num momento histórico em que o intervencionismo e o corporativismo estatal representavam a forma de expressão dos governos autoritários da época, — no Brasil, o de Getúlio Vargas —, os quais, após a Segunda Guerra Mundial, perderam força para as verdadeiras democracias. Portanto, os fatores políticos e históricos que proclamaram o surgimento do poder normativo da Justiça do Trabalho não são os mesmos nos dias atuais.

Diante dos antagônicos aspectos legais, históricos, doutrinários e jurisprudenciais, torna-se, então, imprescindível a investigação científica sobre o tema. O presente livro, portanto, visa a analisar os conceitos e disposições que envolvam o poder normativo da Justiça do Trabalho desde suas origens até seu atual momento de transformação proclamado pela Emenda Constitucional n. 45, de 8 de dezembro de 2004, na busca da concretização de posicionamento sólido acerca deste instituto e suas variações.

2. DELIMITAÇÃO DO TEMA

O estudo do poder normativo da Justiça do Trabalho suscita muitas questões, notadamente em confronto com preceitos jurídicos anteriores, posições históricas, doutrinárias e jurisprudenciais. Entretanto, delimitamos o desígnio do nosso trabalho a demonstrar a extinção do poder normativo da Justiça do Trabalho com a promulgação da Emenda Constitucional n. 45, de 8 de dezembro de 2004.

Para cumprir esse objetivo e facilitar a leitura e compreensão da referida pesquisa científica, procuramos restringir nossa investigação a três capítulos que se interligam diretamente: *liberdade sindical*; *conflitos coletivos do trabalho*; e *poder normativo da Justiça do Trabalho*.

Abrimos mão de um primeiro capítulo abrangente, abordando todos os princípios que regem o Direito Coletivo do Trabalho, para limitá-lo ao princípio basilar: o da liberdade sindical. Explanamos, neste intróito capítulo, a evolução histórica e a atual posição nas democracias modernas da liberdade sindical, destacando, inclusive, os sistemas sindicais de unidade, unicidade e pluralidade, sem deixar de explicitar os princípios norteadores que regem a plena existência da liberdade sindical, como a autonomia sindical e a liberdade de associação. Destacamos, também, as tendências modernas da liberdade sindical em privilegiar a negociação coletiva, inclusive, dentro da empresa.

Como o tema tratado no presente livro cuida especificamente de uma das formas de solução dos conflitos coletivos de trabalho, nada mais importante que destacarmos, no segundo capítulo — para um balizamento seguro e fundamentado do tema — a análise dos conflitos coletivos do trabalho, investigando a negociação coletiva e as formas de solução de conflitos coletivos, classificadas como: autotutela, autocomposição e heterocomposição.

No terceiro capítulo, cuidamos da investigação detalhada do poder normativo da Justiça do Trabalho. Demonstramos os vários contornos históricos desde sua origem, destacando suas críticas, inovações e tendências, sem deixar de investigar o Direito estrangeiro e suas variadas formas de solução de conflitos coletivos.

Também neste ponto, alinhamos o estudo do poder normativo ao Direito Processual, passando por institutos como a *jurisdição* e, para análise da expressão *comum acordo*, de outros, como as *condições da ação*, os *pressupostos processuais* e o *direito de ação*.

Ainda no derradeiro capítulo, pontuamos os atuais limites do instituto investigado e a atuação do Ministério Público do Trabalho neste tocante, e, finalmente, tecemos breves comentários acerca da relação da possível Reforma Sindical com o poder normativo, uma vez que não se trata de norma vigente em ordenamento jurídico pátrio, podendo, inclusive, ser dilacerada pelos nossos parlamentares.

Finalmente, passamos às considerações conclusivas e à apresentação das referências bibliográficas, que se encontram postadas antes dos anexos, propositadamente, para facilitação da consulta e manuseio deste estudo.

3. MÉTODOS E TÉCNICAS DE PESQUISA

Utilizamos, neste estudo, os métodos científicos gerais, de forma equilibrada, como o *histórico*, o *sociológico* e o *dogmático* e, mais especificamente, os métodos *analítico-sintético* na exploração dos documentos e dos textos jurídicos que serviram de base às conclusões exaradas; o *dedutivo*, a partir da análise sobre as posições de outros autores para formulação dos nossos próprios conceitos; e o *indutivo*, coletando dados específicos e harmonizando as informações colhidas para se chegar à conclusão final.

A técnica de pesquisa mais utilizada foi a bibliográfica, entretanto, também nos valemos da documental, com consulta de leis, jurisprudências e diplomas internacionais. Para a análise de dados, foram utilizadas as técnicas de relatórios de leitura (RLs) de bibliografia, por temas, por obras e por autores; de citações; de documentos; de jurisprudência; de legislação; de anotações pessoais, tudo segundo a usual metodologia do trabalho científico. Por fim, optamos pela técnica de indicação bibliográfica completa nas notas de rodapé, valendo-nos dos meios de simplificação apenas quando da ocorrência de citações repetidas na mesma folha.

1. LIBERDADE SINDICAL

1.1. PRINCÍPIO BASILAR DO DIREITO COLETIVO DO TRABALHO

O direito coletivo do trabalho, gerenciador do sistema sindical que nutre o direito do trabalho como um todo, tem princípios próprios, até porque, a independência de princípios é um dos aspectos que justificam a existência de um ramo do direito[1].

É certo, entretanto, que parte da doutrina, substancialmente a pátria, foi reticente quanto à autonomia do direito coletivo do trabalho. O corporativismo e a tradição autoritária brasileira reduziram sensivelmente a marcha da evolução do direito coletivo no país, pensando-se, inclusive, na inexistência de princípios próprios[2].

Todavia, desde a Constituição Federal de 1988, tornou-se crucial a independência do direito coletivo do trabalho, como ramo do direito para o entendimento do novo direito do trabalho em construção no país, sobretudo, porque os princípios de direito coletivo do trabalho estão estreitamente ligados à democratização do sistema trabalhista do Brasil.

No direito individual do trabalho, que tem como pano de fundo a hipossuficiência[3] justificadora da relação individual de trabalho, surge como seu princípio basilar o da *proteção do empregado*. É que a relação entre o empregador e o empregado é individualmente considerada, estando o segundo subordinado e em estado de inferioridade econômica em relação ao primeiro.

No direito coletivo do trabalho não há desigualdade entre os sujeitos de direito coletivo, por essa razão o princípio da proteção do empregado não impera. Os empregadores, ainda que unidos, têm de tratar com os empregados organizados em sindicatos que os representam como um todo, mantendo-se — teoricamente — a igualdade de condições entre as partes.

Liberdade é a palavra-chave para a existência e manutenção do direito coletivo do trabalho. Há, então, a *necessidade* da *liberdade*. Aliás, a

---
(1) REALE, Miguel. *Lições preliminares de direito*. 27ª ed. São Paulo: Saraiva, 2003, pp. 303-304.
(2) DELGADO, Mauricio Godinho. *Direito coletivo do trabalho*. 2ª ed. São Paulo: LTr, 2003, pp. 40-41.
(3) CESARINO JÚNIOR, Antonio Ferreira. *Direito social*. São Paulo: LTr, Ed. da Universidade de São Paulo, 1980, p. 44.

respeito desta convergência, *Tércio Sampaio Ferraz Júnior* bem relata que "a liberdade não é um poder de escolha, mas uma necessidade interna de querer o próprio ser como sua mais alta possibilidade, donde querer algo impossível é ser não-livre: não se pode querer o que não se pode, querer pressupõe poder, liberdade e necessidade convergem"[4].

A propósito, *José Augusto Rodrigues Pinto*, na defesa da sua idéia de princípio da liberdade sindical como o mais significante do direito coletivo do trabalho, bem pondera que "se o sentimento e a necessidade de libertação do trabalhador para ombrear-se ao empresário numa parceria de esforço produtivo, gerou a idéia do sindicalismo e materializouse no sindicato, é mais do que lógico ser uma exigência vital para seu sucesso o pressuposto de exercício livre de seus fins"[5].

A *liberdade*, no direito coletivo do trabalho, é necessária para que os empregados e empregadores se organizem, constituam e administrem livremente as agremiações que desejarem, sem que sofram qualquer influência ou intervenção do Estado, tampouco uns em relação aos outros, de tal modo que ambos os lados tenham independência suficiente para o exercício do seu direito, substancialmente o direito de ingressar ou retirar-se das associações.

Para o direito coletivo do trabalho, essas agremiações são os sindicatos de empregados e empregadores. No sintético conceito proclamado por *Orlando Gomes* e *Elson Gottschalk* "sindicato é o agrupamento estável de várias pessoas de uma profissão, que convencionam colocar, por meio de uma organização interna, sua atividade e parte dos seus recursos em comum, para assegurar a defesa e representação da respectiva profissão, com vistas a melhorar suas condições de vida e trabalho"[6].

Estes mesmos autores, demonstrando o grau de relevância da liberdade sindical no direito coletivo do trabalho, fazem questão de esclarecer a ausência dessa expressão no conceito acima descrito, argumentando que "num regime em que a Constituição declara a liberdade da associação sindical, este traço constitui o óbvio; não precisa ser mencionado"[7].

Por mais que alguns respeitados autores queiram classificar os princípios de direito coletivo do trabalho, mantendo-os em patamares de equivalência[8], *data venia*, entendemos que todos eles estão umbilicalmente ligados ao princípio básico da liberdade sindical.

---

(4) FERRAZ JUNIOR, Tercio Sampaio. *Estudos de filosofia do direito: reflexões sobre o poder, a liberdade, a justiça e o direito*. 2ª ed. São Paulo: Atlas, 2003, p. 80.
(5) PINTO, José Augusto Rodrigues. *Direito sindical e coletivo do trabalho*. São Paulo: LTr, 2002, p. 87.
(6) GOMES, Orlando e GOTTSCHALK, Elson. *Curso de direito do trabalho*. 16ª ed. rev. e atual. por *José Augusto Rodrigues Pinto*. Rio de Janeiro: Forense, 2003, p. 525.
(7) *Ibidem*, p. 525.
(8) *Vide* DELGADO, Mauricio Godinho. *Direito coletivo do trabalho*. 2ª ed. São Paulo: LTr, 2003, pp. 39-61.

A liberdade sindical é um dos direitos fundamentais do homem, que integra os direitos sociais, sendo eles imprescindíveis artefatos que compõe as sociedades democrático-pluralistas. Tanto que no segundo pósguerra a liberdade sindical passou a ser tratada nos textos internacionais com maior freqüência, especialmente atinentes aos direitos civis e políticos e aos direitos econômicos, sociais e culturais[9].

É o que descreve *Norberto Bobbio*[10] a respeito dos direitos do homem, ao concluir que eles originam-se a partir de direitos naturais, que são históricos e nascem no início da era moderna, juntamente como a concepção individualista da sociedade. Desenvolvem-se como direitos positivos particulares e atingem sua plena realização como direitos positivos universais.

Aliás, é o que *Nicolas Valticos*[11] deixa claro em seus estudos, ou seja, a relação entre os direitos do homem e os direitos sindicais. Inteligentemente, o autor resume tal relação em duas propostas essenciais: de um lado, os direitos do homem compreendem a liberdade sindical; de outro, os direitos sindicais exigem o respeito dos principais direitos civis e políticos, ou melhor, essencialmente de liberdades individuais que o Estado deve respeitar.

A qualidade da liberdade sindical, como mais importante princípio do direito coletivo do trabalho, também é realçada por *Mozart Victor Russomano*, com sua argumentação de que "a liberdade sindical pressupõe a sindicalização livre, contra a sindicalização obrigatória; a autonomia sindical, contra o dirigismo sindical; a pluralidade sindical, contra a unicidade sindical"[12].

Gino Giugni descreve com simplicidade e sapiência que a liberdade sindical "é o princípio jurídico fundamental no qual se baseia o atual sistema de relações industriais"[13].

Portanto, como direito natural do homem e como princípio basilar do direito coletivo do trabalho, a liberdade sindical é um valor a ser cuidadosamente vigiado para construção e manutenção de qualquer sociedade democrática. Somente a partir dela, poderemos analisar qualquer instituto ligado ao direito coletivo do trabalho.

---

(9) SIQUEIRA NETO, José Francisco. *Liberdade sindical e representação dos trabalhadores nos locais de trabalho*. São Paulo: LTr, 2000, p. 68.
(10) BOBBIO, Norberto. *A era dos direitos*. Trad. *Regina Lyra*. Rio de Janeiro: Elsevier, 2004, pp. 22-44.
(11) VALTICOS, Nicolas. "Uma relação complexa: direito do homem e direitos sindicais". *In*: TEIXEIRA FILHO, João de Lima, (coord.). *Relações coletivas de trabalho. Estudos em homenagem ao ministro Arnaldo Süssekind*. São Paulo: LTr, 1989, pp. 65-72.
(12) RUSSOMANO, Mozart Victor. *Princípios gerais de direito sindical*. 2ª ed. Rio de Janeiro: Forense, 2002, p. 65.
(13) GIUGNI, Gino. *Direito sindical*. Trad. *Eiko Lúcia Itioka*. São Paulo: LTr, 1991, p. 46.

1.2. CONCEITO

O conceito de liberdade sindical é tema que encontra amplo tratamento na doutrina nacional e estrangeira, diante da sua inegável relevância para o direito coletivo do trabalho. Por essa razão, entendemos que a melhor forma de conceituar a liberdade sindical é traçar os pensamentos doutrinários acerca da liberdade em sentido amplo e depois da liberdade sindical propriamente dita, identificando sistemas semelhantes e antagônicos.

Caldas Aulete, numa das suas concepções acerca do verbete *liberdade*, elucida que é "a faculdade de uma pessoa fazer ou deixar de fazer por seu livre arbítrio qualquer coisa"[14].

A liberdade de arbítrio, segundo *Tércio Sampaio Ferraz Junior*, "é a idéia que se pode obrigar qualquer homem a fazer (ou omitir) qualquer cousa, mas não pode obrigar ninguém a querer"[15]. Por isso, o fato é que ninguém, nem o soberano, nem o Estado, pode constranger a liberdade, só seu exercício.

Aliás, do ponto de vista filosófico, a liberdade tem três significados fundamentais, correspondentes a três concepções que se sobrepuseram ao longo da história, segundo elucida *Nicola Abbagnano*:

"(...) 1ª L. como determinação ou autocausalidade, segundo a qual a L. é ausência de condições e de limites;

2ª L. como necessidade que se baseia no mesmo conceito da precedente, a autodeterminação, mas atribuindo-se à totalidade a que o homem pertence (Mundo, Substância, Estado);

3ª L. como possibilidade ou escolha, segundo a qual a L. é limitada e condicionada, isto é, finita"[16].

A liberdade, assim, teria a possibilidade de existir na atuação do controle do poder. Isto é, exercido pelo próprio poder. A respeito disso, com propriedade bem aponta *Celso Lafer* quando assevera que "a liberdade moderna e privada do não-impedimento e a liberdade antiga e pública da autonomia coletiva, provenientes da participação democrática, são ambas situações prescritivamente desejáveis, ou seja, valores que motivam a ação"[17].

---

(14) AULETE, Caldas. *Dicionário contemporâneo da língua portuguesa*. 3ª ed. Rio de Janeiro: Delta, 1974, vol. 3, p. 2.141.
(15) FERRAZ JUNIOR, Tercio Sampaio. *Estudos de filosofia do direito: reflexões sobre o poder, a liberdade, a justiça e o direito*. 2ª ed. São Paulo: Atlas, 2003, pp. 87-94.
(16) ABBAGNANO, Nicola. *Dicionário de filosofia*. 4ª ed. São Paulo: Martins Fontes, 2000, p. 606.
(17) LAFER, Celso. "O moderno e o antigo conceito de liberdade". *Ensaios sobre liberdade*. São Paulo: Perspectiva, 1980, p. 25.

A liberdade expressa-se, também, pelo exercício regular do poder de livre arbítrio. A liberdade retrata o poder do homem para agir em uma sociedade organizada politicamente por determinação própria, dentro dos limites impostos por normas legais definidas e sem ofensa aos direitos alheios[18].

Podemos asseverar, portanto, que a liberdade, para o direito, é o poder de o homem expressar seu livre arbítrio no seio de uma sociedade organizada, segundo a própria determinação, dentro dos limites legais e dos direitos alheios.

A liberdade sindical é o estreitamento do conceito de liberdade ao sistema sindical amparado pelo direito coletivo do trabalho.

Amauri Mascaro Nascimento conceitua liberdade sindical de forma abrangente e minuciosa, retratando que a liberdade sindical é uma expressão que tem mais de uma acepção. A liberdade sindical é método de conhecimento do direito sindical, classificando-o como liberdade plena, relativa ou sem liberdade sindical, situando o sistema brasileiro no segundo plano[19].

Para este autor, a liberdade sindical tem um significado muito mais abrangente do que liberdade de organizar sindicatos. Envolve, também, a liberdade de filiação ou de desfiliação e a autonomia coletiva pluralista, como sendo o livre exercício dos direitos sociais. Deve-se ver a liberdade sob o prisma individual, como o livre arbítrio conferido a cada pessoa para ingressar num sindicato ou dele sair, sem discriminações injustificáveis[20].

Importante destacar a opinião balizada do autor *Carlos Alberto Gomes Chiarelli*, acerca da liberdade sindical na Constituição Federal de 1988:

> "Doutrinariamente e historicamente, o tripé das liberdades sindicais se constituiu da *liberdade de adesão* de parte do cidadão habilitado potencialmente a tanto (e complementarmente da liberdade — em ambos os casos, mais até do que a liberdade, do próprio direito juridicamente assegurado — de não aderir ou de desassociar-se), da *liberdade classista* (ou associativa) de gerir a entidade sindical criada de acordo com seus critérios, prioridades e diretrizes (chamada liberdade de autogestão) e, finalmente, *last but not least*, da *liberdade de criar* a entidade representativa classista (garantia ou direito, prerrogativa ou franquia, consagrada pela Convenção n. 87 da OIT, que se traduz na chamada pluralidade sindical, ou seja, a

---

(18) DINIZ, Maria Helena. *Dicionário jurídico*. 2ª ed. São Paulo: Saraiva, 2005, vol. 3, p. 133.
(19) NASCIMENTO, Amauri Mascaro. *Curso de direito do trabalho*. 19ª ed. São Paulo: Saraiva, 2004, pp. 1.012-1.013.
(20) *Ibidem*, pp. 1.013-1.015.

segurança dada ao integrante da categoria de poder mobilizar-se e mobilizar para criar uma entidade que lhe pareça mais adequada para defender seus direitos e interesses, inclusive diferente daquela que já possa existir, protegida pela exclusividade da unicidade sindical)"[21].

Conclui o autor, apontando a relação da liberdade sindical em sede do novo contexto constitucional albergado:

"Com a nova constituição, cria-se o sindicato sem pedir autorização e sem depender de alvará de funcionamento do Poder Público. A fundação não requer liberação prévia governamental, nem enseja a interferência do Governo nesse ato. Também se garante ao movimento classista o direito de autoregrar-se, administrativamente, ainda que alguns detalhes, remanescentes do período consolidado e das influências negativas da Constituição de 1937, permaneçam a desfigurar determinados aspectos de sua vida, como o pertinente à mecânica de arrecadação, isto é, a instrumentalização de suas próprias fontes de receita"[22].

Na linha de *Octavio Bueno Magano*, "a liberdade sindical é o direito dos trabalhadores e empregadores de não sofrerem interferências nem dos poderes públicos nem de uns em relação aos outros, no processo de se organizarem, bem como o de promoverem interesses próprios ou dos grupos a que pertençam"[23].

Maria Cristina Aczel [24] analisa o conceito de liberdade sindical sob os pontos de vista individual e coletivo. O primeiro, como os direitos de filiar-se ou desfiliar-se a um sindicato e de constituir associações sindicais sem autorização prévia. O segundo, como o direito que as organizações sindicais detêm, entre outros, de organizar-se e negociar coletivamente sem interferência governamental.

A liberdade sindical deve ser entendida em vários sentidos, segundo *Cesarino Júnior*: ora é a liberdade de organizar sindicatos com inteira capacidade de representação sindical; ora é a questão da liberdade do trabalhador de sindicalizar-se ou não; e ora se traduz na autodeterminação dos sindicatos, o que se denomina autonomia sindical[25].

---

(21) CHIARELLI, Carlos Alberto Gomes. *Trabalho na Constituição*. São Paulo: LTr, 1990, vol. II, p. 18.
(22) *Ibidem*, p. 19.
(23) MAGANO, Octavio Bueno. *Manual de direito do trabalho: direito coletivo do trabalho*. São Paulo: LTr, 1986, vol. III, p. 24.
(24) ACZEL, María Cristina. *Instituiciones del derecho colectivo del trabajo*. Buenos Aires: La Ley, 2002, pp. 4-8.
(25) *CESARINO JÚNIOR*, Antonio Ferreira. *Direito social brasileiro*. 5ª ed. Rio de Janeiro: Freitas Bastos, 1963, vol. 1, pp. 239-240.

Arnaldo Süssekind⁽²⁶⁾ também analisa o conceito de liberdade sindical sob um tríplice aspecto: a liberdade sindical coletiva, como direitos de constituição e estruturação sindical conferidos aos empregados e empregadores, da forma como melhor lhes convier; a liberdade sindical individual, como direito de filiação, não filiação ou desfiliação de sindicato; e autonomia sindical, como direito de organização interna e de funcionamento da associação sindical.

Em idêntica linha de raciocínio, *Alice Monteiro de Barros*⁽²⁷⁾ descreve o conceito de liberdade sindical sob vários prismas: o direito de constituir sindicatos; o direito do sindicato autodeterminar-se; o direito a filiação ou não filiação; e o direito a liberdade de organização.

Guilhermo Cabanellas de Torres apresenta a conceituação da liberdade sindical em dois sentidos bem distintos:

"A liberdade sindical ou de associação profissional pode dividir-se em dois sentidos: o coletivo e o individual. Coletivamente, é a faculdade legal para constituir associações profissionais representativas de uma ou mais atividades, para defesa, organização ou melhora do setor ou dos setores associados. Individualmente, refere-se à faculdade de cada um dos que intervêm na esfera laboral, como empresários ou trabalhadores, para se afiliar a uma associação profissional ou para se abster de pertencer a entidades de tal caráter, sem transcendência positiva nem negativa para os direitos e deveres de quem se associa ou de quem não se associa"⁽²⁸⁾.

Mozart Victor Russamano impõe um dispositivo aparador à conceituação de liberdade sindical trazido do pensamento doutrinário francês, isto é, a necessidade de pluralidade sindical. Afirma o autor que a liberdade sindical é uma figura triangular, posto que não se pode falar nela, sem que exista, no sistema jurídico, a *sindicalização livre* (contra a sindicalização obrigatória), a *autonomia sindical* (contra o dirigismo sindical) e a *pluralidade sindical* (contra a unicidade sindical)⁽²⁹⁾.

---

(26) SÜSSEKIND, Arnaldo. *Direito constitucional do trabalho*. 3ª ed. ampl. e atual. Rio de Janeiro: Renovar, 2004, p. 364.
(27) BARROS, Alice Monteiro de. *Curso de direito do trabalho*. São Paulo: LTr, 2005, p. 1.157.
(28) CABANELLAS, Guillermo de Torres. *Compendio de derecho laboral*. 4ª ed. Buenos Aires: Heliasta, 2001, tomo II, p. 71. Tradução livre do autor: "La libertad sindical o de asociación profesional puede enfocarse en dos sentidos: colectivamente consiste en la facultad legal para constituir asociaciones profesionales, representativas de una o más actividades, para defensa, organización o mejora del sector o sectores agremiados; individualmente se refiere a la facultad de cada uno de los que intervienen en la esfera laboral, como empresarios o trabajadores, para afiliarse a una asociación profesional o para abstenerse de pertenecer a entidades de tal caráter, sin transcendencia positiva ni negativa para los derechos y deberes de quien se asocia o de quien no se incorpora".
(29) RUSSOMANO, Mozart Victor. *Princípios gerais de direito sindical*. 2ª ed. Rio de Janeiro: Forense, 2002, p. 65.

Data vênia, não acreditamos que o pluralismo sindical seja crucial para o exercício pleno da liberdade sindical. Isto porque, o conceito de liberdade, sobretudo o de liberdade sindical, está ligado ao exercício do livre arbítrio, restrito aos limites impostos pela lei. Num sistema jurídico de unicidade sindical, a lei limita a uma associação por território e categoria, porém, pode autorizar a livre constituição sindical. Nesse caso, o exercício da liberdade não foi prejudicado.

De uma forma mais ampla, a liberdade sindical traduz-se no fundamento "sobre o qual se constrói o edifício das relações coletivas de trabalho com características próprias; ela se sobrepõe ao indivíduo isolado e implica restrições à liberdade individual, quando submete esse homem isolado à deliberação do homem-massa que é a assembléia"[30].

Não é à toa que *Alfredo J. Ruprecht* ressalta a "complexidade do tema", quando retrata que a liberdade sindical deve ser vista de diversas perspectivas que têm variado no tempo e no espaço, de tal modo que está condicionada a diversas concepções, como marxista, fascista, social-cristã, etc.[31]

Nos conceitos até agora expostos, constatamos a existência de convergências a respeito de alguns traços da liberdade sindical. O primeiro deles traduz-se na liberdade de criação de agremiações, que é a segurança da liberdade de poder criar um sindicato sem discriminação ou constrangimento.

Outro aspecto é a organização sindical sem interferência estatal ou de empregados e empregadores entre si. Esse direito, aliás, goza reconhecimento internacional por meio das Convenções da OIT, n. 87, que proíbe interferências governamentais, e n. 98, que veda intromissões recíprocas, entre empregados e empregadores.

No conceito de liberdade sindical está inserido o direito de adesão, que se traduz no livre arbítrio individual garantindo o direito de filiação ou desfiliação de empregados e empregadores de qualquer sindicato, sem constrangimento ou discriminação.

Portanto, no nosso ponto de vista, *a liberdade sindical é a exteriorização do poder conferido aos empregados e empregadores, no seio de uma sociedade organizada, para constituir, organizar e administrar associações sindicais sem interferência pública ou privada, respeitados os direitos alheios e a forma prescrita em lei. É reservado, ainda, o livre arbítrio destes trabalhadores e empregadores em aderir ou não a estas associações.*

---

(30) SPYROPOULOS, Georges. "La Liberté Syndicale". Paris: Librairie Générale de Droit et de Jurisprudence, 1956, apud BARROS, Alice Monteiro de. *Curso de direito do trabalho.* São Paulo: LTr, 2005, p. 1.156.
(31) RUPRECHT, Alfredo J. *Relações coletivas de trabalho.* Trad. Edílson Alkmin Cunha. São Paulo: LTr, 1995, p. 78.

1.3. EVOLUÇÃO HISTÓRICA DA LIBERDADE SINDICAL

O direito do trabalho surgiu como conseqüência da questão social, que foi precedida da revolução industrial e da reação humanista que se propôs a garantir ou preservar a dignidade do ser humano ocupado no trabalho industrial. Foi um resultado da pressão de fatos sociais que resultaram em normas jurídicas. Inicialmente impulsionando o direito individual do trabalho e, depois, o direito coletivo do trabalho.

Renato Rua de Almeida[32] escreve que "a revolução industrial tem como alicerce o continente europeu do século XVIII, principalmente após a Revolução Francesa de 1789. Essa é a razão que nos leva à análise do contexto internacional no plano europeu, notadamente, os fatos históricos da França, de sorte que eles influenciaram a evolução histórica da liberdade sindical".

Após a Revolução Francesa, o objetivo era impedir o retorno das corporações de ofício. O Decreto d'Allarde, de 1791, garantia a liberdade de trabalho e a Lei Le Chapelier, do mesmo ano, proibia toda forma de coalizão. Em contrapartida, a Lei le Chapelier e o Código Penal Francês, que, em 1810, penalizou toda e qualquer forma de agrupamento associativo, obstaram a formação de associações de trabalhadores para lutarem coletivamente contra as injustiças promovidas pela exploração do trabalho na revolução industrial[33].

O movimento da classe operária francesa, denominado de Revolução Social de 1848, impulsionou, ainda que de forma provisória, a permissão da constituição de organizações associativas. Em 1864, esse consentimento foi suprimido para o retorno da proibição à coalizão, para, depois, em 1884, com a Lei Waldeck-Rousseau, servir de base para a consagração do princípio da liberdade de constituição de associações sindicais[34].

O reconhecimento da liberdade sindical, em amplitude internacional, emergiu com a criação, em 1919, da Organização Internacional do Trabalho (OIT). Sua Constituição, desde logo, já reconheceu o princípio da liberdade sindical. No decorrer dos anos, a OIT adotou inúmeras Convenções Internacionais no âmbito do trabalho, e entre elas, um grande texto, notadamente, a Convenção n. 87, de 1948.

Outro texto internacional que ganhou amplitude na época foi a Declaração de Direitos do Homem, que a Assembléia Geral das Nações

---
(32) ALMEIDA, Renato Rua de. "Visão histórica da liberdade sindical". *Revista do Advogado*. São Paulo: AASP, ano XXVI, n. 86, Julho/2006, p. 70.
(33) *Ibidem*, p. 70.
(34) *Ibidem*, pp. 70-71.

Unidas adotou em 10 de dezembro de 1948. Entre seus direitos encontra-se no § 3º do art. 23, que "todo homem tem direito a organizar sindicatos e a neles ingressar para a proteção dos seus interesses".

A Declaração Universal de Direitos do Homem, entretanto, não abordou obrigações internacionais formais, motivando longas negociações, ao término das quais, em 1966, foram adotados dois Pactos dispondo, um sobre direitos civis e políticos e outro sobre direitos econômicos, sociais e culturais.

O Pacto de 1966 sobre direitos civis e políticos consagrou idêntico direito da Declaração Universal de Direitos do Homem. O Congresso Nacional do Brasil aprovou este Pacto Internacional por meio do Decreto legislativo n. 226, de 12 de dezembro de 1991, que foi promulgado pelo Decreto n. 592, de dezembro de 1992.

O art. 22 do Pacto sobre direitos civis e políticos estipulou que todas pessoas terão o direito de associar-se livremente umas as outras, inclusive, o direito de constituírem associações sindicais e de a elas filiarem-se, para proteção de seus interesses. Acrescenta, ainda, que só estão permitidas as restrições previstas pela lei e necessárias em uma sociedade democrática no interesse da segurança da nação, da segurança pública, ou para proteger a saúde ou a moralidade públicas ou os direitos e liberdades de outrem.

Já o Pacto sobre direitos econômicos, sociais e culturais ganhou inspiração, claramente, na Convenção n. 87 da OIT, de 1948. Este pacto foi aprovado pelo Congresso Nacional brasileiro, por meio do Decreto Legislativo n. 226, de 12 de dezembro de 1991, e promulgado pelo Decreto n. 591, de 6 de julho de 1992. Além do direito do indivíduo de constituir sindicatos, prevê também o direito dos sindicatos exercerem livremente suas atividades.

O art. 8º deste Pacto dispõe que os Estados-partes do Pacto comprometem-se a garantir:

"a) o direito de toda pessoa, com outras, de fundar sindicatos e de filiar-se ao sindicato de sua escolha, sujeitando-se unicamente aos estatutos da organização interessada, com o objetivo de promover e de proteger seus interesses econômicos e sociais. O exercício desse direito só poderá ser objeto das restrições previstas em lei e que sejam necessárias, em uma sociedade democrática, no interesse da segurança nacional ou da ordem pública, ou para proteger os direitos e as liberdades alheias;

b) o direito dos sindicatos de formar federações ou confederações nacionais e o direito destas de formar organizações sindicais internacionais ou de filiar-se às mesmas;

c) o direito dos sindicatos de exercer livremente suas atividades, sem quaisquer limitações além daquelas previstas em lei e que sejam necessárias, em uma sociedade democrática, no interesse da segurança nacional ou da ordem pública, ou para proteger os direitos e as liberdades das demais pessoas;

d) o direito de greve, exercido em conformidade com as leis de cada país. Determina o artigo em questão, ainda, que o exercício desses direitos pelos membros das forças armadas, da polícia ou da administração pública poderá ser submetido a restrições legais"[35].

Ambos os Pactos continham restrições aos direitos sindicais para membros das forças armadas e da polícia. O Pacto sobre direitos econômicos, sociais e culturais, em especial, continha restrição para aqueles da função pública, mas esta última exceção está, há tempos, ultrapassada[36].

Na verdade, tais textos internacionais adaptam-se quase que integralmente às disposições da Convenção n. 87 da OIT, de 1948, sobre liberdade sindical e proteção aos direitos sindicais[37].

A Convenção Européia de 1950 já continha disposições de fundar sindicatos semelhantes às previstas posteriormente pelo Pacto de 1966. Entretanto, a convenção americana de 1969, referente aos direitos do homem, prevê, de forma mais geral, a liberdade de associação, particularmente com fins sociais e com restrições similares às dos Pactos de 1966.

Nada obstante, o texto internacional que realmente consagrou a liberdade sindical, sobretudo, em se considerando a época histórica que o próprio direito de coalizão era proscrito nas legislações, é o da Convenção n. 87 da OIT, de 1948. Seu texto visa a democratizar o sindicalismo em suas relações com o Poder Público e trata, com particularidade de detalhes da liberdade sindical, além de oferecer uma gama de garantias que deve ser observada por seus signatários em relação às entidades sindicais.

A Convenção n. 87 da OIT[38] é composta de vinte e um artigos, dos quais onze tratam da liberdade sindical. Neles estão claramente consignados, entre outros: o direito de constituição de sindicatos (art. 2º); o direito de adesão ou não às entidades sindicais (art. 2º); o direito à liberdade de gestão e administração dos sindicatos (art. 3º, I); o direito à não-interferência das autoridades públicas (art. 3º, II); a vedação da dissolução ou suspensão da entidade sindical por ato administrativo (art. 4º); o direito à constituição do sistema sindical, por meio das federações e confederações (art. 5º); a vedação da redução de garantias da Convenção por meio de legislação nacional (art. 8º).

---

(35) RANGEL, Vicente Marotta. *Direito e relações internacionais.* São Paulo: RT, 1997, pp. 668 e 681.

(36) VALTICOS, Nicolas. "Uma relação complexa: direito do homem e direitos sindicais". *In*: TEIXEIRA FILHO, João de Lima, (coord.). *Relações coletivas de trabalho. Estudos em homenagem ao ministro Arnaldo Süssekind.* São Paulo: LTr, 1989, pp. 65-72.

(37) SÜSSEKIND, Arnaldo. *Direito internacional do trabalho.* São Paulo: LTr, 1983, p. 281.

(38) *Vide*, em "anexos", o texto integral da Convenção n. 87 da OIT.

Na verdade, a OIT tem papel fundamental, no plano internacional, a respeito da garantia da liberdade sindical. As convenções fundamentais da OIT sobre este princípio são as seguintes: a já comentada Convenção n. 87, de 1948, sobre liberdade sindical e a proteção dos direitos sindicais; a Convenção n. 98, de 1949, sobre a aplicação dos princípios do direito de sindicalização e de negociação coletiva; a Convenção n. 135, de 1971, sobre proteção e facilidades a serem dispensadas a representantes de trabalhadores na empresa; a Convenção n. 141, de 1975, sobre organizações de trabalhadores rurais e seu papel no desenvolvimento econômico e social; a Convenção n. 151, de 1978, sobre proteção do direito de sindicalização e procedimentos para definir as condições de emprego no serviço público; e por fim, a Convenção n. 154, de 1981, sobre a promoção da negociação coletiva.

As Recomendações relacionadas à liberdade sindical são: Recomendação n. 91, de 1951, sobre contratos coletivos; Recomendação n. 143, de 1971, sobre proteção e facilidades a serem dispensadas a representantes de trabalhadores na empresa; Recomendação n. 149, de 1971, sobre organizações de trabalhadores rurais e seu papel no desenvolvimento econômico e social; Recomendação n. 159, de 1978, sobre os procedimentos para a definição de emprego no serviço público; e a Recomendação n. 163, de 1981, sobre a promoção da negociação coletiva.

Das essenciais Convenções e Recomendações da OIT sobre liberdade sindical, o Brasil só não ratificou, até a presente data, a Convenção n. 87 da OIT. No nosso ponto de vista, com grande pesar, considerando que esta é uma das cartas internacionais mais importantes já escritas na história da luta pelas garantias à liberdade de associação.

Arnaldo Süssekind[39] tenta explicitar os motivos pelos quais o Brasil não ratificou a Convenção n. 87 da OIT, após o encaminhamento pelo Presidente Eurico Gaspar Dutra, do texto da Convenção ao Congresso Nacional (Mensagens n. 256, de 31.5.49). O autor afirma que até hoje não foi possível sua aprovação porque a Constituição Federal de 1946 legitimou o exercício pelos sindicatos de funções delegadas pelo Poder Público, consoante previsto na CLT. A Constituição Federal de 1967 manteve esta norma e apontou que a essas funções incluía a de arrecadar contribuições instituídas por lei para custeio de suas atividades. A Constituição Federal de 1988 impôs a unicidade de representação sindical em todos os níveis e manteve a contribuição compulsória dos integrantes das respectivas categorias para o custeio do sistema.

Além disso, podemos observar que a Constituição Federal de 1988 prevê no inciso II do art. 5º, que todos se submetem aos ditames da lei, e

---

(39) SÜSSEKIND, Arnaldo. *Convenções da OIT.* 2ª ed. São Paulo: LTr, 1998, p. 467.

o inciso XIX limita a dissociação ou suspensão das atividades associativas à decisão judicial. Constata-se, portanto, da análise do texto constitucional, institutos contrários aos arts. 4º e 8º, da Convenção n. 87 da OIT, que disciplinam, respectivamente, a vedação da dissolução ou suspensão da entidade sindical por ato administrativo e a vedação da redução de garantias da Convenção por meio de legislação nacional.

Especificamente no Brasil, em Salvador/BA, as primeiras formas associativas fundaram-se na existência, ainda que timidamente, das corporações de ofício com as corporações de oficiais mecânicos que eram agrupados por similitude ou conexão profissional. Por exemplo, os carpinteiros reuniam-se com torneiros, marceneiros, etc. O Liberalismo, a supressão das corporações de ofício, os pensamentos da Revolução Francesa e as idéias da Europa, já relatadas neste diapasão, influíram no Brasil, na Constituição Republicana de 1834[40]. Proibindo-se legalmente as corporações de ofício, estas aos poucos foram deixando de existir e, conseqüentemente, desintegraram-se as primeiras formas de agrupamento.

Por outro lado, assim como ocorrera na Europa, no Brasil iniciaram-se tentativas isoladas de coalizão, algumas delas denominadas de *ligas operárias*, que continham caráter reivindicatório por melhores salários e redução da jornada de trabalho. As entidades pioneiras foram a Liga Operária (1870), a União Operária (1880) e a União dos Estivadores (1903). O primeiro nome de sindicato genuinamente brasileiro aparece na Cidade de São Paulo, como o Sindicato dos Trabalhadores em Mármore, Pedra e Granito, constituído em 1906[41].

No Brasil, as Constituições sempre mantiveram assegurado o direito de associação. A Constituição Republicana de 1891 (art. 72, § 8º) dispunha que "a todos é lícito associarem-se e reunirem-se livremente, sem armas". As Constituições Federais de 1934, de 1937, de 1946 e de 1967, esta última com a Emenda Constitucional de 1969 (art. 153, § 27), mantiveram o princípio da liberdade de associação. A Constituição Federal da República de 1988, atualmente em vigor, também assegurou o mesmo direito (art. 5º, incisos XVII e XVIII e art. 8º).

Na verdade, nas promulgações das Constituições de 1934 e 1937, prevalecia o corporativismo estatal do sindicalismo brasileiro. O Sindicato exerce função delegada do poder público. Esta fase de intervenção estatal iniciou-se a partir de 1930, em decorrência da estrutura legal e da

---
(40) FERRARI, Irany; NASCIMENTO, Amauri Mascaro; e MARTINS FILHO, Ives Gandra. *História do trabalho, do direito do trabalho e da justiça do trabalho*. São Paulo: LTr, 1998, p. 76.
(41) *Ibidem*, pp. 76-77.

posição política da época. O poder político estava nas mãos de Getúlio Vargas que ativou uma longa política trabalhista exercida em amplitude até então desconhecida entre nós[42].

Nessa época, foi promulgada a *Lei dos Sindicatos*, por meio do Decreto n. 19.770, de 1931, que introduziu na ordem jurídica uma linha sindical marcadamente intervencionista, de um sindicato apolítico e voltado para a integração das classes produtoras[43].

O corporativismo e intervencionismo persistiram no texto da Consolidação das Leis do Trabalho, aprovada pelo Decreto-lei n. 5.452, de 1º de maio de 1943, que nada contribuiu para o avanço das relações coletivas de trabalho, sobretudo acerca da liberdade plena sindical.

Como características do corporativismo e intervencionismo estatal desse período destacam-se: a necessidade de prévia autorização estatal para a aquisição de personalidade sindical; a carta sindical; a convenção coletiva de trabalho com natureza jurídica de lei delegada; a eficácia *erga omnes* das cláusulas normativas; a compulsoriedade e obrigatoriedade das contribuições sindicais em razão da natureza jurídica parafiscal da contribuição social; e o poder normativo da Justiça do Trabalho[44].

Aliás, o poder normativo da Justiça do Trabalho, adotado na fase intervencionista da história do direito coletivo brasileiro, confere ao Estado, por meio das mãos do Poder Judiciário, a capacidade de constituir normas com eficácia obrigatória de aplicação para partes que não necessariamente gostariam de submeter-se a elas. Pode-se considerar, portanto, uma espécie de vedação da plena liberdade sindical na negociação coletiva.

A Constituição Federal de 1988, no inciso I do art. 8º, assegurou a liberdade de associação profissional ou sindical, ressalvou que a lei não poderá exigir autorização do Estado para a fundação de sindicato e vedou a interferência e a intervenção na organização sindical do Poder Público.

Esta mesma Carta Magna, entretanto, conservou o sistema de unicidade sindical, a obrigatoriedade da contribuição sindical, a eficácia *erga omnes* das convenções e acordos coletivos de trabalho e o poder normativo da Justiça do Trabalho, não se desprendendo totalmente do corporativismo estatal. Manteve, portanto, a "espinha dorsal do modelo sindical corporativo"[45], o que a faz permanecer em conflito com os princípios da Convenção n. 87 da OIT.

---

(42) FERRARI, Irany; NASCIMENTO, Amauri Mascaro; e MARTINS FILHO, Ives Gandra. *História do trabalho, do direito do trabalho e da justiça do trabalho*. São Paulo: LTr, 1998, p. 84.
(43) *Ibidem*, p. 85.
(44) ALMEIDA, Renato Rua de. "Visão histórica da liberdade sindical". *Revista do Advogado*. São Paulo: AASP, ano XXVI, n. 86, Julho/2006, p. 72.
(45) MANUS, Pedro Paulo Teixeira e ROMAR, Carla Teresa Martins. *Consolidação das leis do trabalho e legislação complementar em vigor*. 6ª ed. São Paulo: Atlas, 2005, p. 25.

Em 8 de dezembro de 2004, a Emenda Constitucional n. 45 reformou substancialmente o Poder Judiciário brasileiro, e, dentre as várias alterações no texto constitucional anteriormente vigente, modificou o § 2º do art. 114, que tratava sobre o poder normativo da Justiça do Trabalho, não permitindo mais a instauração de dissídio coletivo de forma unilateral. Para tanto, exigiu-se o *comum acordo* das partes para apreciação da discórdia coletiva pelo Poder Judiciário. Valorizou-se, portanto, a liberdade sindical para negociação coletiva até as últimas vias à decisão monocrática heterogênea.

A liberdade sindical, portanto, como princípio basilar do direito coletivo do trabalho, não nasceu de uma regra jurídica própria. É o resultado das lutas do movimento sindical contra a opressão do Estado, para conseguir o seu reconhecimento e autonomia perante o Poder Público, tanto em plano internacional como no próprio Brasil[46].

1.4. AUTONOMIA SINDICAL

A autonomia sindical é o direito à liberdade visto pelo aspecto coletivo e não pelo aspecto individual. Ela retrata o poder de autodeterminação dos sindicatos, significando a menor ingerência possível do Estado em sua vida interna[47].

Octavio Bueno Magano[48] bem preceitua que a autonomia sindical constitui uma das modalidades da liberdade sindical. Indica a possibilidade de atuação não dos indivíduos considerados singularmente, mas do grupo por eles organizado.

A proibição de interferência ou intervenção do Poder Público na organização sindical é imprescindível para exteriorização do princípio da liberdade sindical, pois somente assim o sindicato terá autonomia para alcançar os fins que fundamentam sua instituição. Essa, inclusive, é a idéia de *Evaristo de Moraes Filho* ao escrever sobre a autonomia sindical:

> "A autonomia sindical é o limite de ação do sindicato, é o direito de autodeterminação, é o poder reconhecido ao sindicato para alcançar suas facilidades, dentro dos meios não contrários à lei e normas estabelecidas para a manutenção da ordem pública democrática. É

---

(46) NASCIMENTO, Amauri Mascaro. *Compêndio de direito sindical*. 4ª ed. São Paulo: LTr, 2005, p. 144.
(47) CESARINO JÚNIOR, Antonio Ferreira. *Direito social*. São Paulo: LTr, Ed. da Universidade de São Paulo, 1980, p. 516.
(48) MAGANO, Octavio Bueno. *Manual de direito do trabalho: direito coletivo do trabalho*. São Paulo: LTr, 1986, vol. III, p. 30.

o círculo dentro do qual o sindicato pode agir a fim de obter a realização dos seus propósitos como representante de uma atividade econômica"[49].

Pedro Paulo Teixeira Manus, tratando da "autonomia privada coletiva", no âmbito do direito coletivo do trabalho, define que "é o poder das entidades sindicais de auto-organização e auto-regulamentação dos conflitos coletivos de trabalho produzindo normas que regulam as relações atinentes à vida sindical, às relações individuais e coletivas de trabalho entre trabalhadores e empregadores"[50].

A autodeterminação dos sindicatos é ponto de relevância para a autonomia sindical, não somente frente ao Estado, mas ao empregador ou qualquer terceiro que tentar interferir na organização sindical. Em suas lições, Maria Cristina Aczel muito bem descreve que a autonomia sindical é "a liberdade sindical em seu aspecto coletivo como faculdade de autodeterminação que têm as organizações sindicais de trabalhadores frente ao Estado e frente aos empregadores ou qualquer terceiro que queira interferir na sua organização e funcionamento, com os limites que impõem as leis"[51].

A autonomia sindical, para Mauricio Godinho Delgado, "sustenta a garantia de autogestão às organizações associativas e sindicais dos trabalhadores, sem interferências empresariais ou do Estado"[52]. O autor afirma, ainda, que ela trata da "livre estruturação interna do sindicato, sua livre atuação externa, sua sustentação econômico-financeira e sua desvinculação de controles administrativos estatais ou em face do empregador"[53].

Mozart Victor Russomano confere a consagração do princípio da autonomia coletiva como segundo aspecto principal da liberdade sindical. Afirma o autor que "ele é o senhor único de suas deliberações, não podendo ficar submetido ao dirigismo exercido por forças ou poderes estranhos à sua organização interna[54].

---

(49) FILHO, Evaristo de Moraes. "A organização sindical perante o Estado". Revista LTr. São Paulo: LTr, vol. 52, n. 11, novembro de 1988, pp. 1.302-1.309.
(50) MANUS, Pedro Paulo Teixeira. Negociação coletiva e contrato individual de trabalho. São Paulo: Atlas, 2001, p. 102.
(51) ACZEL, Maria Cristina. Instituiciones del derecho colectivo del trabajo. Buenos Aires: La Ley, 2002, p. 8. Tradução livre do autor: "(...) la libertad sindical em su aspecto colectivo como la facultad de autodeterminación que tienen las organizaciones sindicales de trabajadores frente al Estado y frente a los empleadores o cualquier tercero que quiera interferir en su organización y/o funcionamiento, con los limites que imponen las leyes".
(52) DELGADO, Mauricio Godinho. Curso de direito do trabalho. 4ª ed. São Paulo: LTr, 2005, p. 1.309.
(53) Ibidem, p. 1.309.
(54) RUSSOMANO, Mozart Victor. Princípios gerais de direito sindical. 2ª ed. Rio de Janeiro: Forense, 2002, p. 70.

Para *José Francisco Siqueira Neto*[55], a autonomia sindical é o direito de liberdade sindical visto pelo aspecto coletivo e organizativo, é a liberdade do grupo e é a liberdade de associação como tal. O autor adota a classificação de *Giuliano Mazzoni* de que a autonomia sindical se divide em quatro segmentos: autonomia organizativa (estatutária e de enquadramento); autonomia negocial; autonomia administrativa (autogoverno); e autotutela direta (greve) e indireta *(lockout)*.

Semelhante é a definição e classificação de autonomia sindical de *Amauri Mascaro Nascimento*[56]. Para o autor, o interesse coletivo tem como base o princípio da autonomia coletiva dos particulares. A autonomia coletiva dos grupos entre o indivíduo e o Estado, seria outra forma entre as autonomias privada e pública.

O jurista acrescenta, ainda, que a autonomia coletiva compreende a *autonomia organizativa*, da qual resulta o direito dos sindicatos de elaborar os próprios estatutos; a *autonomia negocial*, que permite aos sindicatos fazer convenções coletivas de trabalho; a *autonomia administrativa*, resultando o direito do sindicato de eleger a sua diretoria e exercer a própria administração; e a *autotutela*, que é o reconhecimento de que o sindicato deve ter meios de luta, previstos nos termos da lei, para a solução dos conflitos trabalhistas, dentre os quais a greve e o *lockout*.

Em nosso entender, *a autonomia sindical é a modalidade coletiva da liberdade sindical, na qualidade de faculdade de autodeterminação organizacional, administrativa, negocial e de luta, dos sindicatos em relação ao Estado ou em relação a quaisquer terceiros*.

No Brasil, a autonomia sindical sofreu várias restrições na história jurídica e política. O regime militar e a estrutura corporativista sindical ajustaram-se às pretensões antidemocráticas, manietando a liberdade sindical e a autonomia sindical.

A conquista da autonomia sindical se deu por intermédio da Constituição Federal de 1988, que garantiu a liberdade de organização interna e de funcionamento dos sindicatos, federações e confederações, compreendendo a adoção de programas e atividades pertinentes[57].

Nada obstante, a vigente Constituição Federal manteve traços corporativistas em seu texto. É o que se observa diante da manutenção do sistema da unicidade sindical, da contribuição sindical compulsória e do

---

(55) SIQUEIRA NETO, José Francisco. *Liberdade sindical e representação dos trabalhadores nos locais de trabalho*. São Paulo: LTr, 2000, p. 91.
(56) NASCIMENTO, Amauri Mascaro. *Curso de direito do trabalho*. 19ª ed. São Paulo: Saraiva, 2004, pp. 1.011-1.012.
(57) SÜSSEKIND, Arnaldo. *Direito constitucional do trabalho*. 3ª ed. ampl. e atual. Rio de Janeiro: Renovar, 2004, p. 390.

poder normativo conferido aos tribunais trabalhistas, este último extinto com a promulgação da Emenda Constitucional n. 45, de 8 de dezembro de 2004 e que trataremos com pormenores em capítulo próprio.

1.4.1. Autonomia organizativa

A liberdade sindical, tendo como um dos seus pilares a autonomia sindical, garante aos sindicatos a autonomia de organização. A autonomia organizativa resulta no amplo poder das associações de autodeterminar as suas próprias regras fundamentais, que é exercido basicamente por intermédio dos atos constitutivos e dos estatutos.

A Convenção n. 87 da OIT estabelece que as organizações de trabalhadores e empregadores terão direito de elaborar seus estatutos, seus regulamentos, de eleger livremente seus representantes e de organizar a gestão e as atividades dos mesmos (art. 3º). O inciso I, do art. 8º da Constituição Federal brasileira de 1988, veda ao Poder Público a interferência e a intervenção na organização sindical.

Dentro do rol de assuntos relacionados à autonomia de organização, podemos relacionar a escolha do nome e da sede da entidade, a esfera de representação, o tipo de organização, o âmbito territorial das entidades, a consagração do princípio eletivo e da maioria, o número de representantes, as eleições dos representantes, o processo eleitoral, a articulação em níveis superiores (federações, confederações nacionais ou estrangeiras), e a fiscalização por parte dos associados[58].

A primeira e mais importante função interna do sindicato é a de redigir os próprios estatutos, pois estes servirão de diretrizes durante toda a existência da entidade. Não se admite sujeitar os estatutos à aprovação administrativa, porém, os estatutos dos sindicatos não poderão extrapolar a legislação vigente de cada país[59]. Portanto, isso quer dizer que é lícito que qualquer governo elabore estatuto-modelo, porém, sem exigir que as instituições o acatem, pois, o princípio da liberdade sindical garante a constituição sindical livremente, sem interferência estatal.

Outra função interna de extrema importância é a eleição dos representantes sindicais, porquanto lhes cabe a direção do sindicato. É imprescindível a ausência plena de interferência estatal na eleição dos representantes sindicais, os quais já devem conviver com inúmeras práticas violadoras desse direito, entre as quais as que implicam discriminação racial, ou ideológica e as que impedem a reeleição[60].

---

(58) SIQUEIRA NETO, José Francisco. *Liberdade sindical e representação dos trabalhadores nos locais de trabalho.* São Paulo: LTr, 2000, p. 92.
(59) MAGANO, Octavio Bueno. *Manual de direito do trabalho: direito coletivo do trabalho.* São Paulo: LTr, 1986, vol. III, p. 31.
(60) *Ibidem*, p. 31.

1.4.2. Autonomia administrativa

A autonomia em administrar o sindicato decorre do princípio da liberdade sindical. Ela se expressa mediante a condição de legitimidade da vida do sindicato, princípio que deve inspirar a prática dos principais atos da sua atividade interior, consistente na faculdade das entidades determinarem livremente seus órgãos e suas respectivas funções.

A autonomia administrativa cuida da chamada democracia interna, que deve ser decidida pelo grupo ou entidade e não pelo Estado. *José Francisco Siqueira Neto*[61] também lista como autonomia administrativa a livre determinação de órgãos e funções, seu *quorum* deliberativo, tipos de eleições e processos eleitorais, direitos e deveres dos associados, procedimento de reforma estatutária e gestão econômico-financeira.

A livre democracia interna é o eixo de sustentação da autonomia administrativa que é resultado da autonomia sindical e que, por sua vez, é fruto da liberdade sindical. Imprescindível a manutenção da liberdade, conferida aos sindicatos, de administrar sem interferências exteriores.

1.4.3. Autonomia negocial

A autonomia negocial representa a liberdade sindical para escolher os meios mais idôneos para representar a categoria profissional ou econômica, estatutariamente definidas em determinada negociação coletiva, consistindo no poder de formular convenções coletivas de trabalho e acordos coletivos de trabalho.

A autonomia negocial dos sindicatos está prevista em nossa Constituição Federal de 1988, no inciso VI do art. 8º, que torna obrigatória a participação dos sindicatos nas negociações coletivas de trabalho.

O papel dos sindicatos é o de dar corpo e configuração à consciência de classe dos trabalhadores, mediante uma negociação forte e dirigida na luta de mais conquistas, que possibilitem "a melhoria das condições de vida e de trabalho dos trabalhadores como um todo"[62].

A liberdade negocial deve ser mais expressiva e abrangente, de modo a ser a resolução final do conflito coletivo de trabalho, ainda que necessário, ao longo da negociação, o uso da autonomia de luta ou autotutela por ambas as partes, até que haja a autocomposição por meio da negociação coletiva de trabalho.

---

(61) SIQUEIRA NETO, José Francisco. *Liberdade sindical e representação dos trabalhadores nos locais de trabalho*. São Paulo: LTr, 2000, p. 92.
(62) SOUTO MAIOR, Jorge Luiz. *O direito do trabalho como instrumento de justiça social*. São Paulo: LTr, 2000, p. 277.

1.4.4. Autonomia de luta

A autonomia de luta é o reconhecimento de que o sindicato deve ter meios de luta, previstos nos termos da lei, para a solução dos conflitos trabalhistas, dentre os quais a greve, o *lockout* e o direito a um arbitramento das suas disputas.

O direito de greve está assegurado em nosso ordenamento jurídico pátrio, mais precisamente no art. 9º da Constituição Federal de 1988. O *lockout* é expressamente vedado em nosso sistema legal, na forma do art. 17, da Lei n. 7.783/89. Já o arbitramento voluntário das disputas é garantido pela permissão de arbitragem privada (Lei. n. 9.307/96) e da *pública limitada*, mediante a atual função do chamado poder normativo da Justiça do Trabalho (art. 114, § 2º, da Constituição Federal)[63].

1.5. LIBERDADE DE ASSOCIAÇÃO

A livre associação afina-se em dois sentidos distintos, porém, correlatos: a livre constituição de sindicato cujo interesse é coletivo; e a livre filiação ou não ao sindicato de interesse individual da relação coletiva. Os dois aspectos são pilares da liberdade sindical, pois ambos são instrumentos de iniciação sindical.

Mauricio Godinho Delgado, destaca que a livre associação "assegura a conseqüência jurídico-institucional a qualquer iniciativa de agregação estável e pacífica entre pessoas, independentemente de seu segmento social ou dos temas causadores da aproximação"[64].

Octavio Bueno Magano[65] bem descreve que a livre associação constitui o direito de criar sindicato assim como o de a ele associar-se. Nessa prerrogativa, há preponderância, segundo o autor, mas não exclusividade do aspecto individual sobre o coletivo.

Alfredo J. Ruprecht também descreve a livre sindicalização como a "liberdade de se associar ou não e de constituir ou não sindicatos é de caráter nitidamente individual; mas esse mesmo aspecto deve ser encarado também do ponto de vista coletivo, quer dizer, se o sindicato tem ou não a faculdade de se unir aos outros sindicatos afins, formando organismos de ordem superior e se estes, por sua vez, têm faculdade de se unirem entre si"[66].

---

(63) Conf. item 2.5.3.2.
(64) DELGADO, Mauricio Godinho. *Direito coletivo do trabalho*. 2ª ed. São Paulo: LTr, 2003, p. 43.
(65) MAGANO, Octavio Bueno. *Manual de direito do trabalho: direito coletivo do trabalho*. São Paulo: LTr, 1986, vol. III, p. 26.
(66) RUPRECHT, Alfredo J. *Relações coletivas de trabalho*. Trad. Edílson Alkmin Cunha. São Paulo: LTr, 1995, p. 88.

Este jurista aponta a liberdade de associação mediante dois aspectos: o positivo e o negativo. No positivo, as manifestações são:

"a) não se pode negar a ninguém o ingresso numa associação profissional, tanto de trabalhadores quanto de empregadores, desde que atendidas as condições estabelecidas para o fim;

b) todo trabalhador ou empregador tem o direito de constituir livremente uma associação profissional, desde que atendidos os requisitos estabelecidos para o fim;

c) o membro de uma associação profissional pode deixá-la a qualquer momento, desde que cumpridas as obrigações estatutárias, para se filiar a outra;

d) as associações profissionais não podem fazer discriminações que não tenham sido previstas nos respectivos ordenamentos legais."

O aspecto negativo significa:

"a) o direito de não se filiar a nenhum sindicato;

b) a possibilidade de deixar a associação profissional a que pertence e de não ingressar em nenhuma"[67].

O aspecto negativo é de grande relevância para a manutenção da liberdade sindical plena, isto porque, do contrário, estaríamos diante da sindicalização de forma obrigatória que é a negação do princípio da liberdade sindical.

A sindicalização obrigatória ou compulsória é aquela imposta pelo Estado ou pelos próprios trabalhadores que, a pretexto de defender a unidade sindical e a liberdade sindical, impõem condições que, na prática, fazem desaparecer a liberdade de se associar ou não.

Na verdade, essa forma de sindicalização pode até fortalecer a unidade sindical, entretanto, conflita com o princípio da liberdade sindical plena, que é o poder do livre arbítrio de filiar-se ou não a determinado sindicato e deixar de ser filiado a ele, quando se quiser, sem constrangimentos ou discriminações por tal ato.

Aliás, uma das facetas da liberdade sindical, realçada pela Constituição Federal de 1988, é a faculdade assegurada aos trabalhadores e empregadores de que não serão obrigados a filiarem-se ou a manterem-se filiados ao sindicato que os representa. (art. 8º, inciso V)

---

(67) RUPRECHT, Alfredo J. *Relações coletivas de trabalho.* Trad. Edílson Alkmin Cunha. São Paulo: LTr, 1995, p. 92.

A Convenção n. 87 da OIT destaca o direito ao livre arbítrio de filiação em dois aspectos: o individual e o coletivo. O primeiro, por meio do seu art. 2º em que garante aos trabalhadores e empregadores o direito de se filiarem às organizações de sua escolha, sob a única condição de se conformarem com os estatutos das mesmas; o segundo, por meio do art. 5º, que traça o direito das organizações sindicais de filiarem-se às federações e confederações e destas, filiarem-se às organizações internacionais de trabalhadores e de empregadores.

O direito de fundar um sindicato por trabalhadores ou por empregadores também está assegurado na Convenção n. 87 da OIT, diante dos mesmos aspectos: o individual e o coletivo. O primeiro, com a liberdade assegurada aos trabalhadores e empregadores para constituição de sindicatos representativos e, o segundo aspecto, destes últimos constituírem federações e confederações.

A Convenção n. 87 da OIT, aponta a clara ressalva de que a constituição dos sindicatos independe de prévia autorização. Por essa razão que o princípio da liberdade sindical é encarado como manifestação da independência do sindicato em relação ao Estado[68].

A liberdade de filiação se estreita, também, com a liberdade de não-filiação, isto é, o direito conferido aos trabalhadores e empregadores de não se filiarem às suas entidades representativas de classe profissional ou econômica. Constitui-se, como já descrevemos, o aspecto negativo da liberdade de associação.

Em vários países a liberdade de o indivíduo não se filiar a um sindicato encontra-se cerceada por meio de cláusulas negociais coletivas, as quais dividimos em cláusulas de sindicalização e cláusulas de anti-sindicalização:

São cláusulas de sindicalização:

a) *closed shop*: o empregador somente admite empregados filiados ao sindicato. A empresa é fechada para os trabalhadores não-sindicalizados. O ordenamento jurídico de outros países contêm cláusula semelhante, como é o exemplo da chamada *cláusula de exclusão de ingresso* do Direito mexicano[69]. Em contrapartida, nos Estados Unidos da América, esta cláusula foi considerada ilegal pela Lei Taft-Hartley (1947), pois constitui prática desleal de trabalho *(unfair labor practices)*, contrária, inclusive, à lei nacional das relações de trabalho *(National Labor Relations Act)*[70];

---

(68) GOMES, Orlando; e GOTTSCHALK, Elson. *Curso de direito do trabalho*. 16ª ed. rev. e atual. por José Augusto Rodrigues Pinto. Rio de Janeiro: Forense, 2003, p. 510.
(69) *Ibidem*, p. 507.
(70) SANTOS, Enoque Ribeiro dos. *Fundamentos do direito coletivo do trabalho nos Estados Unidos da América, na União Européia, no Mercosul e a experiência brasileira*. Rio de Janeiro: Lúmen Júris, 2005, pp. 27 e 46.

b) *union shop*: o empregador se compromete a manter no emprego apenas trabalhadores que se sindicalizarem após um prazo razoável (15 a 30 dias) da sua admissão. Assim como a *closed shop*, a *union shop* cerceia o direito do indivíduo de não se sindicalizar. Segundo *Orlando Gomes* e *Elson Gottschalk*[71], a *union shop* é compatível com a Lei Taft-Hartley (1947);

c) *preferencial shop*: os trabalhadores filiados a sindicatos recebem benefícios especiais em razão desta adesão. Esta cláusula é permitida na Argentina pelo art. 9º da Lei n. 14.250[72]. *Guillermo Cabanellas de Torres*[73] destaca o art. 154 da Lei Federal do Trabalho do México[74], que determina a obrigação dos empregadores em preferir os trabalhadores sindicalizados aos não sindicalizados;

d) *maintenace of membership*: ocorre principalmente na Inglaterra e nos Estados Unidos da América, em que o empregado que se filiar voluntariamente a um sindicato deve nele permanecer na vigência da convenção coletiva em que a cláusula foi pactuada, sob pena da perda do emprego[75]. Esta cláusula é proibida no direito argentino pelo art. 4º da Lei n. 23.551[76];

e) *agency shop*: diz respeito apenas à exigência da comprovação da obrigatoriedade da contribuição sindical, mas não à de filiação. Exemplo de permissividade desta cláusula é o direito argentino, consoante art. 9º da Lei n. 14.250[77], que permite a discriminação por esta via;

f) *check off*: o empregador ajusta com o sindicato para descontar do salário dos empregados as contribuições sindicais e outras obrigações financeiras. A Lei Taft-Hartley declarou ilegal esta cláusula. Na França, da mesma forma, esta cláusula é proibida por lei[78]. Na Argentina, tal medida é permitida, nos termos do art. 38 da Lei n. 23.551[79];

---

(71) GOMES, Orlando; e GOTTSCHALK, Elson. *Op. cit.*, pp. 507-508.
(72) Art. 9º, da Lei n. 14.250: "La convención colectiva podrá contener cláusulas que acuerden beneficios especiales en función de la afiliación a la asociación de trabajadores que la suscribió".
(73) CABANELLAS, Guillermo de Torres. *Compendio de derecho laboral*. 4ª ed. Buenos Aires: Heliasta, 2001, tomo II, p. 71.
(74) Art. 154 da Lei Federal do Trabalho do México: "Preferir (...) a los (trabajadores) sindicalizados respecto de quienes no lo estén. Si existe contrato colectivo y este contiene cláusulas de admisión, la preferência para ocupar las vacantes o puestos de nueva creación se regira por lo que disponga el contrato colectivo y el estatuto sindical".
(75) MARTINS, Sérgio Pinto. *Direito do trabalho*. 19ª ed. São Paulo: Atlas, 2003, p. 702.
(76) ACZEL, María Cristina. *Instituiciones del derecho colectivo del trabajo*. Buenos Aires: La Ley, 2002, p. 6.
(77) Art. 9º, da Lei n. 14.250: "Las cláusulas de la convención por las que se establezcan contribuiciones a favor de la asociación de trabajadores participantes, serán válidas no sólo para los afiliados sino también para los no afiliados compreendidos en el ámbito de la convención".
(78) MARTINS, Sérgio Pinto. *Direito do trabalho*. 19ª ed. São Paulo: Atlas, 2003, p. 702.
(79) Art. 38 da Lei n. 23.551: "Los empleadores estarán obligados a actuar como agentes de retención de los importes que, en concepto de cuotas de afiliación u otros aportes deban tributar los trabajadores a las asociaciones sindicales de trabajadores com personería gremial".

g) *label*: o sindicato coloca sua marca em todos os produtos do empregador para que todos saibam que há sindicalização atuante naquela empresa[80].

As denominadas cláusulas de anti-sindicalização podem ser classificadas por:

a) *yellow dog contracts*: o empregado compromete-se a não se filiar ao sindicato ou a desfiliar-se para poder ser admitido pelo empregador;

b) *mise à l'index*: é uma cláusula própria do direito consuetudinário francês. Trata-se da manutenção pelos empregadores de uma espécie de "lista negra" dos empregados com significativa atuação sindical, a fim de excluí-los do respectivo mercado de trabalho[81];

c) *company unions*: O próprio empregador estimula e controla — mesmo que de forma indireta — a organização e ações do respectivo sindicato obreiro[82]. Na leitura de *Amauri Mascaro Nascimento* é o compromisso de criação de sindicatos fantasmas[83].

No plano internacional existem leis que incentivam a sindicalização, com concessão de privilégios ou até mesmo certas discriminações. O argumento é que há necessidade de fortalecimento da unidade sindical e de manutenção da liberdade sindical, visando ao equilíbrio das relações entre empregados e empregadores, como acontece nos exemplos acima explicitados na legislação argentina (cláusulas *preferencial shop*, *agency shop* e *check off*) e norte americana (cláusulas *union shop* e *agency shop*, sendo, porém, vedada a cláusula *closed shop*)[84].

Outras legislações estrangeiras, porém, como a da Espanha (1980), dispõem que os empregados não podem ser discriminados na admissão ou por ocasião da demissão em razão de serem ou não filiados às suas entidades sindicais representativas. A Constituição italiana e o *Statuto dei Lavoratori* (1970) consideram nulo o pacto que subordine a ocupação de um trabalhador à condição de aderir ou não a um sindicato[85].

Octavio Bueno Magano assevera que no Brasil, a maioria dos doutrinadores inclina-se pela incompatibilidade dessas cláusulas com a nossa legislação pátria. O jurista, entretanto, acredita que a questão está aberta

---

(80) NASCIMENTO, Amauri Mascaro. *Compêndio de direito sindical*. 4ª ed. São Paulo: LTr, 2005, p. 151.
(81) GOMES, Orlando; e GOTTSCHALK, Elson. *Curso de direito do trabalho*. 16ª ed. rev. e atual. por José Augusto Rodrigues Pinto. Rio de Janeiro: Forense, 2003, pp. 508-509.
(82) DELGADO, Mauricio Godinho. *Direito coletivo do trabalho*. 2ª ed. São Paulo: LTr, 2003, p. 46.
(83) NASCIMENTO, Amauri Mascaro. *Compêndio de direito sindical*. 4ª ed. São Paulo: LTr, 2005, p. 151.
(84) MAGANO, Octavio Bueno. *Manual de direito do trabalho: direito coletivo do trabalho*. São Paulo: LTr, 1986, vol. III, p. 28.
(85) NASCIMENTO, Amauri Mascaro. *Compêndio de direito sindical*. 4ª ed. São Paulo: LTr, 2005, p. 151.

à discussão, porque tais cláusulas não contrariam a liberdade sindical e sim fazem parte de uma das suas dimensões, já que têm como escopo assegurar equilíbrio de poder entre empregados e empregadores.[86]

Ousamos discordar do saudoso jurista, porque a Constituição Federal vigente assegura claramente o direito de que ninguém será obrigado a filiar-se ou a manter-se filiado a sindicato (art. 8º, inciso V). Portanto, torna-se nula qualquer cláusula de convenção coletiva ou de outro instrumento normativo, que subordine admissão ou demissão de trabalhador quanto à sua sindicalização *(closed shop)* ou não-sindicalização *(yelloy dog contract)*, tampouco a lei poderá discriminar o trabalhador ou empregador filiado ou não-filiado a entidade sindical[87].

Além disso, a Convenção n. 98 da OIT, ratificada pelo Brasil, garante a proteção dos trabalhadores contra todo ato de discriminação tendente a restringir a liberdade sindical em relação ao seu emprego, entendendo-se como tal, a plena liberdade de filiação, não filiação ou desfiliação, sem prejuízo para seu emprego.

1.6. UNIDADE, UNICIDADE E PLURALIDADE SINDICAL

Para a melhor compreensão dos sistemas sindicais, imprescindível é a análise da conceituação doutrinária de *unidade*, *unicidade* e *pluralidade* sindical.

A *unidade sindical* é a representação sindical única de uma determinada coletividade de trabalhadores e empregadores, resultante da opção livre e voluntária dos interessados, independentemente de imposição legal, podendo ser representada por uma única organização sindical ou por várias organizações sindicais.

A propósito desta independência de vontades, *Amauri Mascaro Nascimento* aponta com clareza que a unidade sindical é o sistema no qual os sindicatos não se unem por imposição legal, "mas em decorrência da própria opção"[88]. Já *Orlando Gomes* e *Elson Gottschalk*[89] ressaltam o aspecto do reconhecimento pelo Estado, ou pela categoria profissional contraposta, de apenas um sindicato tido como representante de toda profissão.

---

(86) MAGANO, Octavio Bueno. *Manual de direito do trabalho: direito coletivo do trabalho.* São Paulo: LTr, 1986, vol. III, p. 29.
(87) SÜSSEKIND, Arnaldo; MARANHÃO, Délio; VIANNA, Segadas e TEIXEIRA, Lima. *Instituições de direito do trabalho.* 21ª ed. São Paulo: LTr, 2003, vol. 2, p. 1.043.
(88) NASCIMENTO, Amauri Mascaro. *Compêndio de direito sindical.* 4ª ed. São Paulo: LTr, 2005, p. 165.
(89) GOMES, Orlando; e GOTTSCHALK, Elson. *Curso de direito do trabalho.* 16ª ed. rev. e atual. por José Augusto Rodrigues Pinto. Rio de Janeiro: Forense, 2003, pp. 515-516.

A *unicidade sindical*, por sua vez, é a representação sindical única de uma determinada coletividade de trabalhadores e empregadores, resultante de imposição legal, que limita a constituição de uma única organização por cada base de atuação.

Guillermo Cabanellas Torres afirma que "por unicidade sindical ou sindicato único se entende a limitação legal de uma só entidade profissional por cada atividade e em cada território."[90]

No Brasil, por meio da sua Constituição Federal vigente, prevalece o sistema da unicidade sindical, vedando "a criação de mais de uma organização sindical, em qualquer grau, representativa de categoria profissional ou econômica, na mesma base territorial, que será definida pelos trabalhadores ou empregadores interessados, não podendo ser inferior à área de um Município" (art. 8º, inciso II).

Arnaldo Süssekind afirma já ter defendido o sistema da unicidade sindical e justifica que:

"*Getúlio Vargas* o tinha adotado visando a evitar o fracionamento dos sindicatos e o conseqüente enfraquecimento das respectivas representações, numa época em que a falta de espírito sindical dificultava a formação de organismos sindicais e a filiação de trabalhadores aos mesmos. Afinal esse espírito resulta das concentrações operárias, que dependem do desenvolvimento industrial. Daí porque, hoje, defendemos a liberdade de constituição de sindicatos, embora reconhecendo que o ideal seja a unidade de representação decorrente da conscientização dos grupos de trabalhadores ou de empresários interligados por uma atividade comum. Outrossim, as centrais sindicais brasileiras, de diferentes matizes filosóficas, criaram uma realidade, que não pode ser desprezada, justificadora da pluralidade sindical"[91].

O *pluralismo sindical* consiste na permissão da constituição de várias organizações sindicais representando uma mesma coletividade de empregadores e trabalhadores (sem limites por categoria ou por base territorial), na proporção dos seus respectivos associados ou de acordo com o critério de representatividade estabelecido pela legislação.

Mozart Victor Russomano[92] destaca que a pluralidade sindical admite que, ao mesmo tempo e no mesmo lugar, as categorias econômicas

---

(90) CABANELLAS, Guillermo de Torres. *Compendio de derecho laboral*. 4ª ed. Buenos Aires: Heliasta, 2001, tomo II, p. 83. Tradução livre do autor: "Por unicidad sindical o por sindicato único se entiende la limitación legal a una sola entidad profesional por cada actividad y en cada território".
(91) SÜSSEKIND, Arnaldo; MARANHÃO, Délio; VIANNA, Segadas; e TEIXEIRA, Lima. *Instituições de direito do trabalho*. 21ª ed. São Paulo: LTr, 2003, vol. 2, pp. 1.129-1.130.
(92) RUSSOMANO, Mozart Victor. *Princípios gerais de direito sindical*. 2ª ed. Rio de Janeiro: Forense, 2002, p. 74.

ou profissionais estejam representadas, indistintamente, em torno do sindicato existente ou dividida, em diversos sindicatos da mesma natureza, concorrentes entre si.

O jurista gaúcho ainda argumenta que no regime da unicidade sindical, a liberdade do trabalhador ou do empresário reduz-se àquela simples opção de filiar-se ou não àquele predeterminado sindicato único, enquanto que, no regime de pluralidade sindical, o trabalhador tem o privilégio de escolher, entre os diversos sindicatos, o que melhor lhe convier[93].

José Francisco Siqueira Neto[94] observa o Tratado de Versailles (1919) como idéia inicial do sindicato mais representativo, com vistas à pluralidade sindical. A distinção entre sindicato mais representativo e demais sindicatos não contraria a liberdade de escolha garantida pela Convenção n. 87 da OIT.

O Autor fala em pluralismo, porém, esbarra no problema da representatividade e conseqüente desproporção entre sindicatos pouco representativos e sindicatos que representam grande parte dos trabalhadores. Entende ser mais justo "constatar que os largos poderes reconhecidos aos sindicatos são condicionados pela sua representatividade"[95].

Amauri Mascaro Nascimento também entende que a Constituição Federal vigente em nosso país é contraditória quando mantém o princípio da unicidade sindical, que é a proibição de mais de um sindicato da mesma categoria em determinada base territorial, porque a defesa dos direitos e interesses coletivos "excede a prática funcional da simples defesa dos interesses da categoria"[96].

Inegável que um dos fatores em abono da unicidade sindical é que o sindicato único promove a solidez e a união da classe que, com isso, teria mais força representativa para suas reivindicações. Por esse lado, a crítica que se faz ao pluralismo margeia a possível divisão do interesse coletivo com mais de uma representação dentro da mesma base territorial e da mesma categoria.

Entretanto, o fator em favor da pluralidade sindical é a competição criada entre os sindicatos, que os tornará mais representativos e defensivos dos interesses dos seus representados. Além do mais, o exemplo do sucesso do pluralismo francês é utilizado como argumento daqueles que defendem o sindicalismo plúrimo.

---

(93) *Ibidem*, p. 74.
(94) SIQUEIRA NETO, José Francisco. *Liberdade sindical e representação dos trabalhadores nos locais de trabalho*. São Paulo: LTr, 2000, p. 104.
(95) *Ibidem*, pp. 107-108.
(96) NASCIMENTO, Amauri Mascaro. *Curso de direito do trabalho*. 19ª ed. São Paulo: Saraiva, 2004, pp. 1.016-1.022.

Neste sentido está a Convenção n. 87 da OIT, que considera como o melhor sistema sindical o plúrimo. No Brasil, houve experiência frustrada em 1934 com os chamados sindicatos "de carimbo" (limitação de três sindicatos para cada grupo em cada localidade). O sindicato único foi adotado pela Constituição de 1937 e defendido por *Evaristo de Moraes Filho* e *Oliveira Viana*.

Ainda como defensores mais recentes da unidade ou da unicidade sindical, podemos destacar doutrinadores como *Orlando Gomes* e *Elson Gottschalk*[97], *José Martins Catharino*[98] (auto-intitulando-se como *monista*) e *Segadas Vianna*[99]. Na defesa do pluralismo está *Mozart Victor Russomano*[100], defendo o pluralismo como "liberdade dos homens, das classes e dos povos".

Amauri Mascaro Nascimento conclui que o "mais democrático é o sistema da *unicidade sindical*" sem imposição legal, porém, como livre opção, assim como ocorre na Alemanha. Também defende a *pluralidade orgânica* e a *unidade de ação*, sendo que a última, "necessária quando há movimentos gerais", conserva a idéia que a Constituição Federal de 1988 manteve na unicidade sindical, porém, "não acompanhou a evolução do sindicalismo dos países democráticos"[101].

Concluímos que a unidade, unicidade ou pluralidade sindical, por si só e isoladamente, não limitam o exercício regular da liberdade sindical, a qual se afina a qualquer dos institutos se assegurados os conceitos de liberdade pura na sua formação, como já descrevemos anteriormente. Entretanto, afeiçoamo-nos mais à idéia do pluralismo sindical, na medida em que acreditamos conferir mais opções aos trabalhadores e empregadores para decidirem acerca das respectivas filiações aos sindicatos mais representativos. Como ocorre no modelo francês, a pluralidade sindical estimula a constituição de cada vez menos sindicatos, entretanto mais representativos, ao contrário do modelo do sindicato único brasileiro, que perpetua cada vez mais sindicatos, porém, menos representativos.

1.7. LIBERDADE SINDICAL DENTRO DA EMPRESA

A liberdade sindical tem como fundamento o livre arbítrio, o poder de decidir, escolher e, sobretudo, negociar. A evolução da consciência

---

(97) GOMES, Orlando e GOTTSCHALK, Elson. *Curso de direito do trabalho*. 16ª ed. rev. e atual. por José Augusto Rodrigues Pinto. Rio de Janeiro: Forense, 2003, pp. 515-518.

(98) CATHARINO, José Martins. *Tratado elementar de direito sindical*. 2ª ed. São Paulo: LTr, 1982, p. 104.

(99) SÜSSEKIND, Arnaldo; MARANHÃO, Délio; VIANNA, Segadas; e TEIXEIRA, Lima. *Instituições de direito do trabalho*. 21ª ed. São Paulo: LTr, 2003, vol. 2, pp. 1.129-1.130.

(100) RUSSOMANO, Mozart Victor. *Princípios gerais de direito sindical*. 2ª ed. Rio de Janeiro: Forense, 2002, pp. 74-75.

(101) NASCIMENTO, Amauri Mascaro. *Curso de direito do trabalho*. 19ª ed. São Paulo: Saraiva, 2004, p. 1.022.

doutrinária acerca da liberdade sindical faz com que seu conceito não se restrinja apenas ao âmbito da sociedade, mas também se integre ao interior da empresa e até na sua gestão.

Renato Rua de Almeida muito bem define a liberdade sindical dentro da empresa nos dias atuais:

> "Hoje, a liberdade sindical deixa de ser uma liberdade pública apenas no âmbito da sociedade, passando também a ser reconhecida e garantida no interior da empresa, sobretudo com o advento da Convenção n. 135, de 1971, da OIT, depois de ter sido experimentada na França, a partir de 1969, com o Acordo de Greneli, como resultado dos acontecimentos sociais de maio de 1968. Exercida, sobretudo no plano da empresa, a liberdade sindical materializa-se na participação dos trabalhadores na gestão da empresa"[102].

É lenta, porém, progressiva, a marcha da democratização da empresa ocidental, no sentido de que este caminho não represente o domínio absoluto do empresário, nem a empresa estatizada que se prega no socialismo. *Mozart Victor Russomano*[103] bem pondera que esta presença do sindicato na vida interior da empresa é uma tendência moderna ocidental, que se faz por meio de métodos de co-gestão, muito embora ainda hoje seja objeto de controvérsias e encontrem seus principais instrumentos nos conselhos de empresa.

A liberdade sindical implica, entre outros, o direito do sindicato agir dentro da empresa, que é o local de ação dos seus associados, seja pela atuação dos seus quadros associativos somente, seja pelo conjunto de trabalhadores[104], estes por meio da co-gestão, auto-gestão ou da representação de trabalhadores no local de trabalho.

A atuação do sindicato no interior da empresa ganha destaque com o relato histórico do início dessa ação sindical entre as nações desenvolvidas.

Na França, a lei de 22 de fevereiro de 1945, criadora dos *comitês d'entreprise* (1945), restringia-os às empresas que contratassem número elevado de trabalhadores e dava-lhes funções meramente consultivas, quanto à produção, limitando seu poder deliberativo aos serviços de natureza social em benefício dos empregados[105].

---

(102) ALMEIDA, Renato Rua de. "Visão histórica da liberdade sindical". *Revista do Advogado*. São Paulo: AASP, ano XXVI, n. 86, Julho/2006, p. 71.
(103) RUSSOMANO, Mozart Victor. *Princípios gerais de direito sindical*. 2ª ed. Rio de Janeiro: Forense, 2002, pp. 122-123.
(104) SIQUEIRA NETO, José Francisco. *Liberdade sindical e representação dos trabalhadores nos locais de trabalho*. São Paulo: LTr, 2000, p. 112.
(105) RUSSOMANO, Mozart Victor. *Princípios gerais de direito sindical*. 2ª ed. Rio de Janeiro: Forense, 2002, p. 124.

Na Itália (1947 e 1953), os conselhos de empresa nasceram das negociações coletivas, e sua competência era examinar, em conjunto com a direção da empresa, os regulamentos a serem adotados, à época das férias, os horários de trabalho, bem como informar ao sindicato tudo quanto articulasse em respeito a convenções coletivas e a conflitos de trabalho[106].

Na Alemanha, os conselhos de empresas inicialmente foram versados nas constituições estaduais, mas o regime de co-gestão, gerido pelos conselhos de empresa, estabeleceu-se em termos claros a partir de 1951, quanto às empresas de mineração e à indústria do ferro e do aço[107].

Nos Estados Unidos da América, as grandes empresas não aceitam o sistema de co-gestão, porém, a negociação coletiva, inclusive com a participação sindical no local de trabalho, é garantia pela *National Labor Relations Act* (1935) e disciplinada no *United States Code*, em que se coíbe as *unfair labor pratices* (práticas anti-sindicais), que bloqueiam e dificultam a composição dos conflitos pelas próprias partes[108].

Esta é a idéia que temos no sentido de demonstrar a linha atual da liberdade sindical, de modo a valorizar a liberdade de ação sindical dentro da empresa, sobretudo para a negociação coletiva em âmbito interno, por meio da representação dos trabalhadores no local de trabalho e até mesmo da auto-gestão ou co-gestão da empresa. Essa nova tendência volta-se contra a decisão heterogênea de eventuais conflitos, pois não os resolverá em sua essência, até porque o agente externo não detém o conhecimento interno necessário, que é inerente somente aos trabalhadores e empregadores.

---

(106) RUSSOMANO, Mozart Victor. *Princípios gerais de direito sindical*. 2ª ed. Rio de Janeiro: Forense, 2002, p. 125.
(107) *Ibidem*, p. 125.
(108) MALLET, Estêvão. *Direito, trabalho e processo em transformação*. São Paulo: LTr, 2005, pp. 123-144.

2. CONFLITOS COLETIVOS DE TRABALHO

2.1. CONCEITO DE CONFLITO

Não há unanimidade entre os autores quanto à conceituação dos *conflitos*, entretanto, em análise ao vocábulo *conflito*, encontramos sua origem etimológica do latim *conflictus,* que, por sua vez, tem origem em *confligere*, que significa combater, lutar, batalhar e oposição[1].

O conflito, em termos filosóficos, segundo *Nicola Abbagnano*, "trata-se da contradição, oposição ou luta de princípios, propostas ou atitudes. *Kant* as chamou de *antinomias. Hume* falara de um conflito sobre a razão e o instinto: o instinto que leva a crer, a razão que põe em dúvida aquilo em que se crê"[2].

Em Direito, utiliza-se a palavra *conflito* para designar posições antagônicas, refere-se à oposição de interesses em que as partes não transigem, como também ao choque ou colisão de direitos e pretensões[3].

Nas lições de *Alfredo J. Ruprecht*, extrai-se a relação do conflito com a lesão de direito ou então a expectativa de mudança de condições atuais. Para o jurista argentino, o "conflito se produz quando uma das partes lesa o direito da outra, quando divergem na interpretação ou alcance de uma norma, seja legal ou convencional, ou quando crêem que é necessário mudar as condições existentes ou convencionadas entre elas"[4].

Quando a oposição ou disputa se manifesta entre um grupo de trabalhadores e um ou mais empregadores, é comum usar-se expressões análogas ao conflito como *dissídio, controvérsia, reclamação, medida conflitiva*, entre outras. A discussão é largamente travada na doutrina, como bem preleciona *Pedro Vidal Neto*:

---

(1) AULETE, Caldas. *Dicionário contemporâneo da língua portuguesa*. 3ª ed. Rio de Janeiro: Delta, 1974, vol. 2, p. 800.
(2) ABBAGNANO, Nicola. *Dicionário de filosofia*. 4ª ed. São Paulo: Martins Fontes, 2000, p. 173.
(3) RUSSOMANO, Mozart Victor; e CABANELLAS, Guillermo de Torres. *Conflitos coletivos de trabalho*. São Paulo: RT, 1979, p. 3.
(4) RUPRECHT, Alfredo J. *Relações coletivas de trabalho*. Trad. Edílson Alkmin Cunha. São Paulo: LTr, 1995, p. 667.

"Entretanto, os interesses individuais e coletivos, direta ou indiretamente derivados da relação de trabalho, usado o termo em sentido estrito, são complexos e numerosos, o que pode dar margem a outras determinações do conceito. Existem, por outro lado, divergências de terminologia e várias expressões são utilizadas para designar substancialmente o mesmo fenômeno, embora nem sempre com significado inteiramente coincidente. Tal é o caso das expressões: dissídios, controvérsias, reclamações e lides"[5].

Estas expressões, em sentido amplo, inegavelmente podem ser traduzidas como simples sinônimos. A par disso, são utilizadas para indicar o conflito de interesses polarizado pela prestação de serviços. *Amauri Mascaro Nascimento* bem assinala que a locução *conflito de trabalho* tem a preferência da doutrina, significando "oposição de interesses entre o trabalhador e o empregador, decorrente das relações de trabalho"[6].

Entretanto, *Tissembaum* utiliza a palavra controvérsia com significado que não se equivale ao de conflito, quando redige que "a controvérsia do trabalho se manifesta como um estado do conflito de trabalho, quando a causa originária que a determina encontra-se vinculada à relação trabalhista e ela é submetida ao processo para sua solução"[7].

Igualmente, *Guillermo Cabanellas* distingue *conflito* de *controvérsia*, porque esta está alinhada no plano da argumentação e aquele é meio de luta, uma medida de ação direta. Pondera, também, que "distinguem-se o conflito e a controvérsia trabalhista porque, no primeiro caso, há choque e oposição e, no segundo, já se discutem interesses contraditórios a fim de chegar a uma solução"[8].

O professor *Octavio Bueno Magano* assevera que as expressões *conflitos*, *controvérsias* e *dissídios* são utilizadas geralmente para caracterizar as lides trabalhistas de natureza coletiva. Para este autor, alguns consideram-nas sinônimas, enquanto outros as distinguem, utilizando como fundamento que o *conflito* é empregado em sentido amplo de confronto de interesses, a *controvérsia* como conflito em vias de solução e o *dissídio* significa o conflito em vias de solução judicial[9].

---

(5) VIDAL NETO, Pedro. *Do poder normativo da justiça do trabalho*. Tese de Doutoramento. São Paulo: Universidade de São Paulo, 1982, p. 24.
(6) NASCIMENTO, Amauri Mascaro. *Curso de direito do trabalho*. 19ª ed. São Paulo: Saraiva, 2004, p. 1.075.
(7) TISSEMBAUM, M. "Las controvérsias del trabajo". Buenos Aires, 1952, p.16, *apud* RUPRECHT, Alfredo J. *Relações coletivas de trabalho*. Trad. Edílson Alkmin Cunha. São Paulo: LTr, 1995, pp. 668-669.
(8) RUSSOMANO, Mozart Victor; e CABANELLAS, Guillermo de Torres. *Conflitos coletivos de trabalho*. São Paulo: RT, 1979, p. 5.
(9) MAGANO, Octavio Bueno. *Manual de direito do trabalho: direito coletivo do trabalho*. São Paulo: LTr, 1986, vol. III, p. 160.

Délio Maranhão conceitua conflito de trabalho utilizando como sinônimos as expressões conflito e dissídio, asseverando que "chama-se conflito ou dissídio do trabalho o conflito de interesses oriundo de relação de trabalho regida pelo Direito do Trabalho"[10].

Antonio Ojeda Avilés, distingue conflitos, controvérsias e medidas conflitivas. Para este autor, conflito é "uma situação de discrepância entre partes de uma relação, de uma intensidade variável e pode mostrar-se latente ou ter-se exteriorizado"; a controvérsia "é o conflito externamente manifestado"; e as medidas conflitivas constituem nos recursos variados, usados por ambas as partes, como promessa, ameaça, simulação, etc.[11]

Para *José Martins Catharino*, conflitos pressupõem choque ou luta, aberta e frontal, e não controvérsia, litígio, lide ou dissídio, que são formas de divergência institucionalizada, "resolúvel por autoridade". Conclui, o autor, afirmando que conflitos ou "meios de ação direta" não são sinônimos de dissídio, controvérsia ou "processos de ação com intermediação, também chamados de institucionais"[12].

Opostamente, *Alfredo J. Ruprecht*[13] considera a distinção entre conflito e controvérsia artificial e que os dois termos devem ter o mesmo significado. Justifica sua posição debruçando-se nas lições de *Mário de La Cueva* que também se opõe à tal distinção, afirmando que o próprio *Carnelutti* empregou as duas palavras com o mesmo sentido.

Sérgio Pinto Martins pondera que os três vocábulos diferem-se como entabulado pelo Professor *Magano*, porém, considera que, "na prática, têm sido utilizados com o mesmo significado"[14].

Cuidando mais propriamente do conceito de conflito do trabalho, *Amauri Mascaro Nascimento* descreve-o da seguinte forma: "podemos, acompanhando os especialistas em Direito do Trabalho, considerar conflito a oposição de interesses, entre o trabalhador e o empregador, decorrente das relações de trabalho. Esses conflitos são tradicionalmente divididos em individuais e coletivos"[15].

Com o cuidado de ressalvar que a definição é mais uma conclusão, *Mozart Victor Russomano* conceitua conflito de trabalho como "o litígio entre trabalhadores e empresário ou entidades representativas de suas

---

(10) SÜSSEKIND, Arnaldo; MARANHÃO, Délio; VIANNA, Segadas. *Instituições de direito do trabalho.* 14ª ed. São Paulo: LTr, 1993, vol. 2, p. 1.168.
(11) AVILÉS, Antonio Ojeda. *Derecho sindical.* Madrid: Tecnos, 1992, pp. 388-389.
(12) CATHARINO, José Martins. *Tratado elementar de direito sindical.* 2ª ed. São Paulo: LTr, 1982, pp. 251-252.
(13) RUPRECHT, Alfredo J. *Relações coletivas de trabalho.* Trad. Edílson Alkmin Cunha. São Paulo: LTr, 1995, pp. 670-671.
(14) MARTINS, Sérgio Pinto. *Direito do trabalho.* 19ª ed. São Paulo: Atlas, 2003, p. 777.
(15) NASCIMENTO, Amauri Mascaro. *Curso de direito do trabalho.* 19ª ed. São Paulo: Saraiva, 2004, p. 1.076.

categorias sobre determinada pretensão jurídica de natureza trabalhista, com fundamento em norma jurídica vigente ou tendo por finalidade a estipulação de novas condições de trabalho"[16].

Guillermo Cabbanellas conceitua conflito de trabalho como "todo atrito procedente da prestação de serviços retribuídos pelo empregador ao trabalhador, isto é, derivados da atividade de trabalho". Justamente por essa razão, pondera o autor, são inúmeras as espécies de conflitos de trabalho, assim "como são diferentes os fatos que lhes podem dar origem, tanto pela qualidade do objeto que lhe serve de causa, quanto pelo número de sujeitos participantes do mesmo"[17].

De uma forma geral e ampla, embora possamos utilizar conflitos, dissídios e controvérsia com o mesmo significado, a análise jurídica aprofundada nos leva à conclusão que *conflito de trabalho é a melhor expressão para conceituar o choque e a oposição genuínos, entre trabalhadores e empregadores, de forma individual ou coletiva.*

2.2. CONFLITOS INDIVIDUAIS E COLETIVOS

Quando terminamos por conceituar, no item anterior, conflito de trabalho, consignamos as formas de expressão dos conflitos como *individual* e *coletiva*. A distinção entre os conflitos individuais e coletivos é amplamente tratada na doutrina.

Temos para nós, *como* conflitos individuais, *aqueles que demonstrem choque e oposição de interesses, entre trabalhadores e empregadores ou grupo desses, porém, individualmente considerados; e como* conflitos coletivos, *de uma forma mais ampla, envolvendo interesses para o grupo de trabalhadores ou empregadores, com ou não origem no contrato individual de trabalho.*

Cesarino Júnior define com clareza que os conflitos individuais "são aqueles em que estão em jogo, não interesses abstratos de categorias, mas interesses concretos de indivíduos", enquanto que os conflitos coletivos "são os que interessam a um grupo de trabalhadores — grupo que represente uma comunidade definida de interesses e não apenas uma soma material de indivíduos"[18].

Guillermo Cabanellas apresenta distinção entre os conflitos individuais e coletivos, considerando que "os primeiros se produzem entre um

---
(16) RUSSOMANO, Mozart Victor. *Princípios gerais de direito sindical*. 2ª ed. Rio de Janeiro: Forense, 2002, p. 226.
(17) *Idem*; e CABANELLAS, Guillermo de Torres. *Conflitos coletivos de trabalho*. São Paulo: RT, 1979, p. 6.
(18) CESARINO JÚNIOR, Antonio Ferreira. *Direito social*. São Paulo: LTr, Ed. da Universidade de São Paulo, 1980, p. 562.

trabalhador ou um grupo de trabalhadores, individualmente considerados, e um empresário; têm por origem, geralmente, o contrato individual de trabalho. O conflito coletivo de trabalho abrange um grupo de trabalhadores e um ou vários empresários, e refere-se aos interesses gerais do grupo"[19].

O fundamento dos conflitos individuais e coletivos de trabalho está, principalmente, no interesse sobre o qual se centraliza o litígio, de tal forma que este consiste, por sua vez, na medida de ações. Pode ocorrer quando um conflito inicialmente individual passa a tornar-se coletivo, como v. g., uma greve desencadeada como meio de solidariedade à demissão por justa causa de um único trabalhador[20].

Neste sentido, *Amauri Mascaro Nascimento*[21] entende que os *conflitos individuais* têm origem no contrato individual de trabalho de cada um, podendo exteriorizar-se por meio de um ou vários trabalhadores, individualmente considerados, e o empregador. Doutro lado, os *conflitos coletivos* podem ou não se originar no contrato individual, porém, os interesses são gerais e alcançam um grupo de trabalhadores, abstratamente considerados, e um ou vários empregadores.

Maria Cristina Aczel[22] também distingue os conflitos individuais dos coletivos, argumentando que o primeiro refere-se às reclamações acerca dos contratos individuais de trabalho e o segundo trata das lutas entre trabalhadores e empregadores quanto aos seus interesses agremiados.

Em brilhante trabalho sobre a autotutela nas relações do trabalho, *Ari Possidonio Beltran* diferenciou ambos os conflitos em epígrafe, de forma interessante: quanto ao "objeto" e aos "meios aplicados". Afirmou que os conflitos coletivos são "mera acumulação de conflitos individuais", tanto pelo "objeto", como pelos "meios aplicados"[23].

Quanto ao "objeto", pondera o autor que o conflito individual tem origem no contrato individual de trabalho e "geralmente não repercute sobre o grupo social". Porém, o mais interessante da sua conceituação são os "meios aplicados". Considera que o "contrato individual segue um

---

(19) RUSSOMANO, Mozart Victor e CABANELLAS, Guillermo de Torres. *Conflitos coletivos de trabalho*. São Paulo: RT, 1979, p. 11.

(20) *Ibidem*, p. 12.

(21) NASCIMENTO, Amauri Mascaro. *Compêndio de direito sindical*. 4ª ed. São Paulo: LTr, 2005, pp. 291-292.

(22) ACZEL, María Cristina. *Instituiciones del derecho colectivo del trabajo*. Buenos Aires: La Ley, 2002, pp. 71-72. Paráfrase da tradução livre: "Conflictos Individuales: Son los que enfrentan al trabajador y a su empleador, o bien ocurren entre un grupo de trabajadores y su empleador, y que tienen como base reclamos referidos a los contratos individuales de trabajo. Tales desacuerdos, en tanto no haya un avenimiento entre las partes, deben dirimirse en sede judicial. Conflictos Colectivos: los mismos comprenden las desinteligências que se producen entre los empleadores y trabajadores en cuanto a sus interesses gremiales".

(23) BELTRAN, Ari Possidonio. *A autotutela nas relações de trabalho*. São Paulo: LTr, 1996, p. 50.

procedimento ordenado perante o órgão jurisdicional, enquanto nos conflitos coletivos, muitas vezes se busquem soluções por outros meios, inclusive a força"[24].

Para *Mozart Victor Russomano*[25], os conflitos individuais envolvem interesses particulares e identificáveis. Os conflitos coletivos, ao contrário, envolvem interesses de determinados grupos. Sublinha o autor que, enquanto nos conflitos individuais os litigantes entram em atrito de interesses "concretos e particulares", nos conflitos coletivos a oposição se forma em torno de interesses "gerais e particulares".

Continua explicando o autor gaúcho, que nos conflitos individuais, os sujeitos são determinados e nos coletivos, são indeterminados. Essa dicotomia faz com que o jurista subdivida os conflitos individuais em duas categorias: "conflitos singulares" e "conflitos plúrimos". A primeira reflete aquela relação conflitiva entre *um* trabalhador e *um* empregador. A segunda é expressa pelo choque de oposições entre mais de um trabalhador e um ou mais empregadores[26].

Portanto, nos deparamos hodiernamente com conflitos individuais plúrimos, *v. g.*, quando dois ou mais trabalhadores reclamam aumento salarial ao seu empregador, porém, estes divergem frontalmente dos conflitos coletivos, pois, nestes últimos, os grupos são indeterminados e, naqueles, embora plúrimos, determinados.

O interesse no conflito é o ponto de escalonamento da distinção entre os dois institutos. Os dissídios individuais caracterizam-se por meio dos interesses concretos de indivíduos determinados, enquanto nos dissídios coletivos, trava-se o choque de interesses abstratos de grupos ou de categorias.

Daí resulta, com precisão, a descrição de *Délio Maranhão*: "que não é o número dos litigantes que distingue o dissídio individual do dissídio coletivo, e sim a natureza dos interesses (concretos, de determinadas pessoas, ou abstratos, sem determinação individual dos interessados) neles imediatamente ventilados"[27].

Em sede processual, há um conflito quando duas ou mais pessoas têm interesse pelo mesmo bem. *Wagner Giglio* destaca que nos "dissídios individuais há conflito de interesses concretos de pessoas determinadas, enquanto nos dissídios coletivos se discutem interesses abstratos de uma categoria composta de número indeterminado de pessoas"[28].

---

(24) BELTRAN, Ari Possidonio. *A autotutela nas relações de trabalho*. São Paulo: LTr, 1996, p. 51.

(25) RUSSOMANO, Mozart Victor. *Princípios gerais de direito sindical*. 2ª ed. Rio de Janeiro: Forense, 2002, 227.

(26) RUSSOMANO, Mozart Victor. *Princípios gerais de direito sindical*. 2ª ed. Rio de Janeiro: Forense, 2002, pp. 228-230.

(27) SÜSSEKIND, Arnaldo; MARANHÃO, Délio; VIANNA, Segadas. *Instituições de direito do trabalho*. 14ª ed. São Paulo: LTr, 1993, vol. 2, pp. 1.169-1.170.

(28) GIGLIO, Wagner. *Direito processual do trabalho*. 15ª ed. São Paulo: Saraiva, 2005, p. 173.

Dentro da linha de pesquisa deste estudo, é importante nos ater com mais precisão aos conflitos coletivos de trabalho. *Pedro Paulo Teixeira Manus* bem observa que a "expressão conflito coletivo de trabalho ajusta-se tanto para significar embate de idéias e interesses, quanto o ponto de discórdia delineado"[29].

Octavio Bueno Magano conceitua conflito coletivo como "divergência entre grupo de trabalhadores, de um lado, e empregador, ou grupo de empregadores, de outro lado, tendo por objeto a realização de um interesse do grupo, ou dos membros que o compõem, considerados estes não *uti singuli* mas *uti universi*"[30].

A respeito dos conflitos coletivos de trabalho, especificamente, *Alfredo J. Ruprecht* tratou de conceituá-los valendo-se da definição de *García Abellán*:

"formaliza-se a situação conflitiva, mediante uma relação de litígio estabelecida entre uma coletividade homogênea de trabalhadores e uma empresa ou grupo de empresas, que tem como matéria ou objeto próprio a confrontação de direitos ou interesses comuns à categoria profissional"[31].

Importante estar consignada a existência de um liame de diferenciação claro e evidente entre os conflitos individuais e coletivos de trabalho, seja pelos sujeitos, seja pelos interesses, ou ainda, pelas formas de aplicação.

2.3. CONFLITOS COLETIVOS ECONÔMICOS E JURÍDICOS

Vimos que os conflitos de trabalho podem ser individuais e coletivos, todavia, em análise da finalidade destes últimos, podemos classificá-los como *econômicos* (ou de interesse) ou *jurídicos* (ou de direito).

Nos *econômicos*, ou de interesse, "os trabalhadores reivindicam novas e melhores normas e condições de trabalho. Os *jurídicos*, ou de direito, residem na "aplicação ou interpretação de uma norma jurídica"[32].

A distinção entre ambos está na finalidade de um e de outro. Nos conflitos econômicos, é a da obtenção de um novo contrato coletivo

---

(29) MANUS, Pedro Paulo Teixeira. *Negociação coletiva e contrato individual de trabalho.* São Paulo: Atlas, 2001, p. 19.
(30) MAGANO, Octavio Bueno. *Manual de direito do trabalho: direito coletivo do trabalho.* São Paulo: LTr, 1986, vol. III, pp. 160-161.
(31) ABELLAN, García. "Derecho de conflictos colectivos de trabajo". Madrid, 1969, p. 29, *apud* RUPRECHT, Alfredo J. *Relações coletivas de trabalho.* Trad. Edílson Alkmin Cunha. São Paulo: LTr, 1995, p. 682.
(32) NASCIMENTO, Amauri Mascaro. *Compêndio de direito sindical.* 4ª ed. São Paulo: LTr, 2005, p. 292.

de trabalho. Nos conflitos jurídicos, não se trata de obtenção, mas sim da declaração sobre algum assunto coletivo, como uma cláusula normativa, etc.[33]

Para *Octavio Bueno Magano*, os conflitos *econômicos* têm por escopo a modificação de condições de trabalho, e, por conseguinte, a criação de novas normas, enquanto os *jurídicos* têm por finalidade a interpretação ou aplicação de normas jurídicas preexistentes[34].

Guillermo Cabanellas[35] classifica os conflitos como de *interesses* e de *direito* e assevera que estes discutem sobre a existência, inexistência ou interpretação de uma norma jurídica, enquanto aqueles são revestidos de interesse na modificação do direito já existente ou na criação de um novo.

Pedro Vidal Neto[36] bem distingue conflitos econômicos ou de interesses e conflitos jurídicos ou de Direito, argumentando que estes últimos têm por finalidade a interpretação ou aplicação de uma norma jurídica preexistente, enquanto os primeiros têm por escopo a modificação de condições de trabalho e criação de novas normas.

Uma questão discutida recentemente na doutrina é se o novo § 2º do art. 114 da Constituição Federal, introduzido pela Emenda Constitucional n. 45, de 8 de dezembro de 2004, mantém a competência da Justiça do Trabalho para julgar os conflitos coletivos jurídicos (ou de Direito)[37].

Entendemos que, embora a dicção do § 2º do art. 114 da Constituição Federal faça referência unicamente ao dissídio coletivo de natureza econômica, não houve restrição de competência da Justiça do Trabalho em apreciar e julgar os dissídios coletivos de natureza jurídica.

Em sentido contrário, *Marcos Neves Fava* entende que a Emenda Constitucional extinguiu a forma de processo coletivo de interpretação, debruçando-se unicamente no fato textual do § 2º do art. 114 da Constituição Federal[38].

---

(33) *Ibidem*, mesma página.
(34) MAGANO, Octavio Bueno. *Manual de direito do trabalho: direito coletivo do trabalho*. São Paulo: LTr, 1986, vol. III, p. 162.
(35) RUSSOMANO, Mozart Victor e CABANELLAS, Guillermo de Torres. *Conflitos coletivos de trabalho*. São Paulo: RT, 1979, p. 13.
(36) VIDAL NETO, Pedro. *Do poder normativo da justiça do trabalho*. Tese de Doutoramento. São Paulo: Universidade de São Paulo, 1982, p. 30.
(37) *In verbis*: "Art. 114 (...) § 2º Recusando-se qualquer das partes à negociação coletiva ou à arbitragem, é facultado às mesmas, de comum acordo, ajuizar dissídio coletivo de natureza econômica, podendo a Justiça do Trabalho decidir o conflito, respeitadas as disposições mínimas legais de proteção ao trabalho, bem como as convencionadas anteriormente."
(38) FAVA, Marcos Neves. "O esmorecimento do poder normativo — Análise de um aspecto restritivo da ampliação da competência da Justiça do Trabalho". *In: Grijalbo Fernandes Coutinho e Marcos Neves Fava* (coords.). *Nova competência da justiça do trabalho*. São Paulo: LTr, 2005, p. 286.

Como estudamos acima, os dissídios coletivos de natureza jurídica, ao contrário dos de natureza econômica, são aqueles instaurados, não visando à fixação de normas e condições de trabalho, mas à limitação das já existentes, no sentido de interpretar as leis, acordos ou convenções coletivas e sentenças normativas. A atuação da Justiça do Trabalho nesses dissídios reflete a atividade própria do Poder Judiciário, que é a de interpretação de norma já existente.

Ademais, a Emenda Constitucional n. 45 não previu o dissídio coletivo de natureza jurídica, mas o anterior art. 114 da Constitucional Federal também não o previa, mantendo-se, portanto, a doutrina posterior à Constituição de 1988.

André Luís Spies[39] bem exemplifica tal afirmação com as ações anulatórias do Ministério Público do Trabalho, dirigidas contra cláusulas abusivas de convenções coletivas, que também não ostentam matiz econômica, mas não deixam de enfeixar, de algum modo, um dissídio coletivo de trabalho.

O dissídio coletivo de natureza jurídica não é expressão do poder normativo da Justiça do Trabalho, mas sim atividade jurisdicional típica (aplicação de norma preexistente a caso concreto para solução da lide)[40]. Está contido, portanto, na regra de competência estampada no inciso I do art. 114 da vigente Constituição Federal da República[41].

2.4. NEGOCIAÇÃO COLETIVA

Neste estudo, não é nosso objetivo esmiuçar a negociação coletiva e as formas de solução de conflitos coletivos, mas, sinteticamente, demonstrá-las como alicerce do nosso trabalho, sobretudo para uma melhor visualização da solução jurisdicional dos conflitos coletivos.

Alfredo J. Ruprecht descreve que no documento denominado *La negociación colectiva en países industrializados com economia de mercado*, produzido pela OIT, em 1974, diz-se que "a negociação coletiva é um processo de adoção de decisões", entendendo-se por negociação coletiva "não só as discussões que culminam num contrato (convenção ou acordo) coletivo conforme o define e regulamenta a lei, mas, além

---

(39) SPIES, André Luís. "As ações que envolvem o exercício do direito de greve — Primeiras impressões da EC n. 45/2004". *Revista LTr.* São Paulo: LTr, vol. 69, n. 4, abril de 2005, pp. 436-440.
(40) LOPES, Otavio Brito. "O poder normativo da Justiça do Trabalho após a Emenda Constitucional n. 45". *Revista LTr.* São Paulo: LTr, vol. 69, n. 2, fevereiro de 2005, p. 167.
(41) *In verbis*: "Art. 114 (...) Inciso I — as ações oriundas da relação de trabalho, abrangidos os entes de direito público externo e da administração pública direta e indireta da União, dos Estados, do Distrito Federal e dos Municípios".

disso, todas as formas de tratamento entre empregadores e trabalhadores ou entre seus respectivos representantes, sempre e quando suponham uma negociação no sentido corrente da palavra"[42].

A negociação coletiva é celebrada entre trabalhadores e empregadores ou suas representações sindicais, de forma individual ou coletiva, com ou sem a intervenção do Estado, para procurar definir condições de trabalho ou regulamentar as relações laborais entre as partes.

De fato, o entendimento para se chegar ao acordo compõe a negociação coletiva, não sendo relevante que se alcance ou não o acordo. Se a negociação aconteceu, o resultado é contingente, pode ou não ser finalizado, mas não influi na existência do diálogo.

Ainda nas lições de *Alfredo J. Ruprecht*[43], o objetivo da negociação coletiva é fazer com que as partes, de comum acordo, pela via da autocomposição, tomem decisões que complementem a legislação, que poderão, inclusive, servir de base para futuras normas legais.

Já *Amauri Mascaro Nascimento* leciona que a "negociação coletiva da qual resultam convenções coletivas de diferentes tipos, graus de obrigatoriedade e âmbitos de aceitações, é uma fonte de produção normativa típica do Direito do Trabalho"[44].

Roberto Barretto Prado[45] bem descreve que a negociação coletiva dá início a vários instrumentos coletivos. Na verdade, o resultado positivo da negociação coletiva exterioriza-se por meio da convenção coletiva ou do acordo coletivo de trabalho, ambos os institutos definidos pelo art. 611 da Consolidação das Leis do Trabalho.[46]

São várias as vantagens da negociação coletiva, sobretudo se postadas em face do dissídio coletivo. *Enoque Ribeiro dos Santos* apresentou as vantagens da negociação coletiva sobre a solução jurisdicional:

---

(42) RUPRECHT, Alfredo J. *Relações coletivas de trabalho*. Trad. Edison Alckmin Cunha. São Paulo: LTr, 1995, p. 926.

(43) *Ibidem*, pp. 928-929.

(44) NASCIMENTO, Amauri Mascaro. *Curso de direito do trabalho*. 19ª ed. São Paulo: Saraiva, 2004, p. 1.368.

(45) PRADO, Roberto Barretto. *Curso de direito do trabalho*. 2ª ed. rev. e atual. São Paulo: LTr, 1991, p. 248.

(46) *In verbis*: "Art. 611. Convenção Coletiva de Trabalho é o acordo de caráter normativo, pelo qual dois ou mais sindicatos representativos de categorias econômicas e profissionais estipulam condições de trabalho aplicáveis, no âmbito das respectivas representações, às relações individuais de trabalho.

§ 1º É facultado aos sindicatos representativos de categorias profissionais celebrar Acordos Coletivos com uma ou mais empresas da correspondente categoria econômica, que estipulem condições de trabalho, aplicáveis no âmbito da empresa ou das empresas acordantes às respectivas relações de trabalho.

§ 2º As Federações e, na falta destas, as Confederações representativas de categorias econômicas ou profissionais poderão celebrar convenções coletivas de trabalho para reger as relações das categorias a elas vinculadas, inorganizadas em sindicatos, no âmbito de suas representações. (Redação dada ao artigo pelo Decreto-lei n. 229, de 28.2.1967)"

"Celeridade na elaboração de seus instrumentos jurídicos (acordo e convenção coletiva e contrato coletivo); (Portuários — Lei n. 8.630/80);

Maior adaptação ao caso concreto, pois leva em conta as peculiaridades de cada empresa, ramo de atividade, força de trabalho, competitividade, produtividade, custos de produção, etc.;

Propensão a uma maior estabilidade social e a um menor nível de conflituosidade, já que as novas condições foram estabelecidas pelas próprias partes interessadas;

Melhor compatibilidade às necessidades e exigências do mercado e da produção, especialmente pelo fato de as empresas operarem em um mercado globalizado, sem fronteiras territoriais, utilizando-se de altos níveis de tecnologia e informática;

Maior grau de solidariedade e integração entre trabalhadores e empregadores;

Fortalecimento dos sindicatos e de outras formas de organização no local de trabalho"[47].

Aliás, a propósito das vantagens da negociação coletiva manifestada por meio dos seus dois instrumentos — o acordo e a convenção coletiva de trabalho — *Orlando Gomes*[48] bem destaca que estes são frutos do encontro entre duas forças que se equivalem, permitindo ao sindicato estipular condições de trabalho mais vantajosas do que as que os trabalhadores poderiam obter isoladamente.

A negociação coletiva é fruto do princípio da autonomia privada coletiva, que cuida da capacidade reconhecida às entidades organizadas de produzirem normas relacionadas aos interesses coletivos, acerca das relações individuais assim consideradas e sindicais.

Acerca da autonomia privada coletiva, em sede de Direito Coletivo do Trabalho, *Pedro Paulo Teixeira Manus* define-a como "o poder das entidades sindicais de auto-organização e auto-regulamentação dos conflitos coletivos de trabalho, produzindo normas que regulam as relações atinentes à vida sindical, às relações individuais e coletivas de trabalho entre trabalhadores e empregadores"[49].

A Constituição Federal de 1988 preocupou-se com a negociação coletiva, tornando-a obrigatória para o início da tentativa de solução dos

---

(47) SANTOS, Enoque Ribeiro dos. "Dissídio coletivo e Emenda Constitucional n. 45/2004. Considerações sobre as teses jurídicas da exigência do 'comum acordo'". *Revista do Advogado*. São Paulo: AASP, ano XXVI, n. 86, Julho/2006, p. 19.
(48) GOMES, Orlando. *A convenção coletiva do trabalho*. São Paulo: LTr, 1995, p. 42.
(49) MANUS, Pedro Paulo Teixeira. *Negociação coletiva e contrato individual de trabalho*. São Paulo: Atlas, 2001, p. 102.

conflitos coletivos (art. 114, § 1º). Além disso, privilegia as entidades sindicais, conferindo-lhes participação obrigatória nas negociações coletivas de trabalho (art. 8º, VI).

Daí porque *Arnaldo Süssekind* assevera que o uso e o êxito da negociação coletiva dependem de vários fatores, entre os quais, a garantia da liberdade e da autonomia sindical, o razoável índice de sindicalização do grupo representado e o espaço para a complementação e suplementação do sistema legal de proteção ao trabalho[50].

No plano internacional, a negociação coletiva é conceituada pela Convenção n. 154 da OIT, aprovada no Brasil pelo Decreto Legislativo n. 22, de 12.5.92, do Congresso Nacional, entrando em vigência nacional a partir de 10 de julho de 1993. Abaixo seu art. 2º, *in verbis*:

"Art. 2º Para efeito da presente Convenção, a expressão 'negociação coletiva' compreende todas as negociações que tenham lugar entre, de uma parte, um empregador, um grupo de empregadores ou uma organização ou várias organizações de empregadores, e, de outra parte, uma ou várias organizações de trabalhadores, com o fim de:

a) fixar as condições de trabalho;

b) regular as relações entre empregadores e trabalhadores;

c) regular as relações entre os empregadores ou suas organizações e uma ou várias organizações de trabalhadores, ou alcançar todos estes objetivos de uma só vez"[51].

O procedimento da negociação coletiva, cujo êxito se instrumentaliza na convenção coletiva de trabalho, como descrito no art. 5º da Convenção n. 154 da OIT, deve ser assegurado "a todos os empregadores e a todas as categorias de trabalhadores" com regras apropriadas.

Com isso, podemos aferir que a negociação coletiva é um dos mais importantes métodos de solução dos conflitos coletivos existentes na sociedade contemporânea[52]. É por meio dela que as partes solucionam seus conflitos. O resultado final da negociação coletiva sempre será mais bem aceito entre os litigantes do que determinações heterogêneas.

Para *José Augusto Rodrigues Pinto*, em sua reflexão sobre os diversos modos de solução dos conflitos coletivos do trabalho, "é possível notar que, na atualidade, em todos eles está presente a negociação coletiva"[53].

---

(50) SÜSSEKIND, Arnaldo. *Direito constitucional do trabalho*. 3ª ed. ampl. e atual. Rio de Janeiro: Renovar, 2004, p. 435.
(51) *Idem*. *Convenções da OIT*. 2ª ed. São Paulo: LTr, 1998, p. 389.
(52) DELGADO, Mauricio Godinho. *Direito coletivo do trabalho*. 2ª ed. São Paulo: LTr, 2003, p. 120.
(53) PINTO, José Augusto Rodrigues. *Direito sindical e coletivo do trabalho*. São Paulo: LTr, 2002, p. 183.

O jurista baiano afirma, ainda, que a negociação coletiva deve ser entendida como o "complexo de entendimentos entre representações de categorias de trabalhadores e empresas, ou suas representações, para estabelecer condições gerais de trabalho destinadas a regular as relações individuais entre seus integrantes ou solucionar outras questões que estejam perturbando a execução normal dos contratos"[54].

Como bem descreve *Carlos Henrique Bezerra Leite*, a negociação coletiva de trabalho constitui um procedimento prévio, oriundo do princípio da autonomia privada coletiva, que tem por finalidade a criação de uma fonte formal — autônoma e heterônoma — que solucionará o conflito de trabalho[55].

Com a devida *vênia*, um pouco mais abrangente é nossa linha pessoal de raciocínio, isto porque, acreditamos que a negociação coletiva, na forma de autocomposição, é o único modo que expressa genuinamente a liberdade sindical e que satisfaz, da sua forma, a solução dos conflitos coletivos na sua essência.

Este é nosso posicionamento, com supedâneo na legislação vigente, acerca dos novos rumos do direito do trabalho, que têm como tendência a valorização da negociação coletiva por meio da autocomposição das partes, iniciando-se dentro da própria empresa, como meio eficaz e satisfatório de solução dos conflitos coletivos de trabalho.

A propósito dessa nova tendência pendente à negociação coletiva, *José Carlos Arouca* bem leciona que as "negociações coletivas de trabalho supõem avanço da classe trabalhadora", assim como têm como escopo "a prevalência do negociado sobre o legislado como forma de flexibilização de direitos"[56].

2.5. FORMAS DE SOLUÇÃO DOS CONFLITOS COLETIVOS

Não há uniformidade na doutrina quanto à classificação dos métodos de solução dos conflitos coletivos de trabalho. Geralmente, o ordenamento jurídico de cada país contribui para a análise dos sistemas de solução desses conflitos.

Aliás, a propósito da mesma questão, escreve *Pedro Vidal Neto*:

"Como já se acentuou, os conflitos de trabalho podem ser solucionados pelos mesmos processos de composição dos demais con-

---
(54) PINTO, José Augusto Rodrigues. *Direito sindical e coletivo do trabalho.* São Paulo: LTr, 2002, p. 184.
(55) LEITE, Carlos Henrique Bezerra. "A negociação coletiva no direito do trabalho brasileiro". *Revista LTr.* São Paulo: LTr, vol. 70, n. 7, julho de 2006, p. 807.
(56) AROUCA, José Carlos. *O sindicato em um mundo globalizado.* São Paulo: LTr, 2003, p. 803.

flitos de interesses. A experiência concreta mostra, porém, a utilização institucionalizada de técnicas mais variadas de composição pacífica e a persistência de meios de ação direta, especialmente no que diz respeito aos conflitos coletivos"[57].

Talvez por essa razão, *Alfredo J. Ruprecht*[58] classifique as soluções dos conflitos coletivos de trabalho como conciliação, mediação, arbitragem, intervenção jurisdicional e negociação coletiva, como se todos estivessem no mesmo plano de relevância.

Mozart Victor Russomano[59] subdivide os meios de resolução dos conflitos coletivos em soluções diretas e indiretas. Estas com intervenção de agentes externos, como a conciliação, mediação, a arbitragem e a solução jurisdicional. Aquelas, sem a intervenção de terceiros, como a negociação sindical, a greve e o *lockout*.

Octavio Bueno Magano[60], no entanto, classifica as soluções dos conflitos coletivos como tutela, autocomposição e autodefesa. A primeira como a atuação do Estado na solução do conflito. A segunda como forma de composição pela vontade das próprias partes, aí incluindo a composição, a mediação e a arbitragem. E a terceira como forma de luta, por meio da greve e do *lockout*.

Opostamente é a linha de raciocínio de *Mauricio Godinho Delgado*[61], que classifica os meios de solução dos conflitos coletivos de trabalho como autotutela ou autodefesa, autocomposição e heterocomposição. O autor entende por incluídas nesta última, a conciliação, a mediação, a arbitragem e a solução jurisdicional.

Similar a esta, inclusive, é nossa posição pessoal, a não ser pelas subclassificações das formas originárias. A seguir, passaremos a classificar as formas de solução dos conflitos coletivos de trabalho como *autotutela ou autodefesa*, *autocomposição* e *heterocomposição*.

2.5.1. Autotutela

A autotutela, também conhecida por autodefesa, pressupõe o exercício da própria força para ataque e defesa, sendo assim a mais primitiva

---

(57) VIDAL NETO, Pedro. *Do poder normativo da justiça do trabalho*. Tese de Doutoramento. São Paulo: Universidade de São Paulo, 1982, p. 42.
(58) RUPRECHT, Alfredo J. *Relações coletivas de trabalho*. Trad. Edílson Alkmin Cunha. São Paulo: LTr, 1995, p. 899.
(59) RUSSOMANO, Mozart Victor. *Princípios gerais de direito sindical*. 2ª ed. Rio de Janeiro: Forense, 2002, pp. 237-242.
(60) MAGANO, Octavio Bueno. *Manual de direito do trabalho: direito coletivo do trabalho*. São Paulo: LTr, 1986, vol. III, pp. 188-189.
(61) DELGADO, Mauricio Godinho. *Direito coletivo do trabalho*. 2ª ed. São Paulo: LTr, 2003, pp. 202-208.

forma de solução de conflitos. *É o modo pelo qual alguém procura impor a outrem, pelo uso da força física ou coação psicológica e moral, a solução de um conflito.*

São amplas as manifestações desse fenômeno, que não as legalmente previstas. *Ari Possidonio Beltran* descreve com propriedade algumas delas que têm ocorrido:

"Assim, em sentido amplo, são manifestações de autotutela não só institutos habitualmente agasalhados pelas legislações, como é o caso da legítima defesa, mas também outras, de índole político-social, em voga na atualidade, como o jejum prolongado com a finalidade de protesto, as invasões de propriedades rurais pelos sem-terra, o bloqueio de estradas por moradores que protestam contra acidentes, as invasões urbanas de conjuntos residenciais, as marchas de agricultores, as rebeliões de detentos e diversas outras manifestações coletivas de protesto ou de pressão"[62].

Nos tempos modernos, a autotutela tem sido restringida como meio de solução de conflitos, como bem observa *Mauricio Godinho Delgado*: "contemporaneamente a cultura ocidental tem restringido, ao máximo, as formas de exercício da autotutela, transferindo ao aparelho do Estado as diversas e principais modalidades de exercício de coerção"[63].

Essa transferência, aliás, foi observada pela doutrina processual, por meio do pensamento consolidado por *Antonio Carlos de Araújo Cintra, Ada Pellegrini Grinover e Cândido Rangel Dinamarco*:

"(...) o extraordinário fortalecimento do Estado, ao qual se aliou a consciência da sua essencial função pacificadora, conduziu, a partir da já mencionada evolução do direito romano e ao longo dos séculos, à afirmação da *quase absoluta exclusividade estatal no exercício dela*. A autotutela é definida como crime, seja quando praticada pelo particular (*"exercício arbitrário das próprias razões"*, art. 345, CP), seja pelo próprio Estado ("exercício arbitrário ou abuso de poder", art. 350)"[64].

Talvez por esta razão que, também em sede de direito do trabalho, de certa forma, a autotutela é limitada às previsões legais. Mas constitui, principalmente aos trabalhadores, um eficaz instrumento de persuasão ou coação para o favorecimento da negociação coletiva, até que haja a solução do conflito em questão.

---

(62) BELTRAN, Ari Possidonio. *A autotutela nas relações de trabalho*. São Paulo: LTr, 1996, p. 25.
(63) DELGADO, Mauricio Godinho. *Direito coletivo do trabalho*. 2ª ed. São Paulo: LTr, 2003, p. 203.
(64) CINTRA, Antonio Carlos de Araújo; GRINOVER, Ada Pellegrini e DINAMARCO, Cândido Rangel. *Teoria geral do processo*. 21ª ed. São Paulo: Malheiros, 2005, p. 27.

Gino Giugni destaca com precisão que a autotutela constitui um dos aspectos principais da liberdade sindical, implicando "atividade conflitual direta que exerce pressão sobre a contraparte a ponto de induzi-la a fazer ou não fazer algo"[65].

Como bem descreve *Octavio Bueno Magano*[66], a greve e o *lockout* (vedado pela lei brasileira — art. 17 da Lei n. 7.783/89) são os mais frisantes exemplos da utilização da *autotutela* na solução de conflitos coletivos trabalhistas.

2.5.1.1. Lockout

Para o *lockout*, adotamos a conceituação de *Cesarino Júnior* escrevendo que "o *lockout* é uma espécie de greve patronal. Consiste no fechamento das fábricas ou oficinas (é o que na Itália se chama *serrata di fronte*), muitas vezes empregado com caráter de solidariedade pelos patrões para impedir que seus operários sustentem os grevistas de uma outra empresa"[67].

Amauri Mascaro Nascimento destaca a proibição pelo nosso ordenamento pátrio do *lockout* (art. 17 da Lei n. 7.783/89). O autor enuncia que "trata-se da proibição do *lockout*, que é a cessação das atividades pela empresa, como forma de conflito trabalhista apenas, não vedado pela lei, se a sua finalidade não for essa. Os salários dos empregados são assegurados durante o *lockout* (art. 17, parágrafo único)"[68].

2.5.1.2. Greve

O direito de greve no Brasil é assegurado pela Constituição Federal vigente (arts. 9º e 37, VII) e pela Lei n. 7.783, de 28 de junho de 1989 (art. 1º). Aliás, o art. 2º desta Lei conceitua greve considerando "legítimo exercício do direito de greve a suspensão coletiva, temporária e pacífica, total ou parcial, de prestação pessoal de serviços a empregador".

Raimundo Simão de Melo descreve a greve como o direito de não trabalhar, isto porque corresponde a "um fato social, uma liberdade pública consistente na suspensão do trabalho, quer subordinado ou não, com o fim de se obter um benefício de ordem econômica, social ou humana"[69].

---

(65) GIUGNI, Gino. *Direito sindical*. Trad. Eiko Lúcia Itioka. São Paulo: LTr, 1991, p. 57.
(66) MAGANO, Octavio Bueno. *Manual de direito do trabalho: direito coletivo do trabalho*. São Paulo: LTr, 1986, vol. III, p. 189.
(67) CESARINO JÚNIOR, Antonio Ferreira. *Direito social*. São Paulo: LTr, Ed. da Universidade de São Paulo, 1980, p. 567.
(68) NASCIMENTO, Amauri Mascaro. *Compêndio de direito sindical*. 4ª ed. São Paulo: LTr, 2005, pp. 501-502.
(69) MELO, Raimundo Simão de. *A greve no direito brasileiro*. São Paulo: LTr, 2006, p. 44.

A greve é vista como meio de pressão dos trabalhadores para impor suas reivindicações. Para *Guilhermo Cabanellas* "a greve é a cessação coletiva e pactuada do serviço, com abandono dos lugares da prestação de serviço por parte dos trabalhadores, com o objetivo de obter determinadas condições de seus empregadores ou exercer pressão sobre os mesmos"[70].

A greve é um direito fundamental, base de um Estado civilizado, e é o instrumento de pressão que os trabalhadores têm para coagir os empregadores a estabelecerem a negociação coletiva nos patamares por eles pretendidos. Entretanto, este instrumento não se convalida, por si só, como meio de solução de conflito, posto que apenas impulsiona a negociação coletiva para que haja a autocomposição das partes[71].

Esta, inclusive, é a posição de *Mauricio Godinho Delgado*, quando anota, em sua doutrina, que a greve raramente completa seu ciclo autotutelar, impondo à contraparte toda a solução do conflito. Assim descreve o jurista: "o que ocorre é funcionar esse mecanismo como simples meio de pressão, visando ao alcance de mais favoráveis resultados na dinâmica negocial coletiva em andamento ou a se iniciar"[72].

Esta é a razão por que a greve, entretanto, é muito mais um instrumento de pressão com a finalidade de se obter a autocomposição, do que propriamente uma técnica de autotutela.

De qualquer maneira, ela é uma das formas mais importantes que os trabalhadores detêm para se chegar à solução dos conflitos coletivos de trabalho[73].

2.5.2. Autocomposição

A autocomposição, para nós, *é a solução dos conflitos por ato volitivo das próprias partes, mediante ajustes, sem intervenção de outros agentes impositivos no processo de pacificação da controvérsia.*

A autocomposição é a forma mais importante de solução dos conflitos coletivos, pois é a obtenção do resultado unicamente por meio da negociação coletiva, ainda que induzida pelas *autoconciliação, conciliação* e *mediação*.

A forma autocompositiva é, principalmente, a negociação coletiva para os conflitos coletivos e o acordo ou a conciliação para os conflitos individuais, acompanhados ou não de conciliação ou mediação[74].

---

(70) RUSSOMANO, Mozart Victor e CABANELLAS, Guillermo de Torres. *Conflitos coletivos de trabalho*. São Paulo: RT, 1979, p. 27.
(71) ZAINAGHI, Domingos Sávio. "A greve como direito fundamental". *Revista LTr*. São Paulo: LTr, vol. 70, n. 12, dezembro de 2006, pp. 1.472-1.473.
(72) DELGADO, Mauricio Godinho. *Direito coletivo do trabalho*. 2ª ed. São Paulo: LTr, 2003, p. 204.
(73) MELO, Raimundo Simão de. *Dissídio coletivo de trabalho*. São Paulo: LTr, 2002, p. 30.
(74) NASCIMENTO, Amauri Mascaro. *Compêndio de direito sindical*. 4ª ed. São Paulo: LTr, 2005, p. 295.

Preleciona *José Augusto Rodrigues Pinto* que "a autocomposição é, portanto, o nicho natural para agasalhar a negociação coletiva, produtor da fonte imperativa mais pura do Direito do Trabalho, que é a profissional, nascida dos próprios interessados na regulação de suas relações de trabalho subordinado"[75].

Como já destacamos ao longo deste estudo, a autocomposição, como resultado da negociação coletiva, é a forma sublime da solução dos conflitos coletivos. Ela é muito mais concreta, duradoura e aceita pelas partes, posto que os empregadores e trabalhadores são os maiores conhecedores das necessidades e possibilidades uns dos outros.

2.5.2.1. Autoconciliação

Bem enuncia *Maurício Godinho Delgado*[76], que a autocomposição se exterioriza por meio de três modalidades distintas, sendo elas: a *renúncia*, a *aceitação* e a *transação*. A primeira, quando o titular de um direito dele abre mão por ato unilateral em favor de alguém. A segunda, quando uma das partes reconhece espontaneamente o direito da outra. E a terceira, quando ambas as partes crêem serem titulares de um direito, porém, solucionam o conflito através de concessões recíprocas.

Inegável que tais formas de solução dos conflitos coletivos de trabalho, das quais nos atrevemos a denominar de *autoconciliatórias* ou meios de *autoconciliação*, revelam a real vontade das partes quando apresentado o resultado da solução do conflito. Entretanto, também é inegável que nenhuma delas se concretizaria sem a negociação coletiva. A negociação coletiva precede qualquer composição dos conflitos coletivos.

2.5.2.2. Conciliação

Além dos meios de *autoconciliação* já descritos, a autocomposição também se revela pela *conciliação* e pela *mediação*. A doutrina, porém, não é pacífica em sustentar estes dois institutos como formas autocompositivas de solução dos conflitos coletivos.

Para *José Augusto Rodrigues Pinto*[77], a conciliação é a mais simples forma de composição heterônoma dos conflitos, tanto que se identifica com a própria autocomposição, desde que os sujeitos do conflito encontrem os meios para terminá-lo mediante negociação, "sem valer-se de terceiros".

---

(75) PINTO, José Augusto Rodrigues. *Direito sindical e coletivo do trabalho*. São Paulo: LTr, 2002, p. 177.
(76) DELGADO, Maurício Godinho. *Direito coletivo do trabalho*. 2ª ed. São Paulo: LTr, 2003, p. 204.
(77) PINTO, José Augusto Rodrigues. *Direito sindical e coletivo do trabalho*. São Paulo: LTr, 2002, p. 275.

Mauricio Godinho Delgado[78] também crê que a conciliação não é uma forma de autocomposição dos conflitos coletivos de trabalho, porque depende de um agente exterior à relação conflituosa original, na figura do conciliador.

Em sentido oposto, *Amauri Mascaro Nascimento*[79] entende que a conciliação não é forma de heterocomposição, mas forma de autocomposição, embora também não seja mediação, pois a conciliação tem limites maiores que a mediação.

A figura do conciliador não obriga as partes. Ele é um terceiro que não oferece proposta, tampouco decide o conflito. Apenas ouve as alegações das partes, coordena-as e as auxilia no encontro da composição capaz de satisfazer a ambas[80]. Portanto, o agente exterior à relação conflituosa original não tem poder de decisão e não impõe a conciliação às partes. Essa característica retira o possível caráter heterocompositivo da conciliação.

A propósito dessa autonomia da vontade das partes, bem escreve *Mozart Victor Russomano*:

"O resultado imediato da conciliação, quando se chega a uma conclusão favorável, é a transação entre as partes, como produto do seu livre consentimento. Em síntese, o conciliador põe em confronto as pretensões dos litigantes, estimula-os à solução conciliatória, mas, na verdade, é a eles que cabe a palavra de aceitação, ou não, da fórmula amigável de se pôr fim ao dissídio. Mesmo nos sistemas em que a conciliação é obrigatória, mantém-se a autonomia da vontade das partes quanto à possibilidade de recusa do acordo"[81].

2.5.2.3. Mediação

A *mediação* também é forma de autocomposição, até porque se encontra no liame de aproximação da conciliação. O mediador deve ser imparcial, buscando auxiliar as partes e, até mesmo, sugeri-las à composição, conquanto que o teor da decisão final seja perpetrado pelas próprias partes.

Nas palavras de *Amauri Mascaro Nascimento*:

"A mediação não é uma decisão. Não contém características implícitas de um pronunciamento decisório, ao contrário dos arbitra-

---

(78) DELGADO, Mauricio Godinho. *Direito coletivo do trabalho.* 2ª ed. São Paulo: LTr, 2003, p. 205.
(79) NASCIMENTO, Amauri Mascaro. *Compêndio de direito sindical.* 4ª ed. São Paulo: LTr, 2005, p. 299.
(80) CESARINO JÚNIOR, Antonio Ferreira. *Direito social.* São Paulo: LTr, Ed. da Universidade de São Paulo, 1980, p. 563.
(81) RUSSOMANO, Mozart Victor e CABANELLAS, Guillermo de Torres. *Conflitos coletivos de trabalho.* São Paulo: RT, 1979, p. 112.

mentais e jurisdicionais. O mediador não substitui a vontade das partes. Restringe-se a propor a solução às partes e estas terão a plena liberdade para aceitar ou não a proposta"[82].

Nessa mesma linha segue o pensamento de *Mozart Victor Russomano* quando sustenta que "a mediação consiste em levar o conflito coletivo de trabalho ao exame do mediador escolhido pelas partes." O jurista argumenta, ainda, que nesse sentido a mediação aproxima-se da conciliação, porém, o mediador, ao contrário do conciliador, não desenvolve uma atividade apagada no processo de mediação: ele ouve, avalia, sugere e propõe, mas "não lhe cabe adotar determinada solução para impô-la"[83].

O agente exterior à relação original do conflito, tanto na conciliação (conciliador) como na mediação (mediador), não tem o condão de decidir ou impor às partes sua posição na solução do conflito em questão. Portanto, ambas são formas de autocomposição, na medida em que o agente externo não influi na vontade das partes.

2.5.3. Heterocomposição

A *heterocomposição* manifesta-se na forma de um agente exterior às partes, portanto, podemos dizer que *é a forma de solução de conflito coletivo, na qual as partes, por ajuste comum ou não, atribuem a decisão do conflito coletivo a um terceiro.*

Para *Mozart Victor Russomano*, a *heterocomposição* é uma forma de "solução indireta" dos conflitos coletivos que se caracteriza "pela intervenção de terceiros ou órgão alheio ao conflito, no sentido de obter a solução conveniente"[84].

Não basta apenas a presença de um agente exterior à relação do conflito coletivo para caracterizar a heterocomposição. Ele tem que ser impositivo. Deve impor sua posição e as partes a ela devem acatar. O agente externo tem influência coercitiva na solução do conflito.

Por esta razão, se utilizada a via heterocompositiva, ainda que haja a composição das partes durante os trabalhos iniciais do agente externo (antes da decisão impositiva), essa negociação não será autocompositiva, porque a avença certamente se deu com influência da decisão coercitiva que futuramente iria acometer ambas as partes.

---

(82) NASCIMENTO, Amauri Mascaro. *Compêndio de direito sindical*. 4ª ed. São Paulo: LTr, 2005, pp. 297-298.
(83) RUSSOMANO, Mozart Victor e CABANELLAS, Guillermo de Torres. *Conflitos coletivos de trabalho*. São Paulo: RT, 1979, pp. 114-115.
(84) RUSSOMANO, Mozart Victor. *Princípios gerais de direito sindical*. 2ª ed. São Paulo: Forense, 2002, p. 237.

Portanto, na heterocomposição é imprescindível a participação de agente exterior à relação de conflito com poder de decisão impositiva às partes, ainda que esta não chegue a ser utilizada. Essa é a razão de *Amauri Mascaro Nascimento* escrever que "haverá heterocomposição quando, não sendo resolvidos pelas partes, os conflitos são solucionados por um órgão ou um pessoa suprapartes"[85].

São modalidades clássicas de heterocomposição, a *arbitragem* e a decisão *jurisdicional* ou *arbitragem judicial limitada.*

2.5.3.1. Arbitragem

A *arbitragem* é uma forma heterocompositiva de solução de conflitos que corresponde ao método procedimental de nomear um terceiro imparcial e estranho às partes — *árbitro* — por meio do qual se obrigam as partes, de forma *obrigatória* ou *facultativa*, à decisão — *laudo arbitral* — desse terceiro.

Ives Gandra da Silva Martins Filho muito bem escreve que a "arbitragem facultativa se distingue da obrigatória apenas sob o prisma da obrigatoriedade, ou não, de se submeter a esse processo de solução do conflito coletivo, quando os demais fracassaram. Entretanto, mesmo na arbitragem voluntária, uma vez aceito o processo, não poderão as partes retratar-se à vista de um laudo arbitral desfavorável"[86].

No Brasil, a arbitragem está amplamente disciplinada na Lei n. 9.307, de 23 de setembro de 1996 e no Código Civil brasileiro, em seus arts. 841 e 851 a 853, que contêm a definição das premissas identificadas das controvérsias que podem ser resolvidas pela arbitragem.

Para os conflitos coletivos de trabalho, a arbitragem está autorizada nos §§ 1º e 2º do art. 114 da Constituição Federal desde sua promulgação, em 1988[87]. Tanto é assim, que *Octavio Bueno Magano*, antes mesmo da promulgação da Emenda Constitucional n. 45/2004, enfatizou a possibilidade imediata da utilização da via arbitral nas relações coletivas, argumentando que "o terreno já se encontra inteiramente aplainado, tendo em vista o preceituado no § 2º, do art. 114 da Lei Magna"[88].

---

(85) NASCIMENTO, Amauri Mascaro. *Compêndio de direito sindical.* 4ª ed. São Paulo: LTr, 2005, p. 293.
(86) MARTINS FILHO, Ives Gandra da Silva. *Processo coletivo do trabalho.* 2ª ed. São Paulo: LTr, 1996, p. 25.
(87) Assim constava o texto constitucional antes da Emenda Constitucional n. 45/2004, *in verbis:* "§ 1º Frustrada a negociação coletiva, as partes poderão eleger árbitros. § 2º Recusando-se qualquer das partes à negociação ou à arbitragem, é facultado aos respectivos sindicatos ajuizar dissídio coletivo, podendo a Justiça do Trabalho estabelecer normas e condições, respeitadas as disposições convencionais e legais mínimas de proteção ao trabalho."
(88) MAGANO, Octavio Bueno. "Solução extrajudicial dos conflitos trabalhistas". *In*: ZAINAGHI, Domingos Sávio; e FREDIANI, Yone. *Novos rumos do direito do trabalho na América Latina.* São Paulo: LTr, 2003.

A nova redação dos §§ 1º e 2º do art. 114 da Constituição Federal[89] indica claramente a intenção do legislador em favorecer a negociação coletiva a todo custo. Num segundo plano, caso reste frustrada a negociação coletiva, incentiva-se a arbitragem dos conflitos coletivos. É fato que o legislador pretendeu retirar das partes a possibilidade de submissão do conflito ao órgão jurisdicional.

Aliás, essa linha constitucional se afeiçoa com o pensamento expresso por *Wilson Ramos Filho*, antes mesmo das inovações trazidas pela Emenda Constitucional n. 45/2004:

> "No campo das relações coletivas do trabalho, o desafio está precisamente na capacidade de nossa sociedade em criar condições para, sem o desaparelhamento do Estado, ampliar tais espaços públicos não estatais, em que as soluções dos conflitos assegurem a plena efetividade da Constituição e em que os atores sociais possam exercer livremente sua autonomia privada coletiva, não só para *criar* as normas coletivas, mas também para resolver os conflitos que lhe são imanentes"[90].

Entretanto, a arbitragem não é bem aceita pelos sujeitos de direito coletivo do trabalho. Passados mais de oito anos da promulgação da Lei n. 9.307/96, não houve significativo avanço da arbitragem na esfera das relações coletivas de trabalho.

A falta de tradição da arbitragem em âmbito dos conflitos coletivos ou o desconhecimento do instituto das partes interessadas são possíveis razões para os empregadores e trabalhadores renunciarem a outras modalidades de resolução de seus impasses frente à arbitragem. Também poder-se-ia agregar a tais questionamentos, se a arbitragem não se adequa às necessidades das partes ou sequer inspira a confiança destas, por preferirem até mesmo a solução jurisdicional à arbitragem[91].

Diante da nossa linha de pensamento, a arbitragem não é uma das melhores formas de solução dos conflitos coletivos, posto que é heterocompositiva, sendo que acreditamos na supremacia das formas autocompositivas.

Entretanto, ponderamos que a via arbitral melhor suprirá as necessidades das partes do que a via jurisdicional. Nesta última, muitas vezes

---

(89) A atual redação, *in verbis:* "§ 1º Frustrada a negociação coletiva, as partes poderão eleger árbitros. § 2º Recusando-se qualquer das partes à negociação coletiva ou à arbitragem, é facultado às mesmas, de comum acordo, ajuizar dissídio coletivo de natureza econômica, podendo a Justiça do Trabalho decidir o conflito, respeitadas as disposições mínimas legais de proteção ao trabalho, bem como as convencionadas anteriormente."
(90) RAMOS FILHO, Wilson. *O fim do poder normativo e a arbitragem.* São Paulo: LTr, 1999, p. 261.
(91) YOSHIDA, Márcio. *Arbitragem trabalhista.* São Paulo: LTr, 2006, p. 106.

as partes não têm interesse *comum*[92] em solucionar o conflito, portanto, a decisão do Estado não pode expressar a autonomia da vontade das partes em ver seu conflito assim decidido.

Doutro lado, na via arbitral, os interessados somente têm o litígio submetido àquele meio de solução do conflito, mediante prévia eleição, denominada de "cláusula compromissória"[93], com anuência recíproca das partes, podendo-se, inclusive, "escolher, livremente, as regras de direito que serão aplicadas na arbitragem"[94].

2.5.3.2. Judicial e arbitragem pública limitada

A jurisdição é função do Estado, mediante a qual este se substitui aos titulares dos interesses em conflito, para, imparcialmente, solucioná-lo, atuando a vontade do direito objetivo[95]. Nos conflitos coletivos, o Estado substitui-se às partes conflitantes, impondo-lhes novas condições e criando novas normas vigentes às partes.

A solução jurisdicional é conceituada por *Alfredo J. Ruprecht* como o "método de solução dos conflitos coletivos de trabalho, pelo qual as partes devem levar obrigatoriamente suas divergências a um tribunal de justiça que ditará uma sentença que põe fim à divergência e tem caráter obrigatório para as partes"[96].

Sem embargo da engenhosidade com que o referido autor construiu sua teoria, temos dificuldade em aceitar a obrigatoriedade que leva as partes ao Tribunal. Na verdade, a solução jurisdicional não é forma autocompositiva de solução de conflito, tampouco forma heterocompositiva eleita em comum acordo pelas partes (arbitragem). Portanto, somente pode ser levada adiante, em último caso, mediante provocação das partes.

Mozart Victor Russomano trouxe valioso subsídio ao esclarecimento do assunto, sustentando que dentre as formas indiretas de solução dos conflitos coletivos (heterocomposição), "devem ser resolvidos, em última análise, pelo Estado e, dentro do Estado, pelo Poder Judiciário, como órgão especificamente destinado à solução das controvérsias jurídicas"[97].

Esta é, então, a forma *jurisdicional* de solução de conflitos coletivos, denominada de poder normativo da Justiça do Trabalho. No Brasil, as

---

(92) Discutiremos no próximo capítulo a necessidade do *comum acordo* para instauração do dissídio coletivo de natureza econômica.
(93) Art. 3º, da Lei n. 9.307/96.
(94) Art. 1º, da Lei n. 9.307/96.
(95) MAGANO, Octavio Bueno. *Manual de direito do trabalho: direito coletivo do trabalho*. São Paulo: LTr, 1986, vol. III, p. 196.
(96) RUPRECHT, Alfredo J. *Relações coletivas de trabalho*. Trad. Edílson Alkmin Cunha. São Paulo: LTr, 1995, p. 964.
(97) RUSSOMANO, Mozart Victor e CABANELLAS, Guillermo de Torres. *Conflitos coletivos de trabalho*. São Paulo: RT, 1979, p. 120.

Constituições deram à Justiça do Trabalho um poder normativo para fixar normas e condições de trabalho. Entretanto, a jurisprudência do Supremo Tribunal Federal[98] cresceu no sentido de limitar tal poder apenas ao *vazio da lei* e não contrário à norma legal já vigente no ordenamento jurídico pátrio.

Com a promulgação da Emenda Constitucional n. 45, de 8 de dezembro de 2004, a Constituição Federal, por meio do § 2º do seu art. 114, passou a exigir, das partes conflitantes, prévio acordo para submissão da relação conflituosa de natureza econômica ao Poder Judiciário.

Assim como na arbitragem, portanto, nos dias atuais, precede à solução jurisdicional o *comum acordo* das partes em verem seu conflito sanado e decidido pelo Poder Judiciário. Assemelha-se, porém, à *cláusula compromissória*[99] da arbitragem privada. Somente se as partes assim o quiserem, o conflito será decidido pela Justiça do Trabalho.

Atrevemo-nos a dizer que, na arbitragem voluntariamente eleita pelas partes, a profundidade do laudo arbitral na questão conflitiva é superior à sentença normativa, isto porque, na primeira, as partes elegem as regras de direito que serão aplicadas[100] e, na segunda, a decisão judicial deverá manter "respeitadas as disposições mínimas legais de proteção ao trabalho, bem como as convencionadas anteriormente[101].

Estas são as razões, portanto, que ousamos denominar a solução jurisdicional dos conflitos coletivos de trabalho — na vigência da atual legislação constitucional brasileira — como *arbitragem judicial*[102] *limitada*. Arbitragem, porque eleita de comum acordo pelas partes; judicial, porque submetida a Órgão do Poder Judiciário e não a um tribunal arbitral privado; e limitada, porque restrita às disposições mínimas legais e às cláusulas preexistentes.

Com a conclusão acima descrita, num primeiro momento, poder-se-ia admitir a irrecorribilidade das decisões judiciais em sede de dissídio coletivo (art. 18 da Lei n. 9.307/96[103]). Entretanto, muito embora o poder normativo tenha se transformado em *arbitragem judicial,* por ora[104], as

---

(98) STF, Recurso Extraordinário n. 197.911-9, Rel. Min. Octávio Gallotti, DJU 7.11.1997.
(99) Art. 3º, da Lei n. 9.307/96.
(100) Art. 1º, da Lei n. 9.307/96.
(101) Segunda parte do § 2º, do art. 114, da CF/88.
(102) RIPPER, Walter Wiliam. "Poder normativo da justiça do trabalho: análise do antes, do agora e do possível depois". *Revista LTr.* São Paulo: LTr, vol. 69, n. 7, julho de 2005, p. 857.
(103) Lei n. 9.307/96. "Art. 18. O árbitro é juiz de fato e de direito, e a sentença que proferir não fica sujeita a recurso ou a homologação pelo Poder Judiciário."
(104) Utilizamos a expressão "por ora", porque com a possível aprovação da Reforma Sindical em trâmite no Congresso Nacional as sentenças judiciais serão recorríveis apenas pelo recurso de embargos de declaração, conforme dispõe o Anteprojeto de Lei das Relações Sindicais, *in verbis*: "Art. 196. A sentença comporta apenas recurso de embargos de declaração, na forma do art. 897-A da Consolidação das Leis do Trabalho".

partes a elegendo, *de comum acordo*, estão, corolariamente, admitindo as regras processuais conseqüentes dessa forma de solução de conflito, entre as quais está a garantia do duplo grau de jurisdição.

Embora estejamos adiantando uma apreciação sobre o atual sistema brasileiro da solução judicial dos conflitos coletivos de trabalho, teremos que reexaminar tais questões ao cuidar, no próximo capítulo, especificamente do poder normativo da Justiça do Trabalho e esperamos acrescê-la de outros elementos de fundamentação.

3. O PODER NORMATIVO DA JUSTIÇA DO TRABALHO

3.1. CONCEITO

A competência conferida à Justiça do Trabalho para decidir, interpretar, criar e modificar normas, em matéria de dissídios coletivos tem o nome de *poder normativo*.

O conceito desse poder de normatizar ou, de certa forma legislar, que possui a Justiça do Trabalho, é basicamente a tradução constitucional anterior à reforma do judiciário[1], muito embora vários autores tentem descrever de forma doutrinária uma conceituação ao instituto, sempre esbarra na criação e modificação de normas.

Pedro Vidal Neto chama de normativo "o poder, reconhecido pelo Direito, de estabelecer normas válidas e eficazes, e analisá-lo quanto a seus titulares, meios e formas de expressão". O autor prossegue com sua linha de pensamento confirmando que "a utilização genérica da expressão *poder normativo* para designar o poder de estabelecer normas jurídicas e, portanto, as fontes de direito, conquanto não seja tão freqüente, não se constitui em novidade"[2].

Amauri Mascaro Nascimento considera o *poder normativo* como "a competência constitucional dos tribunais do trabalho para proferir decisões nos processos de dissídios econômicos, criando condições de trabalho com força obrigatória"[3].

José Augusto Rodrigues Pinto, em estudo sobre o Direito Coletivo do Trabalho, procurando dar uma definição ao *poder normativo* da Justiça do Trabalho, considerou que "é a competência determinada a órgão do poder judiciário para, em processo no qual são discutidos interesses gerais e abstratos, criar norma jurídica destinada a submeter à sua autoridade as relações jurídicas de interesse individual concreto na área da matéria legislativa"[4].

---

(1) Emenda Constitucional n. 45, de 8 de dezembro de 2004.
(2) VIDAL NETO, Pedro. *Do poder normativo da justiça do trabalho*. Tese de Doutoramento. São Paulo: Universidade de São Paulo, 1982, pp. 87-88.
(3) NASCIMENTO, Amauri Mascaro. *Curso de direito processual do trabalho*. 21ª ed., São Paulo: Saraiva, 2002, pp. 633-634.
(4) PINTO, José Augusto Rodrigues. *Direito sindical e coletivo do trabalho*. São Paulo: LTr, 2002, p. 370.

Arion Sayão Romita, repudiador ao instituto, pondera, interessantemente, que "o poder normativo da Justiça do Trabalho constitui o instrumento de que se vale o Estado para intervir no conflito capital x trabalho no plano coletivo. O Estado intervencionista, que condiciona os interlocutores sociais a buscarem a solução heterônoma das disputas trabalhistas, deve dispor de meios aptos a pôr termo às controvérsias coletivas de trabalho"[5].

Lembrando bem da limitação deste instituto acerca das garantias legais preexistentes, *Ives Gandra da Silva Martins Filho* afirma que o poder normativo trata-se do "poder constitucionalmente conferido aos Tribunais Trabalhistas para dirimirem os conflitos de trabalho mediante o estabelecimento de novas e mais benéficas condições de trabalho, respeitadas as garantias mínimas já previstas em lei"[6].

Mercê dessas posições doutrinárias estava a antiga redação do § 2º do art. 114 da Constituição Federal, que consignava, expressamente, a concessão de poder à Justiça do Trabalho para *estabelecer normas e condições* de trabalho. Entretanto, a nova redação desse dispositivo constitucional, alterado pela Emenda Constitucional n. 45, de 8 de dezembro de 2004, excluiu do texto constitucional anterior a expressão acima destacada, além de exigir o prévio *comum acordo* das partes para o ajuizamento do dissídio coletivo de natureza econômica e de impor a limitação sentencial, não só às *disposições mínimas legais de proteção ao trabalho*, mas também às cláusulas *convencionadas anteriormente*.

Após a prefalada inovação constitucional, *Pedro Paulo Teixeira Manus* conceitua o poder normativo como a "atribuição constitucional aos Tribunais do Trabalho de, no mister de solucionar processos de natureza coletiva, fixar normas gerais para a categoria ou parcela da categoria representada pelas partes envolvidas no conflito, normas estas que irão integrar os contratos individuais de trabalho daquelas mesmas partes, pelo prazo de vigência da norma coletiva"[7].

A nosso ver, a conceituação do poder normativo da Justiça do Trabalho, pós-reforma do judiciário, como *a competência constitucional conferida aos Tribunais do Trabalho, na forma de arbitragem judicial limitada, quando os sujeitos assim avençarem expressamente por comum acordo, para apenas decidir o conflito trazido pelas partes, respeitados os princípios legais mínimos de proteção ao trabalho e as cláusulas preexistentes.*

---

(5) ROMITA, Arion Sayão. "O poder normativo da justiça do trabalho: Antinomias Constitucionais". *Revista LTr*. São Paulo: LTr, vol. 65, n. 3, março de 2001, p. 263.
(6) MARTINS FILHO, Ives Gandra da Silva. *Processo coletivo do trabalho*. 2ª ed. São Paulo: LTr, 1996, p. 13.
(7) MANUS, Pedro Paulo Teixeira. *Direito do trabalho*. 10ª ed. São Paulo: Atlas, 2006, p. 241.

3.2. RETROSPECTO HISTÓRICO DO PODER NORMATIVO NO BRASIL

No caso do Brasil, a unanimidade da doutrina encontra na concepção corporativista da sociedade a origem do poder normativo atribuído à Justiça do Trabalho[8]. A inspiração veio da *Carta del Lavoro*, do regime fascista de Benedito Mussolini, que conferia à *Magistratura del Lavoro* o poder de solucionar os conflitos coletivos de trabalho mediante a fixação de condições regulamentares de trabalho, cabendo, portanto, ao Judiciário trabalhista criar normas jurídicas laborais.

Ratificando essa influência italiana no sistema brasileiro, *José Augusto Rodrigues Pinto* escreve que o "traço mais forte do nosso modelo legislativo saiu da *Carta del Lavoro* italiana, de 1927, que consolidou a autorização ao Judiciário para criar condições de trabalho, fundando-se no princípio da eqüidade que deveria presidir a solução dos conflitos de interesses entre as categorias profissionais e econômicas"[9].

Antes mesmo da introdução no Brasil do poder normativo da Justiça do Trabalho (Constituição Federal de 1937), a solução jurisdicional para os conflitos coletivos de trabalho já tinha sido propugnada com a criação das chamadas *comissões mistas de conciliação*, em 1932, por Lindolfo Collor, primeiro Ministro do Trabalho do Brasil[10].

As *comissões mistas de conciliação* não eram órgãos julgadores, mas apenas de conciliação. Não podiam impor a solução do conflito às partes. Caso não houvesse acordo, propunha-se a adoção de juízo arbitral e, em última hipótese, o caso era remetido ao Ministério do Trabalho, para tentar resolver o conflito. Foram instaladas 38 comissões durante o período que funcionaram, até a instalação da Justiça do Trabalho, em 1941[11].

A atuação dessas comissões foi irrelevante no Brasil, por seu caráter não-impositivo das soluções dos conflitos. Além disso, elas foram pouco operantes, inclusive, porque eram raros os conflitos coletivos na época, tornando-se órgãos utilizados "pela carência de canais por via dos quais se movimentassem as moendas"[12].

---

[8] HINZ, Henrique Macedo. *O poder normativo da justiça do trabalho.* São Paulo: LTr, 2000, p. 50.
[9] PINTO, José Augusto Rodrigues. *Direito sindical e coletivo do trabalho.* São Paulo: LTr, 2002, pp. 373-374.
[10] GARCIA, Pedro Carlos Sampaio. "O fim do poder normativo". In: *Grijalbo Fernandes Coutinho e Marcos Neves Fava* (coords.). *Justiça do trabalho: competência ampliada.* São Paulo: LTr, 2005, p. 384.
[11] FERRARI, Irany; NASCIMENTO, Amauri Mascaro e MARTINS FILHO, Ives Gandra. *História do trabalho, do direito do trabalho e da justiça do trabalho.* São Paulo: LTr, 1998, p. 182.
[12] FERREIRA, Waldemar Martins. "Princípios de Legislação social e de Direito Judiciário do Trabalho". São Paulo: São Paulo Ed., 1938, apud NASCIMENTO, Amauri Mascaro. *Curso de direito processual do trabalho.* 21ª ed. São Paulo: Saraiva, 2002, p. 45.

Com o golpe do *Estado Novo, Getúlio Vargas,* em 10 de novembro de 1937, impôs nova Constituição ao Brasil, cujo objetivo era fortalecer o Poder Executivo, instaurando no Brasil o corporativismo e o intervencionismo.

Getúlio Vargas, na sua obra "As diretrizes da nova política do Brasil", citada por *Arion Sayão Romita,* assim fundamentou a atividade legiferante do Estado:

> "No Brasil, onde as classes trabalhadoras não possuem a poderosa estrutura associativa nem a combatividade do proletariado dos países industriais e onde as desinteligências entre o capital e o trabalho não apresentam, felizmente, o aspecto de beligerância, a falta, até bem pouco, de organizações e métodos sindicalistas determinou a falsa impressão de serem os sindicatos órgãos de luta, quando, realmente, o são de defesa e colaboração dos fatores capital e trabalho com o poder público"[13].

A Justiça do Trabalho foi instituída pela Constituição Federal de 1937, porém, mantida como órgão do Poder Executivo. Assim, dispunha o art. 139 da Carta de 1937, *in verbis*:

> "Para dirimir os conflitos oriundos das relações entre empregadores e empregados, reguladas na legislação social, é instituída a justiça do trabalho, que será regulada em lei e à qual não se aplicam as disposições desta Constituição relativas à competência, ao recrutamento e às prerrogativas da justiça comum. A greve e o *lockout* são declarados recursos anti-sociais, nocivos ao trabalho e ao capital e incompatíveis com os superiores interesses da produção nacional."

Com isso, o poder normativo incorporou-se aos órgãos da Justiça do Trabalho pela via constitucional e em conformidade com a inteligência dominante do terreno doutrinário da época[14].

Bem observa *Raimundo Simão de Melo,* que o Estado nega o conflito, não que ele não exista, "mas porque considerava nocivo aos interesses da produção, que deveria atuar livremente sem os 'incômodos' decorrentes das reivindicações dos trabalhadores, mas se estas surgissem, caberia ao Estado, por meio da sua máquina, resolvê-las rapidamente e 'restabelecer a paz social'"[15].

---

(13) ROMITA, Arion Sayão. "O poder normativo da justiça do trabalho: Antinomias Constitucionais". *Revista LTr.* São Paulo: LTr, vol. 65, n. 3, março de 2001, p. 265.
(14) PINTO, José Augusto Rodrigues. *Direito sindical e coletivo do trabalho.* São Paulo: LTr, 2002, p. 375.
(15) MELO, Raimundo Simão de. *Dissídio coletivo de trabalho.* São Paulo: LTr, 2002, p. 32.

Em 1937, intenso debate político-doutrinário travou-se acerca dos critérios que deveriam ser observados para o desígnio da instituição da Justiça do Trabalho, em torno do seu Projeto de Organização elaborado pelo Ministério do Trabalho, com a supervisão do jurista e sociólogo *Oliveira Viana*. Referido projeto foi apresentado pela Presidência da República ao Congresso Nacional, tendo como relator designado *Waldemar Ferreira*, então presidente da Comissão de Constituição e Justiça da Câmara dos Deputados, jurista e professor da Universidade de São Paulo.

O magistrado paulista *Floriano Corrêa Vaz da Silva* bem reproduz esse importante momento histórico nas palavras de *Oliveira Viana* em artigo publicado no "Jornal do Commércio" àquela época:

"O anteprojeto da organização da Justiça do Trabalho, ora em discussão na Câmara, confere aos tribunais do trabalho poderes normativos. Estes poderes parecem à comissão da Justiça, pelo órgão do seu ilustre relator, o Professor *Waldemar Ferreira*, contrários aos princípios do próprio regime jurídico vigente; mais ainda: contrários ao texto expresso na Constituição, bem como contrários flagrantemente, a tudo quanto há demais assentado em matéria de Direito Judiciário e Processual. Contrários ao fundamento do regime instituído: pois que violam um dos seus princípios basilares, que é o princípio da separação dos poderes, atribuindo competência legislativa a órgãos judiciários. Contrários ao próprio texto da Constituição: pois que esta competência legislativa importaria numa delegação de poder, expressamente vedada pelo art. 3º, parágrafo único, e numa atividade legislativa formal, incompatível com o artigo da mesma Constituição, que discrimina e precisa a competência privativa do Poder Legislativo. Contrário, enfim, aos princípios mais elementares do Direito Judiciário: pois é cânon, que não sofre derrogação, a especificidade da sentença judiciária, não podendo o juiz decidir senão singularmente, caso por caso, valendo a sua decisão unicamente *inter partes* e não *inter alios*"[16].

Feito por *Oliveira Viana* este resumo dos argumentos do deputado e professor paulista, ele próprio os refuta:

"Na parte relativa à inconstitucionalidade, já deixamos definitivamente provada, nos capítulos anteriores, a insubsistência dessas alegações. É fácil provar agora que não é menos insubsistente a alegação de incompatibilidade da competência *normativa* com a função *judiciária*.

---
(16) VAZ DA SILVA, Floriano Corrêa. "O poder normativo da justiça do trabalho". *In:* FRANCO SILVA, Georgenor de Souza (coord.). *Curso de direito coletivo do trabalho: estudos em homenagem ao ministro Orlando Teixeira da Costa*. São Paulo: LTr, 1998, pp. 396-397.

Na verdade, o que há, em tudo isso, como veremos, é a aplicação de princípios e regras de direito judiciário e processual comum a tribunais, *que foram instituídos justamente com o objetivo de fugir, tanto quanto possível, ao regime dessas regras e princípios.* Não fora a necessidade de evadir-se — no julgamento dos conflitos econômicos e do trabalho da época industrial — ao formalismo dos tribunais ordinários e aos seus critérios julgadores (...) — e os tribunais do trabalho não terem surgido, continuando a administração da Justiça a ser feita dentro dos seus métodos e critérios tradicionais. Enquadrar a justiça do trabalho na metodologia processual dos tribunais de direito comum é, pois, uma contradição substancial, que importaria em anular a própria razão de ser de sua instituição.

Não é só. Mesmo que os tribunais do trabalho pertencessem ao Poder Judiciário e fossem, em tudo, semelhantes aos tribunais de direito comum, ainda assim não haveria nenhuma ilegitimidade na competência normativa conferida porventura a estes tribunais. Por que? Porque a competência para decidir de uma maneira geral é, como parece ao eminente relator da Comissão da Justiça, incompatível com a função judiciária. Mesmo tratando-se de tribunais de direito comum — dos tribunais enquadrados dentro do chamado Poder Judiciário"[17].

Os argumentos de ambos, declinados à época, têm vida própria, tanto que são apresentados até os dias atuais quando se reavalia o poder normativo desempenhado pela Justiça do Trabalho.

O Decreto-lei n. 1.237, de 2 de maio de 1939, regulamentado pelo Decreto n. 6.596, de 12 de dezembro de 1940, organiza a Justiça do Trabalho, passando a ser órgão administrativo e autônomo, tanto em relação ao Poder Executivo, como quanto à Justiça Comum, mas ainda não pertencente ao Poder Judiciário. Cria as Juntas de Conciliação e Julgamento, os Conselhos Regionais do Trabalho e o Conselho Superior do Trabalho. A Justiça do Trabalho passa a executar suas decisões.

Em 1º de maio de 1941, a Justiça do Trabalho foi instalada pelo Presidente da República, com 36 Juntas de Conciliação e Julgamento e 8 Conselhos Regionais do Trabalho que começaram a funcionar no dia seguinte à sua instalação.

Os reflexos da Segunda Guerra Mundial fizeram-se sentir no Brasil. No campo dos dissídios coletivos, o governo editou o Decreto-lei n. 5.821, de 16 de setembro de 1943, obrigando os sindicatos a pedirem autoriza-

---

(17) VAZ DA SILVA, Floriano Corrêa. "O poder normativo da justiça do trabalho". *In:* FRANCO SILVA, Georgenor de Souza (coord.). *Curso de direito coletivo do trabalho: estudos em homenagem ao ministro Orlando Teixeira da Costa.* São Paulo: LTr, 1998, pp. 396-397.

ção do Ministro do Trabalho para instaurarem instância na Justiça, sob o argumento que qualquer conflito coletivo de trabalho poderia afetar sensivelmente uma economia fragilizada pelo estado de guerra[18].

Com o final da Segunda Guerra Mundial, em 1945, com a derrocada dos regimes totalitários de direita e o fortalecimento das democracias ocidentais, houve a queda da ditadura de *Getúlio Vargas* com a convocação de Assembléia Constituinte de 1946[19]. A Constituição Federal promulgada em 18 de setembro de 1946, além de incluir a Justiça do Trabalho como órgão do Poder Judiciário, assim dispôs a respeito do poder normativo da Justiça do Trabalho, *in verbis*:

> "Art. 123. Compete à Justiça do Trabalho conciliar e julgar os dissídios individuais e coletivos entre empregados e empregadores, e as demais controvérsias oriundas de relações do trabalho regidas pela legislação especial.
> (...)
> § 2º A lei especificará os casos em que as decisões, nos dissídios coletivos, poderão estabelecer normas e condições de trabalho."

A mesma orientação prevaleceu na Constituição Federal de 1967 (art. 134, § 1º) e em sua Emenda n. 1/69 (art. 142, § 1º), substituindo-se, apenas, a expressão "os casos" por "as hipóteses". Manteve-se, portanto, a competência da Justiça do Trabalho em decidir os conflitos coletivos e em estabelecer novas condições de trabalho.

Sensível restrição ocorreu com a promulgação da Constituição Federal, de 5 de outubro de 1988, que no § 2º do art. 114 conferiu à Justiça do Trabalho a competência para "estabelecer normas e condições" de trabalho, que já condicionava a solução jurisdicional à prévia negociação coletiva ou à arbitragem. Assim dispunha o dispositivo constitucional aludido, *in verbis*:

> "§ 2º Recusando-se qualquer das partes à negociação ou à arbitragem, é facultado aos respectivos sindicatos ajuizar dissídio coletivo, podendo a Justiça do Trabalho estabelecer normas e condições, respeitadas as disposições convencionais e legais mínimas de proteção ao trabalho."

Para *Ives Gandra da Silva Martins Filho*, a Assembléia Constituinte de 1988 deu os primeiros passos no sentido de uma maior liberdade sindical e menor intervenção estatal. Identifica esses sinais por meio da

---

(18) FERRARI, Irany; NASCIMENTO, Amauri Mascaro; e MARTINS FILHO, Ives Gandra. *História do trabalho, do direito do trabalho e da justiça do trabalho.* São Paulo: LTr, 1998, p. 196.
(19) *Ibidem*, p. 196.

amplitude do direito de greve (art. 9º), a não-interferência do Estado nos sindicatos (art. 8º), o estímulo à negociação coletiva e ao recurso da arbitragem antes de se apelar à tutela jurisdicional (art. 114)[20].

Este autor observa, ainda, que a Constituição de 1988 manteve a "matriz corporativista", na qual tem sua origem o poder normativo, que continuava nutrindo o sistema brasileiro de relações de trabalho, por meio da manutenção da unicidade sindical (art. 8º, II), da contribuição sindical compulsória a toda a categoria (art. 149) e da submissão dos conflitos coletivos aos tribunais trabalhistas[21].

Em 8 de dezembro de 2004, a Emenda Constitucional n. 45 — Reforma do Judiciário — alterou o art. 114 da Constituição Federal de 1988, em especial os §§ 2º e 3º, que passaram a ter a seguinte redação:

"§ 2º Recusando-se qualquer das partes à negociação *coletiva* ou à arbitragem, é facultado *às mesmas, de comum acordo*, ajuizar dissídio coletivo *de natureza econômica*, podendo a Justiça do Trabalho *decidir o conflito*, respeitadas as disposições *mínimas* legais de proteção ao trabalho, *bem como as convencionadas anteriormente*." (grifamos)

"§ 3º Em caso de greve em atividade essencial, com possibilidade de lesão do interesse público, o Ministério Público do Trabalho poderá ajuizar dissídio coletivo, competindo à Justiça do Trabalho decidir o conflito."

A Emenda Constitucional trouxe sensíveis inovações acerca do tema em estudo, sobretudo porque privilegiou a negociação, agora expressamente *coletiva*, instituiu a necessidade de *comum acordo* das partes para instauração do dissídio coletivo de natureza econômica e limitou, ainda mais, a abrangência das decisões jurídicas protegendo as disposições legais e as *convencionadas anteriormente*.

Em trâmite no Congresso Nacional, está a Proposta de Emenda à Constituição Federal (PEC n. 369/2005)[22] que, se aprovada na forma em que foi apresentada, alterará os dispositivos acima descritos, e, para alguns, importará na extinção total do poder normativo da Justiça do Trabalho[23].

Assim passariam a vigorar os §§ 2º e 3º do art. 114 da Constituição Federal, *in verbis*:

---

(20) MARTINS FILHO, Ives Gandra da Silva. *Processo coletivo do trabalho*. 2ª ed. São Paulo: LTr, 1996, p. 22.
(21) *Ibidem*, p. 23.
(22) *Vide*, em "anexos", íntegra do texto da PEC n. 369/2005 e do Anteprojeto de Lei das Relações Sindicais em trâmite no Congresso Nacional.
(23) TRT/SP n. 20287200400002005, AC n. 2005000726, SDC, Rel. José Carlos da Silva Arouca, DOE 6.5.2005: "Poder normativo. Extinção. Assim como a negociação coletiva é ampla é livre, também o é o exercício do Poder Normativo que ainda não sofre impedimentos, mas que tem sua morte anunciada pela Reforma Sindical em curso, com seu banimento definitivo de nosso ordenamento jurídico".

"§ 2º Recusando-se qualquer das partes à *arbitragem voluntária*, é facultado às mesmas, de comum acordo, *na forma da lei, ajuizar ação normativa*, podendo a Justiça do Trabalho decidir o conflito, respeitadas as disposições mínimas legais de proteção ao trabalho, bem como as convencionadas anteriormente.

§ 3º Em caso de greve em atividade essencial, o Ministério Público do Trabalho *tem legitimidade para ajuizamento de ação coletiva quando não assegurados os serviços mínimos à comunidade ou assim exigir o interesse público ou a defesa da ordem jurídica.*" (grifamos)

A referência à "forma da lei", do § 2º do art. 114 da Reforma Sindical, exige a normatização ordinária sobre o tema. Por isso, juntamente à Proposta de Emenda à Constituição tramita no Congresso Nacional o Anteprojeto de Lei de Relações Sindicais que apresenta no art. 188 o poder normativo da Justiça do Trabalho em sua nova vestimenta, *in verbis*:

"Art. 188. No fracasso da negociação coletiva destinada à celebração ou à renovação de norma coletiva, os atores coletivos em conflito poderão, *de comum acordo*, provocar a atuação do tribunal do trabalho, de árbitro ou de órgão arbitral para o fim de criar, modificar ou extinguir condições de trabalho.

Parágrafo único. Consideram-se normas coletivas o contrato coletivo e a sentença proferida pelo tribunal do trabalho, por árbitro ou por órgão arbitral para a solução de conflito coletivo de interesses."[24] (grifamos)

Com efeito, podemos dizer que o poder normativo originou-se no *Estado Novo* do regime autoritário e corporativista de Getúlio Vargas, influenciado pelo sistema fascista italiano, e mudou completamente sua face no governo do ex-sindicalista Luis Ignácio Lula da Silva, no *Estado Moderno*, que recebe influência das tendências mundiais de privilégio à negociação coletiva e da plena liberdade sindical.

3.3. CRÍTICAS, INOVAÇÕES E TENDÊNCIAS

O poder normativo da Justiça do Trabalho é objeto de críticas desde o seu surgimento. Discussões sobre seu banimento ou manutenção são largamente debatidas na doutrina jurídica e se repetem desde o debate doutrinário entre *Waldemar Ferreira* e *Oliveira Viana*. O primeiro, por meio do seu livro "Princípios de legislação social e direito judiciário do trabalho" (São Paulo: São Paulo Ed., 1938) e o segundo, pela obra "Problemas de direito corporativo" (Rio de Janeiro: José Olympio, 1938)[25].

---

(24) Entendemos tratar-se de "futura" norma inconstitucional. *Vide* item 3.10.
(25) NASCIMENTO, Amauri Mascaro. *Curso de direito processual do trabalho.* 21ª ed. São Paulo: Saraiva, 2002, p. 48.

Amauri Mascaro Nascimento bem descreve este primogênito debate doutrinário acerca do poder normativo da Justiça do Trabalho, iniciando o relato do que pensava *Waldemar Ferreira*:

"Sustentou que a atribuição, aos juízes do trabalho, do poder de criar normas sobre condições de trabalho mediante decisões proferidas nos dissídios coletivos contrariava os princípios da Constituição, uma vez que implicaria sentenças de caráter geral, aplicáveis de modo abstrato, a pessoas não discriminadas, com o que a Justiça do Trabalho invadiria a esfera do Poder Legislativo. A função de legislar sofreria, assim, uma restrição inadmissível. Por outro lado, a competência normativa dos juízes do trabalho importava também em delegação legislativa, não prevista na Constituição Federal, segundo argumento em que se baseava. Via, portanto, na iniciativa uma ofensa aos princípios do direito processual, porque as sentenças devem obrigar somente as partes litigantes, quando a sentença normativa viria obrigar terceiros que não participaram do processo, dada a sua aplicação sobre toda uma categoria profissional e econômica."[26]

O jurista aponta o outro sentido do debate, refletido por *Oliveira Viana*, sustentando a validade da competência normativa da Justiça do Trabalho:

"Afirmou que o juiz, segundo a escola sociológica do direito, colabora para a construção das normas jurídicas, não se limitando a ser mero intérprete gramatical dos textos legais e aplicador dos comandos legais como autômato diante da lei. A função do juiz é criativa, sem o que não é cumprida integralmente sua missão. As origens do seu pensamento, portanto, prendem-se às idéias jusfilosóficas desenvolvidas nos Estados Unidos, reunidas não só na escola sociológica mas também no realismo jurídico. Maior liberdade de atuação para o juiz, para obter a adequada composição do conflito, nos casos concretos e, para esse fim, a necessidade de uma concepção do direito mais relacionada com os fatos da vida social.

Ressaltou, também que a delegação legislativa é, igualmente, um fato reconhecido em vários países, mesmo nos de Constituições rígidas, nos quais o princípio da indelegabilidade é acolhido, e cita exemplos, dentre os quais os da Alemanha e Inglaterra, baseando-se nos estudos de Ernest Freund. Mostrou que havia novas realidades a ser atendidas mediante técnicas próprias, afirmando a compatibilidade entre a competência normativa e a função judiciária. 'Na

---

(26) NASCIMENTO, Amauri Mascaro. *Curso de direito processual do trabalho.* 21ª ed. São Paulo: Saraiva, 2002, pp. 48-49.

verdade, o que há, em tudo isso, como veremos, é a aplicação de princípios e regras do direito judiciário e processual comum aos tribunais, que foram instituídos justamente com o objetivo de fugir, tanto quanto possível, ao regime destas regras e princípios', dizendo, também, que a separação de poderes não é rígida, com o que conclui pela legitimidade das sentenças normativas."[27]

O poder normativo, a nosso ver, é um instituto originado no Estado Novo, durante o governo de *Getúlio Vargas*, assim como a Consolidação das Leis do Trabalho, que, principalmente em matéria coletiva, deixa sensíveis rastros do pensamento político-corporativista de *Vargas* e do fascismo consagrado por *Benedito Mussolini*.

Os autores contemporâneos não deixaram o debate de lado, pois também apontam as desvantagens e antinomias constitucionais do poder normativo da Justiça do Trabalho.

Ives Gandra da Silva Martins Filho enumera as desvantagens do poder normativo sob os seguintes argumentos: "enfraquecimento da liberdade negocial; desconhecimento real das condições do setor; demora nas decisões; generalização das condições de trabalho; incompatibilidade com a democracia pluralista e representativa; e maior índice de descumprimento da norma coletiva". Ressalta como vantagens a "ausência de um sindicalismo forte no Brasil e a necessidade social de superar o impasse na ausência de autocomposição"[28].

Arion Sayão Romita enuncia quatro antinomias constitucionais:

"1ª — entre o art. 1º, parágrafo único, e o art. 114, § 2º: se o povo exerce poder por intermédio de seus representantes eleitos, o poder normativo, exercido pelos juízes, não poderia ser acolhido pela Constituição Federal, pois juízes não são representantes do povo;

2ª — entre o art. 5º, inciso LV, que reconhece o princípio do contraditório sem qualquer exceção, e o art. 114, § 2º: no exercício do poder normativo, a Justiça do Trabalho não é obrigada a observar o referido princípio, pois exerce jurisdição de eqüidade, dispensando a manifestação de contrariedade por parte da categoria econômica suscitada no dissídio coletivo;

3ª — entre o art. 93, inciso IX e o art. 114, § 2º: como decisão judicial, a sentença normativa não pode deixar de ser fundamentada,

---

(27) NASCIMENTO, Amauri Mascaro. *Curso de direito processual do trabalho.* 21ª ed. São Paulo: Saraiva, 2002, p. 49.
(28) MARTINS FILHO, Ives Gandra da Silva. *Processo coletivo do trabalho.* 2ª ed. São Paulo: LTr, 1996, pp. 35-39.

sob pena de nulidade; entretanto, o poder normativo se exerce como meio de solução de controvérsia coletiva, mediante edição de normas (poder legislativo delegado), tarefa que dispensa fundamentação;

4ª — entre o art. 9º e o art. 114, § 2º: enquanto o primeiro dispositivo assegura o exercício do direito de greve pelos trabalhadores, o outro o inviabiliza, pois o poder normativo é utilizado para julgar a greve, inibindo o entendimento direto entre os interlocutores sociais"[29].

O fato é que o poder normativo da Justiça do Trabalho é muito criticado por revelar uma intervenção estatal nos conflitos coletivos de trabalho. Entendemos que as desvantagens são muitas e justificadas. A negociação coletiva genuína deve ser estimulada, por ser condição indispensável para o pleno exercício da autocomposição dos conflitos coletivos de natureza trabalhista.

O poder normativo da Justiça do Trabalho é considerado atípico, tanto que só existe no Brasil, na Austrália, Peru e México[30].

No Brasil, tem fundamento legal no § 2º do art. 114 da Constituição Federal, recentemente alterado pela Emenda Constitucional n. 45, de 8 de dezembro de 2004, cuja importância justifica que a transcrevamos novamente, *in verbis*:

"§ 2º Recusando-se qualquer das partes à negociação *coletiva* ou à arbitragem, é facultado *às mesmas, de comum acordo*, ajuizar dissídio coletivo *de natureza econômica*, podendo a Justiça do Trabalho *decidir o conflito*, respeitadas as disposições *mínimas* legais de proteção ao trabalho, *bem como as convencionadas anteriormente*." (grifamos)

Como podemos visualizar, destacamos acima as alterações inseridas recentemente no aludido dispositivo constitucional, que antes assim se apresentava, *in verbis*:

"§ 2º Recusando-se qualquer das partes à negociação ou à arbitragem, é facultado *aos respectivos sindicatos* ajuizar dissídio coletivo, podendo a Justiça do Trabalho *estabelecer normas e condições*, respeitadas as disposições *convencionais* e legais mínimas de proteção ao trabalho." (grifamos)

---

(29) ROMITA, Arion Sayão. "O poder normativo da justiça do trabalho: Antinomias Constitucionais". *Revista LTr.* São Paulo: LTr, vol. 65, n. 3, março de 2001, p. 268.
(30) MARTINS FILHO, Ives Gandra da Silva. *Processo coletivo do trabalho.* 2ª ed. São Paulo: LTr, 1996, pp. 33-34. O autor inclui nesta relação, também, a Nova Zelândia, porém, a partir de 1991, com a *Employment Contract Act*, o sistema anteriormente existente foi transformado e extinguiu-se o poder normativo, como descreve *José Pastore, in: Flexibilização dos mercados de trabalho e contratação coletiva.* São Paulo: LTr, 1994, p. 172. O estudo mais aprofundado dos sistemas de solução dos conflitos nestes e em outros países está descrito no item 3.4 deste trabalho.

Os estudos sobre as alterações e a aplicação do novo dispositivo pela Justiça do Trabalho ainda estão em fase embrionária, mas já existem posições antagônicas quanto à interpretação do novo texto constitucional, sobretudo, acerca da própria existência do poder normativo.

Como temos demonstrado ao longo do nosso estudo, investigando o princípio da liberdade sindical e as formas de solução de conflitos coletivos de trabalho, o poder normativo não mais retrata aquilo que queria o governo e a lei em sua origem.

A Emenda Constitucional n. 45/2004 promove a tendência moderna do direito coletivo, que privilegia a liberdade sindical e estimula a solução da relação conflituosa pela via negocial plena (autocompositiva) e, se assim não for possível, pela arbitral voluntária (interesse das partes). Somente em último caso, e ainda assim, de comum acordo das partes e limitada a preceitos mínimos legais e às cláusulas preexistentes, é que será possível buscar a solução jurisdicional como forma de arbitragem pública limitada.

Valentin Carrion já via essa tendência positiva da negociação coletiva antes mesmo da promulgação da Emenda Constitucional n. 45/2004, quando escreveu que "o poder normativo judicial nos dissídios coletivos de natureza econômica é uma antiguidade do fascismo, já abolida nos países democráticos, inclusive na Itália. Neles, os dissídios coletivos simplesmente não existem (só havendo lugar para autocomposição plena ou estimulada pela mediação ou a arbitragem, todas voluntárias)"[31].

Otávio Pinto e Silva[32] destaca a escolha dos mecanismos de autocomposição como forma de composição dos conflitos coletivos e o papel do Estado que, nesse campo, deve estabelecer a garantia das condições necessárias à negociação coletiva, por meio da "sustentação da própria atividade negocial" e da "tutela da liberdade sindical", bem como incrementar a legislação com mais medidas de fomento ao entendimento entre empregadores e trabalhadores.

3.4. DIREITO ESTRANGEIRO

Várias formas de solução dos conflitos coletivos de trabalho são encontradas no direito estrangeiro, variando de acordo com as legislações específicas, com as diretrizes políticas e sociais e com o grau de desenvolvimento econômico sob o qual determinada nação encontra-se submetida.

---

(31) CARRION, Valentin. *Comentários à consolidação das leis do trabalho.* 28ª ed. atual. por Eduardo Carrion. São Paulo: Saraiva, 2003, p. 680.
(32) SILVA, Otávio Pinto e. "Negociação coletiva em tempos de reforma sindical". *Revista do Advogado.* São Paulo: AASP, ano XXVI, n. 86, Julho/2006, pp. 63-68.

Observamos que nos países mais desenvolvidos, é privilegiada a negociação coletiva entre as próprias partes, como forma de solução mais rápida do conflito coletivo. Isso é possível quando o poder econômico do empregador pode se opor, com igualdade de condições, ao poder sindical dos trabalhadores e seus meios de pressão, tornando-se, então, equilibrada a posição das partes na negociação. Com isso, a intervenção estatal, marcante nos Estados após a revolução industrial, acaba retraindo-se, uma vez que as partes preferem a solução autocompositiva da relação conflituosa[33].

José Pastore escreve que não há uma resposta geral sobre qual seria o melhor método para resolver conflitos coletivos, porém, uma coisa é certa:

"Os procedimentos voluntários trazem à tona o melhor da criatividade das partes, pois expõem empregados e empregadores a testes de auto regulação. As decisões alcançadas voluntariamente tendem a ser mais pacificadoras. As duas partes têm que sobreviver ao conflito de cabeça erguida, uma vez que, estabelecido o acordo, empregado e empregador voltam a conviver no mesmo local de trabalho."[34]

Ives Gandra da Silva Martins Filho concluiu o resultado do seu estudo do poder normativo no direito estrangeiro afirmando que:

"Nos países mais desenvolvidos, percebeu-se que o caminho mais rápido e eficaz para a solução dos conflitos coletivos trabalhistas é o da negociação coletiva entre as próprias partes interessadas. Isso é possível quando o poder econômico patronal (sobre os salários) pode se opor, em igualdade de condições, ao poder sindical obreiro (sobre a prestação dos serviços), de modo que tal poder de barganha, alcançado pela união dos trabalhadores, torne equilibrado o diálogo entre patrões e empregados.

Nesse sentido, a intervenção estatal que se fez marcante com o decorrer da revolução industrial pode se retrair, na medida em que as próprias partes resolvem, através da negociação coletiva, os conflitos trabalhistas, limitando-se a consagrar ou estender a todas as categorias profissionais os avanços mais significativos nos direitos sociais, as vantagens e condições mais comuns, tornando-as lei geral para toda a massa trabalhadora."[35]

---

(33) MARTINS FILHO, Ives Gandra da Silva. *Processo coletivo do trabalho*. 2ª ed. São Paulo: LTr, 1996, p. 27.
(34) PASTORE, José. *Flexibilização dos mercados de trabalho e contratação coletiva*. São Paulo: LTr, 1994, p. 162.
(35) MARTINS FILHO, Ives Gandra da Silva. *Processo coletivo do trabalho*. 2ª ed. São Paulo: LTr, 1996, p. 27.

No mesmo sentido, *Hermes Afonso Tupinambá Neto*, ao examinar as diversas formas de solução de conflitos no direito estrangeiro, invoca a lição de *Américo Plá Rodrigues:*

"Em princípio, como ensina *Plá Rodriguez*, a solução encontrada através da negociação direta tende a ser mais sólida, mais firme, mais duradoura, pois os interessados, na maioria das vezes, conhecem melhor as necessidades e disponibilidades uns dos outros e sentem-se obrigados moralmente a cumprir uma solução que ajudaram a forjar."[36]

Nos dias atuais, os países que contemplam o poder normativo como forma impositiva de solução de conflitos são apenas Austrália, México, Peru e Brasil. Entretanto, parte das nações ainda prevê mecanismo de auxílio à solução dos conflitos coletivos, porém, não chegando a atribuir poder normativo aos seus órgãos judiciais.

Passamos, então, a analisar as formas de solução dos conflitos coletivos *apenas nas nações estrangeiras que consideramos de maior importância para o destaque*, classificando-as em três grupos: a) países que privilegiam a negociação coletiva; b) países que adotam formas impositivas não-judiciais; c) países que contemplam o poder normativo.

3.4.1. Países que privilegiam a negociação coletiva

Dinamarca — De acordo com o sistema legal em vigor desde 1983, nenhum conflito pode ocorrer durante a vigência de um contrato assinado pelas partes. No término do contrato, a lei exige a negociação coletiva entre as partes e, persistindo o impasse, as partes devem aceitar a conciliação de um mediador profissional (do governo), não tendo a Justiça do Trabalho competência para solucionar conflitos econômicos, mas apenas para decidir sobre o desrespeito ou não dos contratos coletivos (conflitos jurídicos)[37].

Noruega — A Justiça do Trabalho tem jurisdição apenas para definir os conflitos jurídicos, acerca da interpretação de cláusulas contratuais. A solução dos conflitos econômicos, ou de interesse, fica a cargo das negociações coletivas, mediação ou arbitragem[38].

---

(36) TUPINAMBÁ NETO, Hermes Afonso. *A solução jurisdicional dos conflitos coletivos no direito comparado. Uma revisão crítica.* São Paulo: LTr, 1993, p. 18.
(37) PASTORE, José. *Flexibilização dos mercados de trabalho e contratação coletiva.* São Paulo: LTr, 1994, p. 162.
(38) *Ibidem*, p. 163.

Suécia — A Justiça julga apenas os conflitos jurídicos e as próprias partes devem dirimir seus conflitos econômicos. No caso de permanência do impasse, o governo indica uma comissão mediadora, que não tem poderes para impor obrigações às partes[39].

Finlândia — Assim como ocorre na Dinamarca, a lei finlandesa exige a paz durante a vigência contratual pactuada pelas partes. As partes têm o dever de negociar coletivamente. Segundo a *Labor Court Act*, de 1974, a Justiça do Trabalho somente se encarrega dos conflitos jurídicos. Os contratos coletivos podem determinar que tais disputas sejam solucionadas pela arbitragem[40].

Alemanha — O direito à greve é garantido, porém, ela não pode ocorrer na vigência de contrato coletivo. A lei determina a obrigatoriedade da manutenção da paz e da negociação coletiva. A Justiça do Trabalho tem competência apenas para decidir conflitos jurídicos[41].

Bem observa *Enoque Ribeiro dos Santos:* "hoje, mais de 90% dos trabalhadores são protegidos por contratos coletivos". E complementa: "a Alemanha, entre os países da União Européia, é o que mais privilegia a negociação coletiva."[42]

Argentina — O sistema legal argentino admite o direito de greve e possui normas que regulamentam o procedimento de conciliação e a arbitragem voluntária dos conflitos coletivos, que não são de utilização obrigatória[43]. A Justiça do Trabalho tem seu campo de atuação limitado aos conflitos jurídicos[44].

Aplica-se o princípio da ultra-atividade, segundo o qual, e uma vez vencido o contrato coletivo, suas cláusulas serão válidas até a celebração de nova composição, a menos que tenha sido pactuado o contrário[45].

Grã-Bretanha — Ainda é predominante a ausência de positivação do Direito, porém, a fim de evitar os danos sociais decorrentes do embate não resolvido entre capital e trabalho, este país possui um *Serviço Consultivo de Conciliação e Arbitragem*, oferecendo às partes em litígio árbitros técnicos, como forma de composição dos conflitos econômicos[46].

---

(39) *Ibidem*, p. 164.
(40) *Ibidem*, p. 164.
(41) PASTORE, José. *Flexibilização dos mercados de trabalho e contratação coletiva.* São Paulo: LTr, 1994, p. 165.
(42) SANTOS, Enoque Ribeiro dos. *Fundamentos do direito coletivo do trabalho nos Estados Unidos da América, na União Européia, no Mercosul e a experiência brasileira.* Rio de Janeiro: Lúmen Júris, 2005, p. 114.
(43) MARTINS FILHO, Ives Gandra da Silva. *Processo coletivo do trabalho.* 2ª ed. São Paulo: LTr, 1996, pp. 27-28.
(44) PASTORE, José. *Op. cit.*, pp. 173-174.
(45) SANTOS, Enoque Ribeiro dos. *Op. cit.*, p. 130.
(46) MARTINS FILHO, Ives Gandra da Silva. *Processo coletivo do trabalho.* 2ª ed. São Paulo: LTr, 1996, pp. 28-29.

Em 1964, foram instituídos os *Industrial Tribunals* que têm competência para dirimir apenas conflitos jurídicos[47].

Estados Unidos da América — Em semelhança à Grã-Bretanha, mantêm o direito costumeiro. Os conflitos coletivos são resolvidos pela negociação direta entre as partes. Existe, no entanto, um *Serviço Federal de Mediação e Conciliação*, para auxiliar na composição dos litígios coletivos[48].

O processo de negociação mais típico ocorre dentro da empresa. Não há Justiça do Trabalho e a Justiça Comum limita-se a julgar alguns poucos conflitos jurídicos[49].

Japão — Os conflitos coletivos são resolvidos em harmonia, cooperação e solidariedade, no âmbito da própria empresa, sendo raros os conflitos judiciais. A negociação coletiva, portanto, ocorre dentro da empresa, firmando-se convenções coletivas de trabalho[50].

Se a negociação dentro da empresa falhar, o primeiro recurso a ser procurado é a mediação e depois a arbitragem. Não há Justiça do Trabalho no Japão, mas as partes podem levar as disputas à Justiça comum. Esta julga apenas os conflitos jurídicos[51].

Panamá — Os conflitos coletivos devem ser submetidos ao *procedimento de conciliação administrativa antes* de se deflagrar qualquer greve. Não cabe aos tribunais do trabalho nem ao órgão de conciliação administrativa impor solução ao conflito. Entretanto, excepcionalmente, nas greves que causem graves crises econômicas, na falta de composição, as partes deverão ser submetidas à *arbitragem obrigatória*[52].

Bélgica — Possui conjunto de comissões paritárias estabelecidas em 1945, com representantes dos trabalhadores e empregadores e um coordenador representante do governo, que exercem papel crucial nas negociações coletivas e resolução dos conflitos. Até pouco tempo, as negociações eram realizadas dentro dessas comissões, porém, nos últimos anos elas vêm se deslocando para dentro da empresa. No caso de impasse, o coordenador da comissão paritária passa a atuar como mediador. A Justiça dirime apenas conflitos jurídicos[53].

---

(47) PASTORE, José. *Flexibilização dos mercados de trabalho e contratação coletiva.* São Paulo: LTr, 1994, p. 164.
(48) MARTINS FILHO, Ives Gandra da Silva. *Op. cit.*, p. 29.
(49) PASTORE, José. *Op. cit.*, p. 172.
(50) MARTINS FILHO, Ives Gandra da Silva. *Processo coletivo do trabalho.* 2ª ed. São Paulo: LTr, 1996, pp. 29-30.
(51) PASTORE, José. *Flexibilização dos mercados de trabalho e contratação coletiva.* São Paulo: LTr, 1994, p. 169.
(52) MARTINS FILHO, Ives Gandra da Silva. *Op. cit.*, p. 30.
(53) PASTORE, José. *Flexibilização dos mercados de trabalho e contratação coletiva.* São Paulo: LTr, 1994, pp. 165-166.

Portugal — O Código do Trabalho português, aprovado pela Lei n. 99, de 27 de agosto de 2003, estabelece três formas de resolução dos conflitos coletivos: a conciliação (art. 583); a mediação (art. 587); ou a arbitragem (art. 590)[54]. Não há sanções às partes que não desejam negociar. O processo de arbitragem é voluntário e somente se tornará obrigatório depois de negociações prolongadas e infrutíferas, quando frustradas a conciliação e a mediação e as partes não acordarem, no prazo de dois meses, em submeter o conflito à arbitragem voluntária (art. 567).

Nova Zelândia — O sistema neo-zelandês baseava-se na sindicalização obrigatória e na arbitragem compulsória com poderes normativos, assim como ocorre na Austrália. Em 1991, foi aprovado o novo Contrato de Emprego *(Employment Contract Act)* que transformou inteiramente o sistema então existente. O novo sistema de negociação passou a ser por empresa, voluntário, e baseado em contratos coletivos. As relações trabalhistas passaram a ser de responsabilidade das partes, com pouquíssima intervenção do Estado[55].

Foram criados dois novos tribunais *(Employment Tribunal* e *Employment Court)* que cuidam dos poucos problemas não resolvidos na negociação coletiva. Nenhum deles tem competência para decidir conflitos econômicos, ou de interesse[56].

3.4.2. Países que adotam formas impositivas não-judiciais

Chile — A conciliação é obrigatória no caso de frustração da negociação coletiva. A arbitragem é facultativa, porém, torna-se obrigatória nos casos de *lockout* (somente é admitido quando os empregados se recusam à arbitragem), se não resolvido o conflito[57].

Na arbitragem, a solução é sempre tomada em favor de uma das partes. Usa-se, portanto, o método de "arbitragem de oferta final", ou seja, o árbitro nunca escolhe uma solução alternativa ou intermediária entre as ofertas de cada parte. A Justiça do Trabalho é competente apenas para apreciar os conflitos jurídicos[58].

Espanha — O poder normativo da época franquista foi condenado pelo Tribunal Constitucional e o Poder Judiciário só conhece os dissídios

---

(54) Instituto de Direito do Trabalho da Faculdade de Direito da Universidade de Lisboa. "Código do Trabalho". 2ª ed. Lisboa: Principia, 2004, pp. 274-277.
(55) PASTORE, José. *Flexibilização dos mercados de trabalho e contratação coletiva.* São Paulo: LTr, 1994, p. 172.
(56) *Ibidem*, p. 172.
(57) MARTINS FILHO, Ives Gandra da Silva. *Processo coletivo do trabalho.* 2ª ed. São Paulo: LTr, 1996, p. 31.
(58) PASTORE, José. *Flexibilização dos mercados de trabalho e contratação coletiva.* São Paulo: LTr, 1994, pp. 174-175.

coletivos jurídicos[59]. Nos dias atuais, estimula-se a negociação coletiva e há intervenção Estatal sem caráter impositivo, por meio da *autoridade administrativa do trabalho*, mediante instauração de *procedimento de conflito coletivo*, que convoca os litigantes para audiência conciliatória, podendo remeter a questão ao procedimento arbitral. É obrigatória a arbitragem nos casos de greve que produzam prejuízo grave à economia nacional[60].

Itália — As negociações coletivas são articuladas dentro da empresa e a Lei n. 300/70 elege a arbitragem como recurso derradeiro (e impositivo) para solução dos conflitos coletivos de trabalho[61]. As pendências de natureza jurídica podem ser levadas às *agencias províncias* (comissões tripartites presididas por um representante do governo) e, não resolvido o conflito de interpretação, pode ser levado à Justiça comum[62].

Enoque Ribeiro dos Santos[63] observa que há uma política intervencionista do Estado em matéria sindical com a finalidade de garantir aos sindicatos as condições necessárias para sua ação, dentro da empresa, visando à defesa dos interesses coletivos.

França — Há um forte intervencionismo estatal nas negociações coletivas. Quando há impasses coletivos, as partes são obrigadas a recorrer à conciliação estatal. A arbitragem é facultativa, mediante comum acordo das partes ou após os procedimentos da conciliação. Não havendo solução do conflito, o Poder Executivo tem poderes para dirimir a pendência. Os tribunais franceses não julgam conflitos econômicos[64].

3.4.3. Países que contemplam o poder normativo

Austrália — Possui Cortes Laborais com poder normativo para dirimir conflitos coletivos, que são, assim como no Brasil, alvo de críticas, inclusive pelos que a elas recorrem, em razão do excesso de formalismo e a morosidade das decisões[65].

---

(59) CARRION, Valentin. *Comentários à consolidação das leis do trabalho*. 28ª ed. atual. por Eduardo Carrion. São Paulo: Saraiva, 2003, p. 680.
(60) MARTINS FILHO, Ives Gandra da Silva. *Processo coletivo do trabalho*. 2ª ed. São Paulo: LTr, 1996, pp. 31-32.
(61) *Ibidem*, p. 33.
(62) PASTORE, José. *Flexibilização dos mercados de trabalho e contratação coletiva*. São Paulo: LTr, 1994, pp. 166-167.
(63) SANTOS, Enoque Ribeiro dos. *Fundamentos do direito coletivo do trabalho nos Estados Unidos da América, na União Européia, no Mercosul e a experiência brasileira*. Rio de Janeiro: Lúmen Júris, 2005, p. 84.
(64) PASTORE, José. *Op. cit.*, p. 166.
(65) MARTINS FILHO, Ives Gandra da Silva. *Processo coletivo do trabalho*. 2ª ed. São Paulo: LTr, 1996, p. 33.

A arbitragem é compulsória em nível nacional ou estadual, decidida pelas Cortes Laborais, por meio de laudos arbitrais *(awards)*, que, na prática, têm o mesmo valor das sentenças normativas do Brasil, porque se referem a disputas econômicas ou jurídicas[66].

México — O México mantém formas impositivas de solução de conflitos coletivos, por meio das *Juntas de Conciliação e Arbitragem* previstas constitucionalmente como *órgãos jurisdicionais* de composição paritária. Nos dissídios coletivos, tais *Juntas* possuem poder normativo (decidem conflitos econômicos e jurídicos) e suas decisões são irrecorríveis. A solução jurisdicional é a mais procurada no México[67].

Peru — O Ministério do Trabalho tem o monopólio das soluções dos conflitos coletivos, podendo chamar para si a resolução dos conflitos sem que as partes o requeiram. Não se admite a arbitragem. As convenções coletivas devem ser homologadas pelo Ministério do Trabalho. Enquanto vigente a relação de emprego, os conflitos são resolvidos pelo *Foro Administrativo do Trabalho* e após a extinção dos contratos pelo *Foro Privativo do Trabalho*[68].

3.5. PODER NORMATIVO E A JURISDIÇÃO

Como já descrevemos, o poder normativo tem clara inspiração na *Carta del Lavoro*, portanto, nada melhor que iniciarmos a investigação da sua natureza no conceito de jurisdição definido pela doutrina processual peninsular.

Guiseppe Chiovenda considera jurisdição como "a função do Estado que tem por escopo a atuação da vontade concreta da lei por meio da substituição, pela atividade de órgãos públicos, da atividade de particulares ou de outros órgãos públicos, já no afirmar a existência da vontade da lei, já no torná-la, praticamente, efetiva"[69].

Mais a frente em seus estudos, *Giuseppe Chiovenda* nos ensina que "o poder inerente do Estado insere três grandes funções: a legislativa, a governamental (ou administrativa) e a jurisdicional". Enuncia, a seguir, que a "função jurisdicional corresponde a dos modernos órgãos jurisdicionais" e, finalmente, descreve a simples e clara diferenciação entre as

---

(66) PASTORE, José. *Flexibilização dos mercados de trabalho e contratação coletiva*. São Paulo: LTr, 1994, p. 171.
(67) MARTINS FILHO, Ives Gandra da Silva. *Op. cit.*, pp. 33-34.
(68) MARTINS FILHO, Ives Gandra da Silva. *Processo coletivo do trabalho*. 2ª ed. São Paulo: LTr, 1996, pp. 34-35.
(69) CHIOVENDA, Giuseppe. *Instituições de direito processual civil*. 3ª ed. Trad. Paolo Capitanio. Campinas: Bookseller, 2002, vol. II, p. 8.

funções legislativa e judicial, porque "àquela pertence *ditar* as normas reguladoras da atividade dos cidadãos e dos órgãos públicos e a esta *atuá-las*"[70].

A propósito da doutrina processual italiana acerca da jurisdição, *Piero Calamandrei* bem descreve a jurisdição da magistratura do trabalho, cujas decisões revestem "a expressão de poderes normativos absolutamente similares àqueles que ordinariamente exercem os órgãos legislativos"[71].

O Autor destaca o caráter legislativo dessas decisões, também, porque enquanto "o juiz se limita a criar o direito para o caso singular, de forma individualizada e concreta, aqui a magistratura trabalhista formula o direito de forma geral e abstrata que é típica dos mandatos legislativos". Para o jurista italiano, a atividade jurisdicional da magistratura italiana da época mantinha uma "natureza genuinamente legislativa"[72].

Na realidade brasileira, *Vicente Ráo* descreveu claramente a função jurisdicional do Poder Judiciário:

"Em sentido próprio e restrito, por *jurisdição* se designa o poder das autoridades judiciárias no exercício das respectivas funções (*João Monteiro*, "Proc. Civ.", vol. I, § 34), concebendo-se a competência como 'a ordem de distribuição do poder juridicional pelas autoridades judiciárias, ou o poder que tem o juiz de exercer a sua jurisdição sobre certos negócios, sobre certas pessoas e em certo lugar'"[73].

Arruda Alvim destaca a postura do legislador e do juiz, argumentando que o legislador inova a ordem jurídica, inclusive, traçando novas condutas e condições, ao passo que o juiz, ao aplicar a norma jurídica ao caso concreto, de certa forma, também inova, porém, uma inovação limitada à norma jurídica anterior, que, aliás, "é certo que o faz em sentido diverso do que aquele em que o faz o legislador"[74]. Está claro que a atividade jurisdicional não cria normas, podendo apenas inovar condutas de acordo com a interpretação do Poder Judiciário acerca dos casos concretos.

Os processualistas *Antonio Carlos de Araújo Cintra, Ada Pellegrini Grinover* e *Cândido Rangel Dinamarco*, em obra conjunta, bem diferenciam a atividade legislativa da atividade jurisdicional, a partir do desempenho do Estado que regula essas relações intersubjetivas:

---

(70) CHIOVENDA, Giuseppe. *Instituições de direito processual civil*. 3ª ed. Trad. Paolo Capitanio. Campinas: Bookseller, 2002, vol. II, pp. 9-11.
(71) CALAMANDREI, Piero. *Direito Processual Civil*. Campinas: Rokfeler, 1999, vol. 1, p. 168.
(72) *Ibidem*, p. 169.
(73) RAO, Vicente. *O Direito e a vida dos direitos*. 6ª ed. anotada e atual. por Ovídio Rocha Sandoval. São Paulo: Editora Revista dos Tribunais, 2004, pp. 968-969.
(74) ALVIM, Arruda. *Manual de direito processual civil*. 10ª ed. rev. atual. e ampl. São Paulo: Revista dos Tribunais, 2006, vol. 1, p. 174.

"Com a primeira, que é a *legislação*, estabelece normas que, segundo a consciência dominante, devem reger as mais variadas relações, dizendo o que é lícito e o que é ilícito, atribuindo direito, poderes, faculdades, obrigações; (...) Com a segunda ordem de atividades jurídicas, consistente na *jurisdição*, cuida o Estado de buscar a realização prática daquelas normas em caso do conflito entre pessoas — declarando, segundo modelo contido nelas, qual é o preceito pertinente ao caso concreto (processo de conhecimento) e desenvolvendo medidas para que esse preceito seja realmente efetivado (processo de execução)"[75].

A função jurisdicional e legislativa são expressões do Estado, conferidas, respectivamente, ao Poder Judiciário e Legislativo. O poder normativo não é exercício da jurisdição, pois cria normas e condições novas para os litigantes, sendo uma atividade legislativa impropriamente desviada ao Poder Judiciário.

3.6. NECESSIDADE DE COMUM ACORDO PARA AJUIZAMENTO

A grande inovação do § 2º do art. 114, introduzida pela Emenda Constitucional n. 45, de 8 de dezembro de 2004, foi a inclusão da expressão *de comum acordo* no texto constitucional, como condição de ajuizamento do dissídio coletivo. A partir de então, o dissídio somente poderá ser instaurado se todas as partes envolvidas estiverem *de comum acordo*.

Nossos Tribunais iniciaram uma tentativa de firmarem posicionamento a respeito da possibilidade da supressão do *comum acordo* das partes em dissídios coletivos pelas mais variadas razões, tanto nos dissídios econômicos como naqueles oriundos do exercício de greve, por força do disposto no inciso II do art. 114 da Constituição Federal[76], ou quando o dissídio houvesse sido suscitado pelo Ministério Público do Trabalho, à luz do § 3º do mesmo dispositivo Constitucional[77].

Amauri Mascaro Nascimento[78] bem destacou que o Tribunal Superior do Trabalho manifestou entendimento inicial acerca da desnecessidade de ajuizamento de dissídio coletivo de *comum acordo* entre as partes, em processo no qual restou evidenciada a concordância tácita do

---

(75) CINTRA, Antonio Carlos de Araújo; Grinover, Ada Pellegrini e DINAMARCO, Cândido Rangel. *Teoria geral do processo*. 21ª ed. São Paulo: Malheiros, 2005, p. 40.
(76) *In verbis:* "II — as ações que envolvam exercício do direito de greve."
(77) *In verbis:* "§ 3º Em caso de greve em atividade essencial, com possibilidade de lesão do interesse público, o Ministério Público do Trabalho poderá ajuizar dissídio coletivo, competindo à Justiça do Trabalho decidir o conflito".
(78) NASCIMENTO, Amauri Mascaro. "A questão do dissídio coletivo 'de comum acordo'". *Revista LTr*. São Paulo: LTr, vol. 70, n. 6, junho de 2006, p. 647.

suscitado, por não ter se insurgido quando esteve presente nas audiências realizadas. Eram partes no processo o Sindicato Nacional dos Trabalhadores na Indústria Moedeira e de Similares e a Casa da Moeda do Brasil[79].

A Sessão de Dissídios Coletivos do Tribunal Regional do Trabalho de São Paulo assim decidiu dois dissídios coletivos, instaurados logo após a promulgação da Emenda Constitucional n. 45/2004, nos quais havia a discordância de uma das partes (PUC-SP e FEBEM) acerca da propositura da medida jurisdicional:

"(...) Em relação à primeira preliminar argüida pela PUC, no sentido da extinção do dissídio ante a falta de comum acordo entre as partes, a preliminar fica desde já rejeitada, nos termos do que dispõe a Emenda n. 45 em seu art. 114 no inciso II que prevê textualmente "compete à Justiça do Trabalho processar e julgar as ações que *envolvam exercício do direito de greve* (...)"[80]. (destaque no original)

"(...) em caso de greve com possibilidade de lesão ao interesse público, o Ministério Público do Trabalho poderá ajuizar dissídio coletivo, competindo à Justiça do Trabalho decidir o conflito."[81]

Entretanto, essa tendência inicial dos Tribunais foi rompida, inicialmente, pela decisão do Tribunal Regional do Trabalho de Minas Gerais, ao julgar dissídio coletivo de natureza econômica, proposto pelo Sindicato dos Trabalhadores nas Indústrias Metalúrgicas, Mecânicas e de Material Elétrico de Alfenas, contra a Federação das Indústrias do Estado de Minas Gerais. Nessa decisão, prevaleceu o voto do Juiz relator, *Luiz Otávio Linhares Renault*, que extinguiu o processo, sem exame do mérito, pois fora ignorada, pelo sindicato, a regra do § 2º do art. 114 da Constituição da República, segundo a qual, em ação dessa natureza, exige-se que a iniciativa seja de comum acordo das partes[82].

O entendimento, até então isolado no Tribunal Regional do Trabalho mineiro, ganhou força e causou impacto imediato na doutrina[83], quando o Tribunal Superior do Trabalho, em acórdão do SDC, de 21.9.2006, decidiu pelo voto do seu relator Ministro *Carlos Alberto Reis de Paula*, a

---

(79) TST-IE-DC-150085/2005-000-00-00.3 — Rel. Ministro Antônio José de Barros Levenhagen. DJ 27.6.2005.
(80) TRT/SP n. 20086200500002009, AC n. 2005000777, SDC, Rel. Juíza Wilma Nogueira de Araújo Vaz da Silva, DOE 13.5.2005.
(81) TRT/SP n. 20007200500002000, AC n. 2005000360, SDC, Rel. Juíza Wilma Nogueira de Araújo Vaz da Silva, DOE 15.3.2005.
(82) TRT/MG n. 01411-2005-000-03-00-9 DC, SDC, Rel. Juiz Luiz Otavio Linhares Renault, DOE 15.6.2006.
(83) *Vide* editorial da *Revista LTr*. São Paulo: LTr, vol. 70, n. 12, dezembro de 2006, pp. 1.413-1.414.

extinção do processo, sem resolução do mérito, na forma do art. 267, inciso VI do CPC, em razão da não-demonstração do *comum acordo* para seu ajuizamento, cuja ementa abaixo transcreve-se:

> "**Dissídio coletivo.** § 2º do art. 114 da Constituição da República. Exigibilidade da anuência prévia. Não demonstrado o *comum acordo*, exigido para o ajuizamento do *Dissídio Coletivo*, consoante a diretriz constitucional, evidencia-se a inviabilidade do exame do mérito da questão controvertida, por ausência de condição da ação, devendo-se extinguir o processo, sem resolução do mérito, à luz do art. 267, inciso VI, do CPC. Preliminar que se acolhe."[84] (grifos no original)

A posição do Supremo Tribunal Federal está sendo aguardada com a futura apreciação das várias Ações Diretas de Inconstitucionalidade[85] ingressadas contra a atual redação do art. 114 da Constituição Federal.

Há, entretanto, o parecer do Procurador-Geral da República, na época, *Cláudio Fonteles*, na ADIn n. 3432-4/600-DF, ingressada pela Confederação Nacional dos Trabalhadores em Estabelecimentos de Educação e Cultura — CNTEEC, opinando pela constitucionalidade da exigência do *comum acordo* para ajuizamento do dissídio coletivo, que assim concluiu seu parecer: "com essas considerações, concluiu-se pela constitucionalidade da nova redação do art. 114 da Constituição, conferida pela Emenda Constitucional n. 45/2004, na parte em que reestrutura e limita o poder normativo da Justiça do Trabalho."[86]

Acreditamos que o Supremo Tribunal Federal seguirá a mesma posição ressalvada pela Procuradoria-Geral da República, até porque, *data vênia*, desde logo discordávamos daquelas decisões que dispensavam a exigência constitucional do *comum acordo* das partes para julgar a parcela econômica do dissídio inicialmente instaurado pelo exercício de greve, ou então, consideravam sanável esta nova condição, na resposta ou em audiências, pela concordância tácita ou expressa do suscitado.

Entendemos que, após a Emenda Constitucional n. 45/2004, os Tribunais não têm competência para processar e julgar os dissídios coletivos de natureza econômica sem o *comum acordo* das partes. Restando a competência, entretanto, para aqueles suscitados pelo Ministério Público (§ 3º, art. 114, CF), nas greves em atividades essenciais, independentemente do *comum acordo*, mas, limitados à decisão da legalidade ou ilegalidade da atividade grevista, não decidindo a parcela econômica do conflito.

---

(84) TST-DC — n. 165049/2005-000-00-00 — Rel. Ministro Carlos Alberto Reis de Paula. DJ 29.9.2006. O mesmo entendimento foi seguido no proc. TST-DC — n. 165050/2005-000-00-00 — Rel. Ministro Carlos Alberto Reis de Paula. DJ 20.10.2006.
(85) ADIns ns. 3.392/10, 3.423/10, 3.431/10 e 3.432/10.
(86) Parecer n. 5.026/CF. Procuradoria-Geral da República. Cláudio Fonteles. ADIN n. 3.432-4/600-DF.

Essa limitação evidencia-se pela leitura do atual § 2º do art. 114 da Constituição Federal, em que o legislador é claro e preciso quando faz exigência do *comum acordo* das partes como condição da ação para apreciação pelos Tribunais dos dissídios coletivos de natureza econômica. Entretanto, nos dissídios instaurados pelo Ministério Público do Trabalho, após o julgamento da legalidade ou ilegalidade das greves, os Tribunais devem convocar as partes à negociação coletiva.

Tratamos aqui do processo gradativo da preparação sindical à real liberdade sindical, que é a negociação coletiva plena, como forma eficaz e autosatisfativa da solução dos conflitos coletivos pela via da autocomposição. É natural que o direito de greve assegurado no art. 9º da Constituição seja utilizado pelos trabalhadores e que, de certa forma, influirá na sociedade. Contudo, o Ministério Público do Trabalho deverá estar atento aos eventuais abusos desse direito nos serviços ou atividades essenciais (§ 3º, art. 144, CF). O amadurecimento sindical desvendará novos instrumentos de persuasão para que a negociação coletiva seja justa, lícita, eficaz e se consuma com a autocomposição.

3.6.1. Natureza jurídica da expressão comum acordo

O estudo da natureza da exigência do *comum acordo* para instauração do dissídio coletivo tem expressado entendimentos antagônicos na doutrina e jurisprudência pós-reforma do Poder Judiciário, o que possibilita valiosa oportunidade de pesquisa acerca do tema.

Pedro Carlos Sampaio Garcia sustenta que tal expressão trata-se de um "pressuposto de existência do processo", uma vez que a "provocação do dissídio coletivo exige que as partes, antes da provocação, estejam de acordo em fazê-la". Conclui, o autor, afirmando que "não existe dissídio coletivo se não for ele provocado de comum acordo por ambas as partes"[87].

Raimundo Simão de Melo considera que a existência do *comum acordo* para ajuizamento do dissídio coletivo de natureza econômica é "indispensável à propositura da ação" e, portanto, "significa mais um pressuposto processual, o qual, não atendido, leva ao indeferimento da petição inicial, depois de esgotado o prazo assinado pelo juiz para o cumprimento de tal providência"[88].

O *comum acordo* como *condição da ação* de dissídio coletivo de natureza econômica, é a posição atual do Tribunal Superior do Trabalho, que assim se posicionou:

---

(87) GARCIA, Pedro Carlos Sampaio. "O fim do poder normativo". In: *Grijalbo Fernandes Coutinho e Marcos Neves Fava* (coords.). *Justiça do trabalho: competência ampliada.* São Paulo: LTr, 2005, p. 392.
(88) MELO, Raimundo Simão de. *Dissídio coletivo de trabalho. A greve no direito brasileiro.* São Paulo: LTr, 2006, p. 144.

"Não demonstrado o 'comum acordo', exigido para o ajuizamento do dissídio coletivo, conforme a diretriz constitucional (art. 114, § 2º, CF), evidencia-se a inviabilidade do exame do mérito da questão controvertida, por ausência de condição da ação"[89].

Entretanto, o Ministro *Carlos Alberto Reis de Paula*, relator do referido processo, considera que não é imprescindível o *comum acordo* em petição prévia ou o ajuizamento conjunto das partes na instauração do dissídio, porque o "autor poderá ser intimado a comprová-la, no prazo designado, à luz dos arts. 283 e 284 do CPC".

Nessa mesma linha encontra-se o posicionamento de *Edson Braz da Silva*[90], que defende a natureza jurídica do *comum acordo* como condição da ação, concluindo, porém, que a "aquiescência da parte suscitada valeria mesmo quando manifestada tacitamente no curso do processo". Idêntica posição também é consagrada por *Gustavo Felipe Barbosa Garcia*[91].

Amauri Mascaro Nascimento[92] entende que o *comum acordo* não se trata de pressuposto processual, bem como não é condição da ação. Para o jurista, trata-se de supressão do direito de ação do autor e submissão do seu direito à opção do réu, e justifica, para tanto, que no processo civil não existe processo contencioso, no qual as partes dependam de autorização recíproca para ingresso. Acredita não ser condição da ação aquilo que retira o direito do autor à possibilidade de ação. Acompanhando essa posição, *Mônica Brandão Ferreira*[93].

José Luciano de Castilho Pereira entende pela não-necessidade de apresentação prévia do *comum acordo*, posto não necessitar de materialização por meio da petição conjunta apresentada pelas partes, pois pode vir de forma tácita ou expressa na resposta do suscitado ao dissídio ajuizado. Sustenta, ainda, que entendimento contrário estaria fixando a eclosão da greve como caminho único da obtenção do pronunciamento jurisdicional[94].

---

(89) TST-DC — n. 165049/2005-000-00-00 — Rel. Ministro Carlos Alberto Reis de Paula. DJ 29.9.2006. O mesmo entendimento foi seguido no proc. TST-DC — n. 165050/2005-000-00-00 — Rel. Ministro Carlos Alberto Reis de Paula. DJ 20.10.2006.
(90) SILVA, Edson Braz da. "Aspectos processuais e materiais do dissídio coletivo frente à Emenda Constitucional n. 45/2004". *Revista LTr.* São Paulo: LTr, vol. 69, n. 9, setembro de 2005, p. 1.042.
(91) GARCIA, Gustavo Filipe Barbosa. "Reforma do Poder Judiciário: O dissídio coletivo na justiça do trabalho após a Emenda Constitucional n. 45/2004". *Revista LTr.* São Paulo: LTr, vol. 69, n. 1, janeiro de 2005, p. 68.
(92) NASCIMENTO, Amauri Mascaro. "A questão do dissídio coletivo 'de comum acordo'". *Revista LTr.* São Paulo: LTr, vol. 70, n. 6, junho de 2006, p. 655.
(93) FERREIRA, Mônica Brandão. "O dissídio coletivo na justiça do trabalho: da necessidade do comum acordo para seu ajuizamento". *Revista LTr.* São Paulo: LTr, vol. 71, n. 1, janeiro de 2007, p. 31.
(94) PEREIRA, José Luciano de Castilho. "A reforma do Poder Judiciário: o dissídio coletivo e o direito de greve". *Revista do TST.* Brasília: Síntese, 2005, vol. 71, n. 1, p. 31.

Nesse sentido é o pensamento de *Pedro Paulo Teixeira Manus* quando escreve que "devemos compreender a expressão comum acordo, a nosso ver, à concordância da parte contrária e não obrigatoriamente ao ajuizamento conjunto do dissídio coletivo, o que tornaria na maior parte dos casos inviável o ajuizamento"[95].

Na mesma linha está a posição de *Wilma Nogueira de Araújo Vaz da Silva*, quando escreve que "o entendimento de que a faculdade de ajuizar dissídio coletivo de natureza econômica, mediante comum acordo, seria uma nova *condição da ação coletiva* fatalmente produziria como resultado a extinção, sem julgamento do mérito, de todo e qualquer dissídio coletivo intentado com reivindicações de natureza econômica (carência de ação)"[96].

Pela nossa observação das posições dos tribunais e da doutrina, constatamos que há fortes divergências acerca dos efeitos da exigência do *comum acordo* como condição da ação, como pressuposto processual ou como nenhum deles.

É compreensível o debate doutrinário e jurisprudencial, uma vez que é tarefa árdua enquadrar tal exigência quando não estamos diante do exercício da jurisdição e sim atividade de arbitragem judicial limitada, como demonstramos anteriormente neste estudo.

Essas divergências fizeram-nos entender conveniente investigar melhor a doutrina processual civil, a respeito dos dois institutos e nos deparamos com a necessária identificação da relação jurídica material e relação jurídica processual, nas quais as condições da ação e os pressupostos processuais estão ligados, respectivamente.

Nas palavras de *Humberto Theodoro Júnior*, não se confundem as condições da ação com os pressupostos processuais. O autor afirma que "a existência da ação depende de alguns requisitos constitutivos que se chamam 'condições da ação', cuja ausência, de qualquer um deles, leva à 'carência de ação', e cujo exame deve ser feito, em cada caso concreto, preliminarmente à apreciação do mérito, em caráter prejudicial"[97].

O jurista prossegue definindo a ligação das condições da ação às relações jurídicas materiais e dos pressupostos processuais às relações jurídicas processuais. Enuncia que os pressupostos "são dados reclamados para a análise de viabilidade do exercício do direito de ação sob o

---

(95) MANUS, Pedro Paulo Teixeira. *Direito do trabalho*. 10ª ed. São Paulo: Atlas, 2006, p. 244.
(96) SILVA, Wilma Nogueira de Araújo Vaz da. "Sobre a exigência de comum acordo como condição da ação de dissídios coletivos". *Revista LTr*. São Paulo: LTr, vol. 69, n 09, setembro de 2005, pp. 1.033-1.037.
(97) THEODORO JR., Humberto. *Curso de direito processual civil*. 41ª ed. Rio de Janeiro: Forense, 2004, vol. I, p. 52.

ponto de vista estritamente processual", enquanto as condições da ação importam o "cotejo do direito de ação concretamente exercido com a viabilidade abstrata da pretensão de direito material"[98].

Arruda Alvim bem destaca a imprescindível distinção das relações jurídicas materiais e processuais: "Não deve ser confundida a relação jurídica de direito material com a relação jurídica processual. Enquanto a relação jurídica de direito material constitui, normalmente, a matéria do debate, a relação processual é onde se contém."[99]

Está claro, portanto, que o *comum acordo* está inserido na relação jurídica material e não na relação processual. Isto quer dizer que a necessidade ou exigência do *comum acordo* é prévia à relação processual. Está adstrito às partes durante a negociação coletiva pactuarem comumente pelo ajuizamento ou não do dissídio coletivo.

As interpretações literal, gramatical e lógica do texto constitucional[100], que inseriu o *comum acordo* também corroboram o acima aludido. A expressão *de comum acordo* é postada pelo legislador antes da expressão *ajuizar dissídio coletivo*. É claro, então, que somente gozarão da faculdade de ajuizar dissídio coletivo as partes que expressarem seu comum acordo antes da relação processual, portanto, durante a relação material.

Auxilia também esse entendimento a evidente tendência da Emenda Constitucional n. 45/2004 em privilegiar a negociação coletiva, as técnicas de autocomposição, a liberdade sindical e a arbitragem voluntária, em detrimento da solução jurisdicional impositiva.

Essas são as razões, inclusive, que como condição da ação não se admite dissídio coletivo sem o prévio *comum acordo* das partes, representado por termo de acordo jungido à petição de ajuizamento ou então pela apresentação conjunta do dissídio coletivo.

Somente seria admitido prazo razoável para que seja sanada a irregularidade se estivéssemos cuidando de pressuposto processual. As condições da ação dizem respeito à própria relação jurídica material, impondo como conseqüência da sua falta, a inexistência da relação jurídica processual.

Nelson Nery Junior descreve que, se ausente algum ou alguns dos pressupostos processuais, "o processo não se encontra regular, de sorte que se impõe a sanação da irregularidade". Considerando condições da

---

(98) THEODORO JR., Humberto. *Curso de direito processual civil.* 41ª ed. Rio de Janeiro: Forense, 2004, vol. I, p. 58

(99) ALVIM, Arruda. *Manual de direito processual civil.* 10ª ed. rev. atual. e ampl. São Paulo: Revista dos Tribunais, 2006, vol. 1, p. 476.

(100) *In verbis*: "§ 2º Recusando-se qualquer das partes à negociação coletiva ou à arbitragem, é facultado às mesmas, de comum acordo, ajuizar dissídio coletivo de natureza econômica, podendo a Justiça do Trabalho decidir o conflito, respeitadas as disposições mínimas legais de proteção ao trabalho, bem como as convencionadas anteriormente."

ação como preliminares, pondera o autor que "essas questões preliminares dizem respeito ao próprio exercício do direito de ação (condições da ação) e à existência e regularidade da relação jurídica processual"[101].

Evidente, portanto, que na falta de uma ou mais condições da ação, não haverá relação jurídica processual. Por essa razão, não há possibilidade de ser sanada a falta das condições da ação depois de ajuizada a demanda, concluindo o jurista que "ausente uma delas ou mais de uma, ocorre o fenômeno da *carência de ação* (CPC 301, X)"[102].

3.6.2. Comum acordo e o *direito de ação*

A exigência do *comum acordo* para ajuizamento de dissídio coletivo gerou a preocupação na doutrina e nos Tribunais acerca da eventual violação do direito de ação ou do princípio da inevitabilidade da jurisdição, consoante se infere do art. 5º, inciso XXXV, da Constituição Federal de 1988[103].

Arnaldo Süssekind acredita que a exigência do comum acordo viola a cláusula pétrea assegurada pelo art. 5º, inciso XXXV, da Carta Maior, entendendo "assegurado o direito da entidade sindical, uma vez malograda a negociação coletiva, ajuizar dissídio coletivo, ainda que sem a concordância da entidade patronal — garantia que se harmoniza com o prescrito no art. 8º, inciso III, do ordenamento constitucional"[104].

No mesmo sentido foi a posição inicial da jurisprudência:

"Dissídio Coletivo. Ajuizamento de comum acordo. Ajuizamento unilateral. Possibilidade. CF. Art. 8º, III x EC n. 45/2004, Art. 114, § 2º. Compreensão. Possível o ajuizamento unilateral do dissídio coletivo porque foi mantido mais que o poder normativo, ou seja, o inciso III do art. 8º da Constituição, quer dizer, a defesa pelo sindicato de interesses — e não de direitos — coletivos — e não meramente individuais — em questões judiciais. Trocando em miúdos, dissídio coletivo de iniciativa do sindicato para a defesa das reivindicações da coletividade representada. Se o adversário recusa a arbitragem privada e também a jurisdicional, o conflito se mantém e os interesses dos trabalhadores, de melhores condições de salário e de trabalho, com apoio na ordem econômica, fundada na valorização do trabalho e social, que tem como base o primado do trabalho e como objetivo o bem-estar e a justiça social, são lesados, sem que se permita o acesso ao Poder Judiciário para defendê-las, como assegura a Constituição, no inciso XXXV do artigo 5º."[105]

---

(101) NERY JR., Nelson e NERY, Rosa Maria de Andrade. *Código de processo civil comentado e legislação extravagante.* 7ª ed. rev., atual. e ampl. São Paulo: Revista dos Tribunais, 2006, p. 435.
(102) *Ibidem*, p. 436.
(103) *In* verbis: "XXXV — a lei não excluirá da apreciação do Poder Judiciário lesão ou ameaça a direito;"
(104) SÜSSEKIND, Arnaldo. "Do ajuizamento dos dissídios coletivos". *Revista LTr.* São Paulo: LTr, vol. 69, n. 9, setembro de 2005, p. 1.032.
(105) TRT/SP n. 20012200500002002, AC n. 2005001595, SDC, Rel. José Carlos da Silva Arouca, DOE 9.8.2005.

"Dissídio coletivo de natureza econômica. Art. 114, § 2º, CF. Comum acordo não significa, necessariamente, petição conjunta. Interpretação histórica. Aplicação do princípio da inevitabilidade da jurisdição (art. 5º/XXXV/CF). Negociação infrutífera. Concordância tácita à atuação da jurisdição. Precedente desta E. SDC. Dissídio que é conhecido e julgado procedente em parte."[106]

A posição doutrinária vem sedimentando-se no sentido contrário, com a qual nos pactuamos, entendendo que a exigência do *comum acordo* não colide com o direito constitucional de ação, porque o caráter das decisões em dissídio coletivo de natureza econômica é substancialmente legislativo, não existindo, portanto, a atividade tipicamente jurisdicional que seria guarnecida pelo art. 5º, inciso XXXV, da Constituição Federal[107].

Nesse mesmo sentido é a posição de *Pedro Carlos Sampaio Garcia* quando sustenta que "não há lesão ou ameaça de direito ou interesse protegido pelo ordenamento jurídico que exija a intervenção jurisdicional. O poder normativo é atividade legislativa, criadora de direitos, exercida impropriamente por um órgão do poder judiciário, diante da regra excepcional contida na Constituição Federal"[108].

Ademais, como bem destacou *Gustavo Filipe Barbosa Garcia*, "a exigência de comum acordo para o ajuizamento do dissídio coletivo de natureza econômica não significa a exclusão de sua apreciação pelo Poder Judiciário, mas mera condição da ação específica, para visualizar a análise do mérito"[109].

Com fundamentos interessantes sobre direitos e interesses, *Edson Braz da Silva* pondera que se o inciso XXXV do art. 5º proíbe da apreciação do Judiciário lesão ou ameaça de direito previamente constituído, esse "é proibido proibir" não estaria repercutido na própria Constituição. E conclui: "(...) tampouco refletiria sobre a exigência de *comum acordo* para o ajuizamento de dissídio coletivo, porque nesse tipo de ação não se invoca direito lesionado ou ameaçado de lesão, somente se pede uma sentença dispositiva para satisfação de interesses contrariados"[110].

Davi Furtado Meirelles, na defesa da mesma posição, afirma que a exigência do *comum acordo* prévio não pode ser interpretada como ofen-

---

(106) TRT/SP n. 20067200500002002, AC n. 2006000126, SDC, Rel. Vânia Paranhos, DOE 27.1.2006.
(107) MELO, Raimundo Simão de. *A greve no direito brasileiro.* São Paulo: LTr, 2006, p. 143.
(108) GARCIA, Pedro Carlos Sampaio. "O fim do poder normativo". In: *Grijalbo Fernandes Coutinho* e *Marcos Neves Fava* (coords.). *Justiça do trabalho: competência ampliada.* São Paulo: LTr, 2005, p. 393.
(109) GARCIA, Gustavo Filipe Barbosa. "Reforma do Poder Judiciário: O dissídio coletivo na justiça do trabalho após a Emenda Constitucional n. 45/2004". *Revista LTr.* São Paulo: LTr, vol. 69, n. 1, janeiro de 2005, p. 68.
(110) SILVA, Edson Braz da. "Aspectos processuais e materiais do dissídio coletivo frente à Emenda Constitucional n. 45/2004". *Revista LTr.* São Paulo: LTr, vol. 69, n. 9, setembro de 2005, p. 1.042.

sa ao art. 5º, inciso XXXV, da Constituição, porque a "ação de natureza coletiva não se insere no âmbito de garantia individual que o legislador constituinte quis proteger"[111].

Corroborando esse pensamento é a posição da Procuradoria-Geral da República, por meio do já comentado Parecer n. 5.026/CF, da lavra do Procurador-Geral, na época, *Cláudio Fonteles*, na Ação Direta de Inconstitucionalidade n. 3.432-4/600, que assim concluiu:

> "(...) chega-se à conclusão de que o poder normativo da Justiça do Trabalho, por não ser atividade substancialmente jurisdicional, não está abrangido pelo âmbito normativo do art. 5º, inciso XXXV, da Constituição da República. Assim sendo, sua restrição pode ser levada a efeito por meio de reforma constitucional, sem que seja violada a cláusula pétrea que estabelece o princípio da inafastabilidade do Poder Judiciário."

Além dos sábios argumentos já narrados, há que se observar, também, que a vedação contida no art. 5º, inciso XXXV, da Constituição Federal é direcionada à *Lei* e não à *Constituição*, por meio do poder constituinte originário ou derivado. Exemplo disso é o art. 217, § 1º, da Constituição Federal[112], que limita o acesso à Justiça para questões voltadas à disciplina e às competições desportivas.

A exigência do *comum acordo* prévio das partes para instauração do dissídio coletivo de natureza econômica não viola a cláusula pétrea consagrada no art. 5º, inciso XXXV, da Constituição Federal. O poder normativo não é atividade jurisdicional e sim impropriamente legislativa, não inserido, portanto, no âmbito que se enquadra o direito de ação, que, aliás, é direcionado à *Lei* e não à *Constituição*, por meio do poder constituinte originário ou derivado, como é o caso do art. 114, § 2º da Constituição Federal que exigiu o *comum acordo*.

3.7. LIMITES DO PODER NORMATIVO

As limitações do poder normativo da Justiça do Trabalho não terminaram com a exigência do *comum acordo* das partes para a instauração do dissídio coletivo de natureza econômica. A Emenda Constitucional n. 45/2004 inovou o § 2º do art. 114 da Constituição Federal, também, para que a Justiça do Trabalho, decidindo o conflito, mantivesse "(...) respeitadas as disposições *mínimas* legais de proteção ao trabalho, *bem como as convencionadas anteriormente*"[113]. (grifamos)

---

(111) MEIRELLES, Davi Furtado. "Poder normativo: momento de transição". *Revista LTr.* São Paulo: LTr, vol. 69, n. 6, junho de 2005, p. 697.
(112) "Art. 217. (...) § 1º O Poder Judiciário só admitirá ações relativas à disciplina e às competições desportivas após esgotarem-se as instâncias da justiça desportiva, regulada em lei."
(113) Íntegra do dispositivo constitucional aludido, *in verbis*: "§ 2º Recusando-se qualquer das partes à negociação coletiva ou à arbitragem, é facultado às mesmas, de comum acordo, ajuizar dissídio coletivo de natureza econômica, podendo a Justiça do Trabalho decidir o conflito, respeitadas as disposições mínimas legais de proteção ao trabalho, bem como as convencionadas anteriormente."

Consta, também, do art. 766 da Consolidação das Leis do Trabalho, *in verbis:* "art. 766. Nos dissídios sobre estipulação de salários, serão estabelecidas condições que, assegurando justos salários aos trabalhadores, permitam também justa retribuição às empresas interessadas".

Em antiga decisão do Tribunal Superior do Trabalho, o então Ministro *Coqueijo Costa* procurou estabelecer os limites do poder normativo:

"Poder Normativo. 1. O poder normativo atribuído à Justiça do Trabalho, limita-se, ao norte, pela Constituição Federal; ao sul, pela lei, a qual não pode contrariar; a leste, pela eqüidade e bom senso; e a oeste, pela regra consolidada no artigo setecentos e sessenta e seis, conforme a qual nos dissídios coletivos serão estipuladas condições que assegurem justo salário aos trabalhadores, mas 'permitam também justa retribuição às empresas interessadas'."[114]

A análise dos limites do poder normativo deve levar em conta dois aspectos: o *limite mínimo* e o *limite máximo*.

3.7.1. Limite mínimo

Como limite mínimo, pouco se discutia na doutrina, em razão da dicção constitucional clara que determinava a observância e manutenção das condições legais e convencionais mínimas de proteção ao trabalho.

Com a atual redação do § 2º do art. 114 da Constituição Federal, podemos dizer que os limites mínimos foram acrescidos para também proteger as disposições convencionadas anteriormente, as chamadas *cláusulas preexistentes.*

Em decisão de 14 de abril de 2005, o Ministro *Barros Levenhagen* decidiu que a participação nos lucros e resultados e o abono salarial eram cláusulas preexistentes, cuja manutenção atenderia ao comando do § 2º do art. 114 da Constituição Federal. Ainda, segundo o excelso decisório, esse comando já estava inserido na redação anterior do § 2º do art. 114, quando atribuía à Justiça do Trabalho o poder de estabelecer normas e condições de trabalho, respeitadas as disposições convencionais e legais mínimas de proteção ao trabalho[115].

Para *Marcos Neves Fava*[116] as cláusulas preexistentes permitem à Justiça do Trabalho, em dissídio coletivo de natureza econômica, *verbi*

---

(114) TST RODC n. 30/82, em 27.5.82, T. Pleno Rel. Min. Coqueijo Costa. DJ 12.8.82.
(115) TST RODC n. 53/2004-000-03-00.6 c, em 14.4.2005, Rel. Min. Barros Levenhagen.
(116) FAVA, Marcos Neves. "O esmorecimento do poder normativo — Análise de um aspecto restritivo da ampliação da competência da Justiça do Trabalho". In: *Grijalbo Fernandes Coutinho* e *Marcos Neves Fava* (coords.). *Nova competência da justiça do trabalho.* São Paulo: LTr, 2005, p. 288.

gratia, tratar o tema "adicional de horas extras", desde que as partes em convenção ou acordo coletivo tenham fixado anteriormente adicionais diferentes do mínimo constitucional.

As cláusulas convencionadas anteriormente e as disposições mínimas legais de proteção ao trabalho, a nosso ver, devem ser analisadas sob dos aspectos: o primeiro, pela vigência durante o vácuo normativo; e o segundo, quanto à limitação da Justiça do Trabalho em suas decisões.

Torna-se evidente a compreensão do primeiro aspecto pelo próprio texto legal, que prioriza a proteção ao trabalho e às cláusulas preexistentes. As condições mínimas legais de proteção ao trabalho e as convencionadas anteriormente permanecem vigentes durante o vácuo normativo entre a norma anterior e a decisão da Justiça do Trabalho sobre o dissídio coletivo econômico, nos termos do atual § 2º do art. 114 da CLT.

O outro aspecto, que é de suma importância, é a análise da limitação jurisdicional da Justiça do Trabalho em suas decisões. Esta não poderá decidir o conflito coletivo, ainda que de *comum acordo* das partes e como *arbitragem judicial*, em violação aos dispositivos mínimos legais ou quanto à existência de cláusulas convencionadas anteriormente que imponham condições não previstas em lei.

A decisão do conflito ficará restrita, portanto, aos mínimos preceitos legais e às cláusulas anteriormente negociadas, mas, ainda assim, desde que o conflito coletivo seja fundado no conteúdo já negociado e não na existência dessas cláusulas, para que assim impulsione as partes à negociação coletiva.

Passamos a exemplificar nosso entendimento em três situações concretas de conflitos coletivos submetidos à apreciação do Judiciário:

1) Cesta Básica. Se o conflito fundar-se no conteúdo de cláusula anteriormente negociada, como, *v. g.*, discussão sobre valores, poderá o Tribunal decidir o conflito, desde que previamente avençado pelas partes *de comum acordo*. Por outro lado, se o conflito versar sobre a extinção ou não da cesta básica anteriormente negociada, o Tribunal não poderá decidir o conflito, pois o pedido está fundado na existência da cláusula, a qual só poderá ser discutida em negociação coletiva, pois o poder de criação conferido aos Tribunais trabalhistas foi expurgado do atual texto constitucional;

2) Horas Extras. Se o conflito versar sobre o adicional de horas extras superior ao mínimo legal e este já houver sido negociado anteriormente, poderá o Tribunal decidir o conflito, desde que previamente avençado pelas partes *de comum acordo*. Em contrapartida, se as partes não tiverem negociado anteriormente o adicional de horas extras superior ao legal, o conflito não poderá ser apreciado pela Justiça do Trabalho, pois não há poder de criação conferido à Justiça laboral, mas o favorecimento inequívoco da negociação coletiva.

3) **Reajuste Salarial.** Como o reajuste salarial faz parte integral e genuinamente de praticamente todas as negociações coletivas, poderá o Tribunal decidir sobre a majoração do salário, desde que previamente avençado pelas partes *de comum acordo*, após a negociação coletiva ou a recusa da arbitragem voluntária.

A medida valoriza a negociação coletiva plena das partes para reformulação de cláusulas e condições anteriormente negociadas. É inegável que a Emenda Constitucional n. 45/2004 teve o propósito claro de incentivar o processo de negociação coletiva, limitando o poder normativo da Justiça do Trabalho à preparação dos sindicatos ao novo modelo sindical que está surgindo.

3.7.2. Limite máximo

O limite máximo do poder normativo da Justiça do Trabalho é bastante discutido em âmbito doutrinário e jurisprudencial, sobretudo diante da nova redação do § 2º do art. 114 da Constituição Federal, que suprimiu a expressão *estabelecer normas e condições* por *decidir o conflito*.

Para exprimir a posição do STF anterior à Emenda Constitucional n. 45, de 2004, entendemos necessária a transcrição da ontológica decisão do Excelso Tribunal que conferiu limites ao poder normativo da Justiça do Trabalho:

> "Dissídio coletivo. Recursos extraordinários providos para excluir as cláusulas 2ª (piso correspondente ao salário mínimo acrescido do percentual) e 24ª (estabilidade temporária), por contrariarem, respectivamente, o inciso IV (parte final) e I do art. 7º da Constituição, este último juntamente com o art. 10 do ADCT, bem como a cláusula 29ª (aviso prévio de 60 dias), por ser considerada invasiva da reserva legal específica, instituída no art. 7º, XXI, da Constituição. Recursos igualmente providos, quanto à cláusula 14ª (antecipação para junho, da primeira parcela do 13º salário), por exceder seu conteúdo a competência normativa da Justiça do Trabalho, cujas decisões a despeito de configurarem fonte do direito objetivo, revestem o caráter de regras subsidiárias, somente suscetíveis de operar no vazio legislativo, e sujeitas à supremacia da lei formal (art. 114, § 2º, da Constituição). Recursos de que não se conhece no concernente à cláusula (reajuste salarial), por ausência e pressupostos de admissibilidade, e, ainda, no que toca às cláusulas 52ª (multa pela falta de pagamento de dia de trabalho), 59ª (abrigos para a proteção dos trabalhadores), 61ª (fornecimento de listas de empregados), 63ª (fixação de quadro de aviso), visto não contrariarem os dispositivos constitucionais contra elas invocados, especialmente o § 2º do art. 114."[117]

---

(117) STF, Recurso Extraordinário n. 197.911-9, Rel. Min. Octávio Gallotti, DJU 7.11.1997.

Portanto, nos termos do Pretório Excelso, a Justiça do Trabalho somente poderia exercer seu poder normativo *no vazio da lei*, quando não contrariasse ou se sobrepusesse à lei vigente, desde que as condições não estivessem vedadas pela Constituição e que a matéria tratada não se apresentasse reservada à lei pela Constituição.

A referida decisão decorreu da avaliação da Suprema Corte brasileira, que pela primeira vez decidiu acerca do poder normativo da Justiça do Trabalho, de modo que, se levada a rigor pelos Tribunais do Trabalho — ainda que fosse aliada à anterior redação do art. 114, § 2º da Constituição Federal — o poder normativo da Justiça do Trabalho estaria esvaziado e praticamente extinto.

Entretanto, de acordo com o atual comando constitucional (Emenda Constitucional n. 45/2004), a exclusão da expressão *estabelecer normas e condições*, a nosso entender, retira qualquer possibilidade criativa da Justiça do Trabalho e limita suas decisões aos mínimos preceitos legais e às cláusulas anteriormente negociadas (limites mínimos). Ainda assim, desde que o conflito coletivo seja fundado no conteúdo e não na existência dessas cláusulas, bem como seja proposto de *comum acordo* prévio, frustrada a negociação coletiva ou na recusa das partes pela arbitragem voluntária.

Juntamente com a exclusão do poder criativo da Justiça do Trabalho, conjuga-se a inaplicabilidade do princípio da *rebus sic stantibus* à sentença normativa, preconizado no art. 873 da CLT[118]. O dispositivo tornou-se inconstitucional. Exceção se faz pela via negocial direta entre as partes. Isto porque, há evidente limitação de atuação da Justiça do Trabalho em revisar cláusulas preexistentes, sobretudo para criar novas normas e condições de trabalho.

Em sentido contrário é a posição de *André Luís Spies* que, com base nos anais do Congresso Nacional, sobretudo diante da interpretação feita por meio da análise dos discursos dos blocos de oposição de idéias (Mendes Ribeiro — PMDB/RS e Ricardo Berzoini — PT/SP) acerca da expressão *de comum acordo*, onde ambos (um a favor do poder normativo e outro contra) votaram pela manutenção do texto. Isto é, a expressão teria sido o termômetro para a aprovação do texto proposto, mas o poder criativo, ultrapassado esse obstáculo, estaria intacto após a EC n. 45/2004[119].

Data vênia, ousamos discordar desse posicionamento, por considerar que a interpretação da lei, com base em discursos de tribuna de par-

---

(118) "Art. 873. Decorrido mais de um ano de sua vigência, caberá revisão das decisões que fixarem condições de trabalho, quando se tiverem modificado as circunstâncias que as ditaram, de modo que tais condições se hajam tornado injustas ou inaplicáveis."
(119) SPIES, André Luís. "As ações que envolvem o exercício do direito de greve — Primeiras impressões da EC n. 45/2004". *Revista LTr*. São Paulo: LTr, vol. 69, n. 4, abril de 2005, p. 438.

lamentares, não é suficiente para colocarmos uma pá de cal sobre a questão. A nosso ver, as interpretações literal, gramatical, teleológica e até mesmo histórica, juntas, refletem uma realidade muita mais satisfativa.

Não podemos considerar que o poder normativo da Justiça do Trabalho permanece intacto, pois o texto constitucional atual excluiu literalmente os poderes de criação de normas e condições de trabalho antes atribuídos ao Judiciário.

Numa continuidade de raciocínio, o legislador constituinte havia conferido à Justiça do Trabalho a possibilidade de *estabelecer normas e condições*, enquanto o novo texto do § 2º do art. 114 conferiu poderes exclusivos para *decidir o conflito*. A expressão *estabelecer* deve ser entendida como sinônimo de *criar, instituir*; entretanto, a expressão *decidir* está limitada à questão *propugnada pelas partes*, e mesmo assim respeitadas *as disposições mínimas legais de proteção ao trabalho, bem como as convencionadas anteriormente*.

Como já discorrido acima, desde sua criação o poder normativo da Justiça do Trabalho é historicamente criticado e exaustivamente discutido, com defensores e muitos críticos que almejam sua extinção. Por certo, o legislador não excluiria a expressão *estabelecer normas e condições* se quisesse manter o poder criativo da Justiça do Trabalho, sobretudo diante da forte e larga discussão sobre o tema.

3.8. ATUAL NATUREZA JURÍDICA DAS DECISÕES COLETIVAS

Para a análise da natureza jurídica das decisões coletivas mister é o estudo do provimento jurisdicional que se almeja. Excluímos deste estudo as sentenças cautelares, executórias e de caráter provisório, "que supõem mais um constrangimento judicial sobre o devedor do que uma sentença"[120].

Podemos destacar, segundo a teoria clássica, três espécies de sentença: a) *condenatórias* — que conferem o poder de pedir execução judicial, mediante a condenação do réu à determinada prestação; b) *constitutivas* — que criam, modificam ou extinguem uma relação jurídica; c) *declaratórias* — que afirmam ou negam a existência de uma relação jurídica[121].

Na atualidade, podemos creditar às decisões coletivas a natureza *constitutiva*, isto porque, as decisões constitutivas pressupõem a criação, modificação ou extinção de relação jurídica, regendo-se, claro, pelo

---

(120) MARTINS FILHO, Ives Gandra da Silva. *Processo coletivo do trabalho*. 2ª ed. São Paulo: LTr, 1996, p. 52.
(121) THEODORO JR., Humberto. *Curso de direito processual civil*. 41ª ed. Rio de Janeiro: Forense, 2004, vol. I, pp. 474-476.

princípio da legalidade. O poder normativo, antes da Emenda Constitucional n. 45/2004, criava novas condições de trabalho, independentemente do princípio da legalidade, posto que normatizava a relação jurídica.

Ives Gandra Martins Filho[122], antes da promulgação da Emenda Constitucional n. 45/2004, considerando vigente o poder criativo ou normativo da Justiça do Trabalho, afirmava que a natureza jurídica da decisão judicial coletiva era diversa da *constitutiva*. Para ele, seria *dispositiva*, porque *dispunha* sobre determinada relação jurídica, estabelecendo novas obrigações e direitos, como uma lei entre as partes.

Também antes da promulgação desta Emenda Constitucional, *Raimundo Simão de Melo*[123] destacava a natureza dúplice — *constitutiva* e *dispositiva* — da sentença normativa. Porque a sentença normativa seria *constitutiva* e *dispositiva* ao mesmo tempo, uma vez que *dispunha* sobre normas e condições e *constituía* as partes a estas novas normas.

Evidente que a redação atual do § 2º do art. 114 da Constituição Federal que excluiu a expressão *estabelecer normas e condições* — como já exaustivamente tratado nos itens anteriores — afastou a conjugação da natureza *dispositiva* da decisão coletiva prolatada pela Justiça do Trabalho nos dissídios coletivos de natureza econômica. Isto porque os Magistrados dos Tribunais trabalhistas deixaram de dispor sobre *normas e condições* de trabalho.

Assim, considerando a evidente limitação atual do poder normativo da Justiça do Trabalho que expurgou a atividade indevidamente legislativa de criação de normas e condições de trabalho, acreditamos que é unicamente *constitutiva* a natureza jurídica das decisões prolatadas em dissídios coletivos de natureza econômica e *declaratória* em dissídios coletivos de natureza jurídica.

3.9. ATUAÇÃO DO MINISTÉRIO PÚBLICO DO TRABALHO

O papel do Ministério Público do Trabalho nos dissídios coletivos é de grande relevância, substancialmente quando da suspensão dos trabalhos por meio da greve em atividades essenciais, com a possibilidade de lesão do interesse público. Cabe-se, contudo, encontrar a limitação dessa intervenção na legislação vigente.

A Lei Complementar n. 75/93, em seu art. 83, inciso IX, estabelece que, ao Ministério Público do Trabalho, compete promover ou participar da instrução e conciliação em dissídios decorrentes da paralisação de serviços de qualquer natureza.

---

(122) MARTINS FILHO, Ives Gandra da Silva. *Processo coletivo do trabalho*. 2ª ed. São Paulo: LTr, 1996, p. 54.

(123) MELO, Raimundo Simão de. *Dissídio coletivo de trabalho*. São Paulo: LTr, 2002, p. 58.

Além disso, os arts. 856 da CLT[124] e 8º da Lei n. 7.783/89[125] determinam que cabe ao Ministério Público do Trabalho instaurar dissídios coletivos de greve de qualquer natureza. O art. 874 da CLT[126] confere ao Ministério Público a possibilidade de instaurar dissídios de revisão.

A Emenda Constitucional n. 45 incluiu dispositivo constitucional antes não existente, por meio do § 3º do art. 114 que dispõe, *in verbis*: "§ 3º Em caso de greve em atividade essencial, com possibilidade de lesão do interesse público, o Ministério Público do Trabalho poderá ajuizar dissídio coletivo, competindo à Justiça do Trabalho decidir o conflito".

Discute-se se a nova redação do § 3º do art. 114 da Constituição Federal restringiu a atuação do *Parquet*, por não mais poder tomar partido nas greves estranhas às atividades essenciais. *André Luis Spies*[127] bem se posiciona sobre a questão dizendo que tais argumentos assumem contornos de somenos importância, na medida em que greves em setores não essenciais nunca foram prioridades do Ministério Público.

A Procuradora-Geral do Trabalho *Sandra Lia Simón* destacou, acerca da instrução no sistema Constitucional do § 3º do art. 114, que "o manejo do dissídio, pelo MPT, só é possível, agora, quando a greve ocorre em atividade essencial (isto é, nos setores da economia elencados no art. 10, da Lei n. 7.783/89), e, ainda assim desde que se possa vislumbrar lesão ao interesse público"[128].

Claro está, então, a competência do Ministério Público do Trabalho exclusivamente para as greves em atividade essencial, com possibilidade de lesão do interesse público. Mas ainda assim, não há que se falar em poder criativo da Justiça do Trabalho por essa via, como alguns têm entendido[129].

---

(124) *In verbis*: "Art. 856. A instância será instaurada mediante representação escrita ao presidente do Tribunal. Poderá ser também instaurada por iniciativa do presidente, ou, ainda, a requerimento da Procuradoria da Justiça do Trabalho, sempre que ocorrer suspensão do trabalho."

(125) Lei n. 7.783/89. *In verbis*: "Art. 8º A Justiça do Trabalho, por iniciativa de qualquer das partes ou do Ministério Público do Trabalho, decidirá sobre a procedência, total ou parcial, ou improcedência das reivindicações, cumprindo ao Tribunal publicar, de imediato, o competente acórdão."

(126) *In verbis*: "Art. 874. A revisão poderá ser promovida por iniciativa do Tribunal prolator, da Procuradoria da Justiça do Trabalho, das associações sindicais ou de empregador ou empregadores no cumprimento da decisão."

(127) SPIES, André Luís. "As ações que envolvem o exercício do direito de greve — Primeiras impressões da EC n. 45/2004". *Revista LTr*. São Paulo: LTr, vol. 69, n. 4, abril de 2005, p. 439.

(128) SIMÓN, Sandra Lia. "A ampliação da competência da Justiça do Trabalho e o Ministério Público do Trabalho". In: *Grijalbo Fernandes Coutinho* e *Marcos Neves Fava* (coords.). *Nova competência da justiça do trabalho*. São Paulo: LTr, 2005, p. 344.

(129) MEIRELLES, Davi Furtado. "Poder normativo: momento de transição". *Revista LTr*. São Paulo: LTr, vol. 69, n. 6, junho de 2005, p. 696. O autor entende que o atual § 3º, do art. 114, da Constituição Federal vem a "consagrar o poder normativo da Justiça do Trabalho. Ou seja, no caso de greve em serviço ou atividade essencial, com possibilidade de haver lesão ao interesse público, está o Ministério Público do Trabalho autorizado a ingressar com o dissídio coletivo. A decisão daí proferida virá do poder normativo."

Pedro Carlos Sampaio Garcia bem pondera que "no dissídio instaurado pelo MPT, o pedido se restringe aos atos praticados no exercício do direito de greve". O magistrado aponta, ainda, que "cabe à Justiça do Trabalho nesses casos, julgar a greve e não o conflito econômico, sendo este o sentido da disposição contida no § 3º do art. 114 da Constituição Federal"[130].

Esse, aliás, é o nosso posicionamento, como já relatamos anteriormente[131]. Para aqueles dissídios coletivos suscitados pelo Ministério Público em caso de greves em serviços ou atividades essenciais, com possibilidade de lesão do interesse público (§ 3º, art. 114, CF), a solução judicial da Justiça do Trabalho está limitada à decisão da legalidade ou ilegalidade da atividade grevista, não decidindo a parcela econômica do conflito, restando às partes negociarem coletivamente, elegerem árbitros voluntariamente ou então, *de comum acordo* prévio, instaurarem o dissídio coletivo de natureza econômica, que será apreciado com as limitações já estudadas.

3.10. O PROJETO DE REFORMA SINDICAL

Difícil é a discussão prévia do Projeto de Reforma Sindical, posto que ainda não sabemos se ele será votado, tampouco se o texto original será mantido ou então dilacerado pelos nossos Parlamentares — o que de costume acontece.

Nada obstante, a Reforma Sindical, por meio da PEC n. 369/05 e do Anteprojeto de Lei das Relações Sindicais aprovado pelo Fórum Nacional do Trabalho (FNT), apresenta algumas questões acerca do tema em estudo que entendemos necessária breve explanação.

A primeira é a inconstitucionalidade do art. 188 do Anteprojeto de Lei[132] — caso seja aprovado na forma em que se encontra no Congresso Nacional — que confronta com a dicção do atual § 2º do art. 114 da Constituição Federal e também do descrito na Proposta de Emenda à Constituição[133]. Em ambas as disposições constitucionais suprimiu-se da redação anterior a expressão *estabelecer normas e condições*. Em sentido contrário, o art. 188 do aludido Anteprojeto de Lei determina competência do Tribunal do Trabalho, árbitro ou órgão arbitral para *criar, modificar ou extinguir* condições de trabalho.

---

(130) GARCIA, Pedro Carlos Sampaio. "O fim do poder normativo". In: *Grijalbo Fernandes Coutinho* e *Marcos Neves Fava* (coords.). *Justiça do trabalho: competência ampliada*. São Paulo: LTr, 2005, p. 395.

(131) Cf. item 3.6.

(132) Art. 188. No fracasso da negociação coletiva destinada à celebração ou à renovação de norma coletiva, os atores coletivos em conflito poderão, de comum acordo, provocar a atuação do tribunal do trabalho, de árbitro ou de órgão arbitral para o fim de criar, modificar ou extinguir condições de trabalho.

(133) *In verbis*: "§ 2º Recusando-se qualquer das partes à arbitragem voluntária, é facultado às mesmas, de comum acordo, na forma da lei, ajuizar ação normativa, podendo a Justiça do Trabalho decidir o conflito, respeitadas as disposições mínimas legais de proteção ao trabalho, bem como as convencionadas anteriormente."

Celso Ribeiro Bastos, ao tratar das normas de "integração" à normatividade constitucional, afirma que "através da edição de uma lei ordinária há uma composição da vontade constitucional e o preenchimento do vazio semântico"[134]. No presente caso, o "vazio semântico" justificador do art. 188 do Anteprojeto de Leis das Relações Sindicais é a fixação do procedimento da "ação normativa" (§ 2º, art. 114, PEC), mas jamais a extensão constitucional originária.

Nada obstante, de uma forma ou de outra, é fato que a Reforma Sindical, se aprovada, corroborará a extinção do poder normativo da Justiça do Trabalho — como já fez a Emenda Constitucional n. 45/2004.

Aliás, isso é o que podemos observar no Anteprojeto de Lei das Relações Sindicais, por meio da exigência de petição assinada em conjunto pelos atores coletivos envolvidos na negociação coletiva (art. 193)[135]; da limitação do julgamento aos ditames do requerimento conjunto das partes, sendo vedado ao Tribunal do Trabalho conceder mais do que foi postulado, atribuir coisa diversa da reivindicada ou deixar de decidir sobre cláusula que esteja obrigado a pronunciar-se (art. 195)[136]; da possibilidade das partes estabelecerem que a solução do conflito seja feita por ofertas finais (par. ún., art. 195)[137]; e da recorribilidade da sentença limitada aos embargos de declaração (art. 196)[138].

Amauri Mascaro Nascimento, em estudo realizado sobre a Reforma Sindical, escrito na última edição da sua obra *Compêndio de direito sindical*, destacou entre as principais inovações dessa reforma "a extinção do Poder Normativo da Justiça do Trabalho com o fim dos dissídios coletivos de natureza econômica, assim compreendidos os destinados a criar, por sentença normativa, normas e condições de trabalho, quando frustrada a negociação coletiva e uma das partes provocar a atuação judicial"[139].

---

(134) BASTOS, Celso Ribeiro. *Hermenêutica e interpretação constitucional*. 3ª ed. São Paulo: Celso Bastos, 2002, p. 77.
(135) *In verbis*: "Art. 193. O processo será instaurado por petição assinada em conjunto pelos atores coletivos envolvidos na negociação coletiva e deverá indicar: I — a qualificação dos requerentes e o respectivo âmbito de representação; II — as propostas e contrapropostas de cada parte, com seus fundamentos; III — a existência de outra entidade com personalidade sindical no mesmo âmbito de representação: IV — o período de vigência das cláusulas controvertidas".
(136) *In verbis*: "Art. 195. O tribunal do trabalho decidirá nos limites do requerimento conjunto, sendo-lhe vedado conceder mais do que foi postulado, atribuir coisa diversa da que foi reivindicada ou oferecida e deixar de decidir sobre cláusula a cujo pronunciamento está obrigado. Parágrafo único. As partes poderão estabelecer que a solução do conflito seja feita por ofertas finais".
(137) *In verbis*: "Parágrafo único. As partes poderão estabelecer que a solução do conflito seja feita por ofertas finais".
(138) *In verbis*: "Art. 196. A sentença comporta apenas recurso de embargos de declaração, na forma do art. 897-A da Consolidação das Leis do Trabalho".
(139) NASCIMENTO, Amauri Mascaro. *Compêndio de direito sindical*. 4ª ed. São Paulo: LTr, 2005, pp. 560-561.

Outra questão relevante a ser destacada é que o art. 191 do Anteprojeto, conferindo a abrangência das decisões judiciais e arbitrais, denomina, indiscriminadamente, de *sentença*, tanto àquela prolatada pelos tribunais do trabalho, como àquelas proferidas por árbitros ou órgão arbitral. Dá-se, portanto, eficácia idêntica a toda e qualquer decisão prolatada nos termos do art. 188 do próprio Anteprojeto.

Na exposição de motivos do Anteprojeto de Lei das Relações Sindicais o então Ministro do Trabalho e do Emprego, *Ricardo José Ribeiro Berzoini*, assim se pronunciou: "para resolver conflitos coletivos de interesses, trabalhadores e empregadores poderão recorrer, de comum acordo, à arbitragem privada ou a um procedimento de jurisdição voluntária no Tribunal do Trabalho"[140].

O Ministro do Trabalho e do Emprego confere natureza de arbitragem judicial ou pública às decisões dos Tribunais trabalhistas em dissídios de natureza econômica ou de interesse, substancialmente ao afirmar que as partes têm a oportunidade da arbitragem privada ou então a um procedimento de jurisdição voluntária na Justiça do Trabalho.

Entendemos, por fim, que o poder criativo da Justiça do Trabalho não será extinto pela Reforma Sindical, pois já o foi desde a Reforma do Judiciário, por meio da Emenda Constitucional n. 45, de 8 de dezembro de 2004, que condicionou o dissídio coletivo de natureza econômica ao *comum acordo* das partes e excluiu expressamente o poder antes inerente à Justiça do trabalho de *estabelecer normas e condições* de trabalho. O que a Reforma Sindical trará de novo, se aprovada na forma em que se encontra, é a sepultura do poder normativo já morto desde a promulgação da Emenda Constitucional n. 45/2004.

---

(140) *Vide*, em "anexos", íntegra do texto da PEC n. 369/2005 e do Anteprojeto de Lei das Relações Sindicais em trâmite no Congresso Nacional.

CONCLUSÃO

A liberdade sindical vem ganhando força nos Estados modernos como um dos direitos fundamentais do homem e como princípio basilar de sustentação do direito coletivo do trabalho. Após a Segunda Guerra Mundial, ela passou a ser tratada nos textos internacionais, entre eles, a Convenção n. 87 da OIT, que democratizou o sindicalismo em suas relações com o Poder Público.

Desse modo, o presente estudo demonstra que qualquer debate acadêmico sobre o poder normativo da Justiça do Trabalho como forma de solução dos conflitos coletivos de trabalho deve, necessariamente, enfrentar a questão da liberdade sindical plena e da negociação coletiva.

Muito embora o Brasil tenha perdido a chance de amadurecer democraticamente ao não ratificar a Convenção n. 87 da OIT, assegurou diversas garantias à liberdade sindical, por meio da Constituição Federal de 1988 e, posteriormente, da Emenda n. 45, de 8 de dezembro de 2004. Ambas mantiveram alguns traços do corporativismo estatal (unicidade sindical e contribuição sindical compulsória), mas fizeram evoluir o conceito de liberdade sindical ao privilegiar a negociação coletiva à solução heterocompositiva.

Aliás, a tendência atual da liberdade sindical caminha, entre outros aspectos, para a valorização da liberdade de ação dos sindicatos, inclusive dentro da empresa, privilegiando a negociação coletiva no âmbito interno, contrariamente às soluções heterogêneas de conflitos coletivos, pois o agente externo não detém o conhecimento necessário acerca das necessidades e possibilidades das partes.

Com isso, podemos aferir que a negociação coletiva é um dos mais importantes métodos de solução dos conflitos coletivos existentes na sociedade contemporânea. É por meio dela que as partes solucionam seus conflitos. O resultado final da negociação coletiva, com a solução proclamada pela via autocompositiva, sempre será mais bem aceito entre os litigantes do que as imposições heterogêneas, como a judicial.

Está claro que a Emenda Constitucional n. 45, de 8 de dezembro de 2004, alterando o § 2º do art. 114 da Constituição Federal, proclamou a tendência moderna do direito coletivo, que privilegia a liberdade sindical e estimula a solução da relação conflituosa pela via negocial plena (autocompositiva) e, na sua impossibilidade, pela arbitral voluntária.

Isto se mostra pelas limitações impostas ao poder normativo da Justiça do Trabalho, por meio da exigência de *comum acordo* das partes para instauração do dissídio coletivo de natureza econômica e da garantia de que a decisão não viole os *preceitos mínimos legais e as cláusulas anteriormente negociadas*. Portanto, diante da necessidade da composição prévia das partes para ajuizamento do dissídio e das novas limitações de atuação, passamos a tratar o poder normativo dos Tribunais trabalhistas em dissídios coletivos como *arbitragem judicial limitada*.

Aliás, a exigência do *comum acordo* prévio para instauração do dissídio coletivo de natureza econômica não viola a cláusula pétrea consagrada no art. 5º, inciso XXXV, da Constituição Federal, pois a atividade normativa da Justiça do Trabalho não está inserida no âmbito que se enquadra o direito de ação. Isto porque, o poder normativo nunca revelou o exercício da jurisdição, pois os Tribunais trabalhistas tinham competência para criar normas e condições novas de trabalho que obrigavam os litigantes, representando uma atividade legislativa impropriamente desviada ao Poder Judiciário.

Por outro lado, o dissídio coletivo de natureza jurídica não é expressão do poder normativo da Justiça do Trabalho, mas sim atividade jurisdicional típica (aplicação de norma preexistente ao caso concreto para solução da lide). Persiste, portanto, a possibilidade dos Tribunais trabalhistas apreciarem os conflitos jurídicos, até porque contidos na regra de competência estampada no inciso I do art. 114 da Constituição Federal vigente.

Concluímos, também, que a exigência do *comum acordo*, por se tratar de relação jurídica material das partes é uma condição da ação imposta pelo legislador, que não pode ser sanada depois de instaurado o dissídio coletivo. A sua ausência importará na extinção do feito sem resolução do mérito, na forma do art. 267, inciso VI, do Código de Processo Civil.

Além disso, o atual comando constitucional, com a exclusão da expressão *estabelecer normas e condições*, afastou qualquer possibilidade criativa da Justiça do Trabalho e limitou as decisões dos dissídios coletivos às *disposições mínimas legais* e às cláusulas *convencionadas anteriormente* e, ainda assim, desde que o conflito coletivo seja fundado no conteúdo negociado anteriormente e não na existência dessas cláusulas.

Para os dissídios coletivos suscitados pelo Ministério Público do Trabalho, em caso de greves em serviços ou atividades essenciais, com possibilidade de lesão do interesse público (§ 3º, art. 114, CF), concluímos que a solução judicial da Justiça do Trabalho está limitada à decisão interpretativa (atividade jurisdicional), quanto à legalidade ou ilegalidade da atividade grevista, não podendo decidir a parcela econômica do conflito. Restam às partes negociarem coletivamente, elegerem árbitros voluntariamente ou então, *de comum acordo* prévio, instaurarem o dissídio coletivo de natureza econômica.

Também ficou claro neste estudo, que o poder criativo da Justiça do Trabalho não será extinto pela Reforma Sindical que está por vir, pois já o foi desde a Reforma do Judiciário, por meio da Emenda Constitucional n. 45, de 8 de dezembro de 2004. O que a Reforma Sindical possivelmente trará de novo, será apenas a sepultura do poder normativo, já morto desde a promulgação da Emenda Constitucional n. 45/2004.

A extinção do poder normativo da Justiça do Trabalho em privilégio à negociação coletiva é o processo gradativo de preparação dos sindicatos à real liberdade sindical, sendo natural, portanto, que o direito de greve assegurado no art. 9º da Constituição Federal seja utilizado pelos trabalhadores e que, de certa forma, influirá na sociedade. É o preço da democracia e da liberdade. Porém, o amadurecimento sindical brasileiro com seus novos traços, por certo, desvendará outros instrumentos de persuasão para a negociação coletiva, além da greve.

Em suma, o presente estudo demonstrou que a Emenda Constitucional n. 45, de 8 de dezembro de 2004, aproximou nosso ordenamento jurídico ao conceito moderno da liberdade sindical, por meio da valorização da negociação coletiva e extinguiu o poder normativo dos Tribunais do Trabalho, diante da exigência do *comum acordo* das partes para instauração dos dissídios coletivos de natureza econômica, da supressão do poder de *estabelecer normas e condições* de trabalho e da nova limitação às cláusulas *convencionadas anteriormente*.

BIBLIOGRAFIA (citada e consultada)

ABBAGNANO, Nicola. *Dicionário de filosofia*. 4ª ed. São Paulo: Martins Fontes, 2000.

ACZEL, María Cristina. *Instituiciones del derecho colectivo del trabajo*. Buenos Aires: La Ley, 2002.

ALMEIDA, Renato Rua de. "Justificação da autonomia da vontade coletiva ao direito do trabalho". *Revista LTr*. São Paulo: LTr, vol. 47, n. 5, julho de 1983, pp. 785/788.

_____ . "Visão histórica da liberdade sindical". *Revista do Advogado*. São Paulo: AASP, ano XXVI, n. 86, Julho/2006, pp. 69-75.

ALVIM, Arruda. *Manual de direito processual civil*. 10ª ed. rev. atual. e ampl. São Paulo: Revista dos Tribunais, 2006, vol. 1.

AROUCA, José Carlos. *O sindicato em um mundo globalizado*. São Paulo: LTr, 2003.

AULETE, Caldas. *Dicionário contemporâneo da língua portuguesa*. 3ª ed. Rio de Janeiro: Delta, 1974, vols. 2 e 3.

AVILÉS, Antonio Ojeda. *Derecho sindical*. Madrid: Tecnos, 1992.

BARROS, Alice Monteiro de. *Curso de direito do trabalho*. São Paulo: LTr, 2005.

BASTOS, Celso Ribeiro. *Hermenêutica e interpretação constitucional*. 3ª ed. São Paulo: Celso Bastos, 2002.

BELTRAN, Ari Possidonio. *A autotutela nas relações de trabalho*. São Paulo: LTr, 1996.

BOBBIO, Norberto. *A era dos direitos*. Trad. Regina Lyra. Rio de Janeiro: Elsevier, 2004.

CABANELLAS, Guillermo de Torres. *Compendio de derecho laboral*. 4ª ed. Buenos Aires: Heliasta, 2001, tomo II.

_____ e RUSSOMANO, Mozart Victor. *Conflitos coletivos de trabalho*. São Paulo: RT, 1979.

CALAMANDREI, Piero. *Direito Processual Civil*. Campinas: Rokfeler, 1999, vol. 1.

CARRION, Valentin. *Comentários à consolidação das leis do trabalho*. 28ª ed. atual. por Eduardo Carrion. São Paulo: Saraiva, 2003.

CATHARINO, José Martins. *Tratado elementar de direito sindical*. 2ª ed. São Paulo: LTr, 1982.

CESARINO JÚNIOR, Antonio Ferreira. *Direito social*. São Paulo: LTr, Ed. da Universidade de São Paulo, 1980.

_____ . *Direito social brasileiro*. 5ª ed. Rio de Janeiro: Freitas Bastos, 1963, vol. 1.

CHIARELLI, Carlos Alberto Gomes. *Trabalho na Constituição*. São Paulo: LTr, 1990, vol. II.

CHIOVENDA, Giuseppe. *Instituições de direito processual civil*. 3ª ed. Trad. Paolo Capitanio. Campinas: Bookseller, 2002, vols. I e II.

CINTRA, Antonio Carlos de Araújo; Grinover, Ada Pellegrini; e DINAMARCO, Cândido Rangel. *Teoria geral do processo*. 21ª ed. São Paulo: Malheiros, 2005.

DELGADO, Mauricio Godinho. *Curso de direito do trabalho*. 4ª ed. São Paulo: LTr, 2005.

_____ . *Direito coletivo do trabalho*. 2ª ed. São Paulo: LTr, 2003.

DINAMARCO, Cândido Rangel. *A instrumentalidade do processo*. 12ª ed. São Paulo: Malheiros, 2005.

_____ ; CINTRA, Antonio Carlos de Araújo e GRINOVER, Ada Pellegrini. *Teoria geral do processo*. 21ª ed. São Paulo: Malheiros, 2005.

DINIZ, Maria Helena. *Dicionário jurídico*. 2ª ed. São Paulo: Saraiva, 2005, vol. 3.

_____ . *As Lacunas no direito*. 7ª ed. São Paulo: Saraiva, 2002.

FAVA, Marcos Neves. "O esmorecimento do poder normativo — Análise de um aspecto restritivo da ampliação da competência da Justiça do Trabalho". In: *Grijalbo Fernandes Coutinho* e *Marcos Neves Fava* (coords.). *Nova competência da justiça do trabalho*, São Paulo: LTr, 2005.

FERRARI, Irany; NASCIMENTO, Amauri Mascaro e MARTINS FILHO, Ives Gandra. *História do trabalho, do direito do trabalho e da justiça do trabalho*. São Paulo: LTr, 1998.

FERRAZ JUNIOR, Tercio Sampaio. *Estudos de filosofia do direito: reflexões sobre o poder, a liberdade, a justiça e o direito*. 2ª ed. São Paulo: Atlas, 2003.

FERREIRA, Mônica Brandão. "O dissídio coletivo na justiça do trabalho: da necessidade do comum acordo para seu ajuizamento". *Revista LTr*. São Paulo: LTr, vol. 71, n. 1, janeiro de 2007, pp. 27-33.

FILHO, Evaristo de Moraes. "A organização sindical perante o Estado". *Revista LTr*. São Paulo: LTr, vol. 52, n. 11, novembro de 1988, pp. 1.302-1.309.

GARCIA, Gustavo Filipe Barbosa. "Reforma do Poder Judiciário: O dissídio coletivo na justiça do trabalho após a Emenda Constitucional n. 45/2004". *Revista LTr*. São Paulo: LTr, vol. 69, n. 1, janeiro de 2005, pp. 64-74.

GARCIA, Pedro Carlos Sampaio. "O fim do poder normativo". In: *Grijalbo Fernandes Coutinho* e *Marcos Neves Fava* (coords.). *Justiça do trabalho: competência ampliada*. São Paulo: LTr, 2005.

GIGLIO, Wagner. *Direito processual do trabalho*. 15ª ed. São Paulo: Saraiva, 2005.

GIUGNI, Gino. *Direito sindical*. Trad. Eiko Lúcia Itioka. São Paulo: LTr, 1991.

GOMES, Orlando. *A convenção coletiva do trabalho*. São Paulo: LTr, 1995.

_____ e GOTTSCHALK, Elson. *Curso de direito do trabalho*. 16ª ed. rev. e atual. por José Augusto Rodrigues Pinto. Rio de Janeiro: Forense, 2003.

GRECO FILHO, Vicente. *Direito processual civil brasileiro*. 16ª ed. atual. São Paulo: Saraiva, 2003, vol. 2.

GRINOVER, Ada Pellegrini; CINTRA, Antonio Carlos de Araújo e DINAMARCO, Cândido Rangel. *Teoria geral do processo*. 21ª ed. São Paulo: Malheiros, 2005.

HINZ, Henrique Macedo. *O poder normativo da justiça do trabalho*. São Paulo: LTr, 2000.

LAFER, Celso. *O moderno e o antigo conceito de liberdade. Ensaios sobre liberdade*. São Paulo: Perspectiva, 1980.

LEITE, Carlos Henrique Bezerra. "A negociação coletiva no direito do trabalho brasileiro". *Revista LTr*. São Paulo: LTr, vol. 70, n. 7, julho de 2006, pp. 793-807.

LOPES, Otavio Brito. "O poder normativo da Justiça do Trabalho após a Emenda Constitucional n. 45". *Revista LTr*. São Paulo: LTr, vol. 69, n. 2, fevereiro de 2005, pp. 166-170.

MAGANO, Octavio Bueno. *Manual de direito do trabalho: direito coletivo do trabalho*. São Paulo: LTr, 1986, vol. III.

_____ . "Solução extrajudicial dos conflitos trabalhistas". *In*: ZAINAGHI, Domingos Sávio e FREDIANI, Yone. *Novos rumos do direito do trabalho na América Latina*. São Paulo: LTr, 2003.

MALLET, Estevão. *Direito, trabalho e processo em transformação*. São Paulo: LTr, 2005.

MANNRICH, Nelson. *Dispensa coletiva: da liberdade contratual à responsabilidade social*. São Paulo: LTr, 2000.

MANUS, Pedro Paulo Teixeira. *Direito do trabalho*. 10ª ed. São Paulo: Atlas, 2006.

_____ . *Negociação coletiva e contrato individual de trabalho*. São Paulo: Atlas, 2001.

_____ e ROMAR, Carla Teresa Martins. *Consolidação das leis do trabalho e legislação complementar em vigor*. 6ª ed. São Paulo: Atlas, 2005.

MARANHÃO, Délio; VIANNA Segandas e TEIXEIRA, Lima. *Instituições de direito do trabalho*. 21ª ed. São Paulo: LTr, 2003, vol. 2.

MARTINS, Sérgio Pinto. *Direito do trabalho*. 19ª ed. São Paulo: Atlas, 2003.

MARTINS FILHO, Ives Gandra da Silva. *Processo coletivo do trabalho*. 2ª ed. São Paulo: LTr, 1996.

MEIRELLES, Davi Furtado. "Poder normativo: momento de transição". *Revista LTr*. São Paulo: LTr, vol. 69, n. 6, junho de 2005, pp. 694-698.

MELO, Raimundo Simão de. *Dissídio coletivo de trabalho*. São Paulo: LTr, 2002.

_____ . *A greve no direito brasileiro*. São Paulo: LTr, 2006.

NASCIMENTO, Amauri Mascaro. *Compêndio de direito sindical*. 4ª ed. São Paulo: LTr, 2005.

_____ . *Curso de direito do trabalho*. 19ª ed. São Paulo: Saraiva, 2004.

_____ . *Curso de direito processual do trabalho*. 21ª ed. São Paulo: Saraiva, 2002.

_____ . "A questão do dissídio coletivo 'de comum acordo'". *Revista LTr.* São Paulo: LTr, vol. 70, n. 6, junho de 2006, pp. 647-658.

NERY JR., Nelson e NERY, Rosa Maria de Andrade. *Código de processo civil comentado e legislação extravagante.* 7ª ed. rev., atual. e ampl. São Paulo: Revista dos Tribunais, 2006.

NUNES, Luiz Antônio Rizzatto. *Manual da monografia jurídica.* 5ª ed. rev., atual. e reform. São Paulo: Saraiva, 2007.

PASTORE, José. *Flexibilização dos mercados de trabalho e contratação coletiva.* São Paulo: LTr, 1994.

_____ . *A modernização das instituições do trabalho: encargos sociais, reformas trabalhista e sindical.* São Paulo: LTr, 2005.

PEREIRA, José Luciano de Castilho. "A nova competência da Justiça do Trabalho — Emenda Constitucional n. 45, de 31.12.04". *Revista LTr.* São Paulo: LTr, vol. 69, n. 8, outubro de 2005, pp. 910-914.

_____ . "A reforma do Poder Judiciário: o dissídio coletivo e o direito de greve". *Revista do TST.* Brasília: Síntese, 2005, vol. 71, n. 1.

PINTO, José Augusto Rodrigues. *Direito sindical e coletivo do trabalho.* São Paulo: LTr, 2002.

_____ . "A Emenda Constitucional n. 45/2004 e a justiça do trabalho: reflexos, inovações e impactos". *Revista LTr.* São Paulo: LTr, vol. 69, n. 5, maio de 2005, pp. 521-532.

PLÁ RODRIGUES, Américo. *Princípios de direito do trabalho.* 3ª ed. atual. Trad. Wagner D. Giglio. São Paulo: LTr, 2000.

PRADO, Roberto Barretto. *Curso de direito do trabalho.* 2ª ed. rev. e atual. São Paulo: LTr, 1991.

RAMOS FILHO, Wilson. *O fim do poder normativo e a arbitragem.* São Paulo: LTr, 1999.

RANGEL, Vicente Marotta. *Direito e relações internacionais.* São Paulo: RT, 1997.

RAO, Vicente. *O Direito e a vida dos direitos.* 6ª ed. anotada e atual. por Ovídio Rocha Sandoval. São Paulo: Editora Revista dos Tribunais, 2004.

REALE, Miguel. *Lições preliminares de direito.* 27ª ed. São Paulo: Saraiva, 2003.

_____ . *Nova fase do direito moderno.* 2ª ed. São Paulo: Saraiva, 1998.

RIPPER, Walter Wiliam. "Poder normativo da justiça do trabalho: análise do antes, do agora e do possível depois". *Revista LTr.* São Paulo: LTr, vol. 69, n. 7, julho de 2005, pp. 848-857.

ROMAR, Carla Teresa Martins; e MANUS, Pedro Paulo Teixeira. *Consolidação das leis do trabalho e legislação complementar em vigor.* 6ª ed. São Paulo: Atlas, 2005.

ROMITA, Arion Sayão. "A conciliação no processo do trabalho após a Emenda Constitucional n. 45". *Revista LTr.* São Paulo: LTr, vol. 69, n. 5, maio de 2005, pp. 533-538.

_____. "O poder normativo da justiça do trabalho: Antinomias Constitucionais". *Revista LTr*. São Paulo: LTr, vol. 65, n. 3, março de 2001, pp. 263-268.

RUPRECHT, Alfredo J. *Relações coletivas de trabalho*. Trad. Edílson Alkmin Cunha. São Paulo: LTr, 1995.

RUSSOMANO, Mozart Victor. *Princípios gerais de direito sindical*. 2ª ed. Rio de Janeiro: Forense, 2002.

_____ e CABANELLAS, Guillermo de Torres. *Conflitos coletivos de trabalho*. São Paulo: RT, 1979.

SANTOS, Enoque Ribeiro dos. "Dissídio coletivo e Emenda Constitucional n. 45/2004. Considerações sobre as teses jurídicas da exigência do 'comum acordo'". *Revista do Advogado*. São Paulo: AASP, ano XXVI, n. 86, Julho/2006, pp. 16-22.

_____. *Fundamentos do direito coletivo do trabalho nos Estados Unidos da América, na União Européia, no Mercosul e a experiência brasileira*. Rio de Janeiro: Lúmen Júris, 2005.

SCHIAVI, Mauro. "O alcance da expressão "relação de trabalho" e a competência da justiça do trabalho um ano após a promulgação da EC n. 45/2004". *Revista LTr*. São Paulo: LTr, vol. 70, n. 2, fevereiro de 2006, pp. 208-221.

SEVERINO, Antonio Joaquim. *Metodologia do trabalho científico*. 22ª ed. rev. e ampl. de acordo com a ABNT. São Paulo: Cortez, 2002.

SILVA, Edson Braz da. "Aspectos processuais e materiais do dissídio coletivo frente à Emenda Constitucional n. 45/2004". *Revista LTr*. São Paulo: LTr, vol. 69, n. 9, setembro de 2005, pp. 1.038-1.047.

SILVA, José Afonso da. *Comentário contextual à constituição*. 2ª ed. São Paulo: Malheiros, 2006.

SILVA, Otávio Pinto e. "Negociação coletiva em tempos de reforma sindical". *Revista do Advogado*. São Paulo: AASP, ano XXVI, n. 86, Julho/2006, pp. 63-68.

SILVA, Wilma Nogueira de Araújo Vaz da. "Sobre a exigência de comum acordo como condição da ação de dissídios coletivos". *Revista LTr*. São Paulo: LTr, vol. 69, n. 9, setembro de 2005, pp. 1.033-1.037.

SIMÓN, Sandra Lia. "A ampliação da competência da Justiça do Trabalho e o Ministério Público do Trabalho". *In*: Grijalbo Fernandes Coutinho e Marcos Neves Fava (coords.). *Nova competência da justiça do trabalho*. São Paulo: LTr, 2005.

SIQUEIRA NETO, José Francisco. *Liberdade sindical e representação dos trabalhadores nos locais de trabalho*. São Paulo: LTr, 2000.

SOUTO MAIOR, Jorge Luiz. *O direito do trabalho como instrumento de justiça social*. São Paulo: LTr, 2000.

SPIES, André Luís. "As ações que envolvem o exercício do direito de greve — Primeiras impressões da EC n. 45/2004". *Revista LTr*. São Paulo: LTr, vol. 69, n. 4, abril de 2005, pp. 436-440.

SÜSSEKIND, Arnaldo. *Convenções da OIT*. 2ª ed. São Paulo: LTr, 1998.

_____. *Direito internacional do trabalho*. São Paulo: LTr, 1983.

_____ . *Direito constitucional do trabalho*. 3ª ed. ampl. e atual. Rio de Janeiro: Renovar, 2004.

_____ . "Do ajuizamento dos dissídios coletivos". *Revista LTr*. São Paulo: LTr, vol. 69, n. 9, setembro de 2005, pp. 1.031-1.032.

_____ ; MARANHÃO, Délio e VIANNA Segandas. *Instituições de direito do trabalho*. 14ª ed. São Paulo: LTr, 1993, vol. 2.

TEIXEIRA FILHO, Manoel Antonio. *Breves comentários à reforma do poder judiciário (com ênfase à justiça do trabalho): Emenda Constitucional n. 45/2004*. São Paulo: LTr, 2005.

THEODORO JR., Humberto. *Curso de direito processual civil*. 41ª ed. Rio de Janeiro: Forense, 2004, vol. I.

TUPINAMBÁ NETO, Hermes Afonso. *A solução jurisdicional dos conflitos coletivos no direito comparado. Uma revisão crítica*. São Paulo: LTr, 1993.

VALTICOS, Nicolas. "Uma relação complexa: direito do homem e direitos sindicais". *In*: TEIXEIRA FILHO, João de Lima, (coord.). *Relações coletivas de trabalho. Estudos em homenagem ao ministro Arnaldo Süssekind*. São Paulo: LTr, 1989, pp. 65-72.

VAZ DA SILVA, Floriano Corrêa. "O poder normativo da justiça do trabalho". *In:* FRANCO SILVA, Georgenor de Souza (coord.). *Curso de direito coletivo do trabalho: estudos em homenagem ao ministro Orlando Teixeira da Costa*. São Paulo: LTr, 1998, pp. 390-407.

VIDAL NETO, Pedro. *Do poder normativo da justiça do trabalho*. Tese de Doutoramento. São Paulo: Universidade de São Paulo, 1982.

YOSHIDA, Márcio. *Arbitragem trabalhista*. São Paulo: LTr, 2006.

ZAINAGHI, Domingos Sávio. "A greve como direito fundamental". *Revista LTr*. São Paulo: LTr, vol. 70, n. 12, dezembro de 2006, pp. 1.472-1.473.

_____ e FREDIANI, Yone. *Novos rumos do direito do trabalho na América Latina*. São Paulo: LTr, 2003.

ANEXOS

1. CONVENÇÃO N. 87 DA OIT

Convenção n. 87 da OIT
Liberdade Sindical e Proteção ao Direito de Sindicalização

Aprovada na 31ª Reunião da Conferência Internacional do Trabalho (São Francisco — 1948), entrou em vigor no plano internacional em 4.7.50. E considerada a mais importante das convenções da OIT, tendo sido ratificada por 108 dos 164 Estados-Membros da Organização.

O Brasil não se insere entre os países que aderiram a esse tratado multilateral. Em obediência à Constituição da OIT, o Presidente Eurico Gaspar Dutra encaminhou o texto da convenção ao Congresso Nacional (Mensagens n. 256, de 31.5.49). Entretanto, até hoje não foi possível sua aprovação, porque a Constituição de 1946 legitimou o exercício pelos sindicatos de funções delegadas pelo Poder Público, previstas na CLT; a Constituição de 1967 manteve essa norma e explicitou que entre essas funções se incluía, desde logo, a de arrecadar contribuições instituídas por lei para custeio de suas atividades; a vigente, de 1988, impôs a unicidade de representação sindical em todos os níveis e manteve a contribuição compulsória dos integrantes das respectivas categorias para o custeio do sistema.

"A Conferência Geral da Organização Internacional do Trabalho. Convocada em São Francisco pelo Conselho de Administração da Repartição Internacional do Trabalho e ali reunida a 17 de junho de 1948, em sua 31 Sessão.

Após ter decidido adotar sob forma de uma Convenção diversas propostas relativas à liberdade sindical e à proteção do direito sindical, assunto que constitui o sétimo ponto da ordem do dia da sessão.

Considerando que o Preâmbulo da Constituição da Organização Internacional do Trabalho enuncia, entre os meios suscetíveis de melhorar a condição dos trabalhadores e de assegurar a paz, 'a afirmação do princípio da liberdade sindical';

Considerando que a Declaração de Filadélfia proclamou novamente que 'a liberdade de expressão e de associação é uma condição indispensável a um progresso ininterrupto'.

Considerando que a Conferência Internacional do Trabalho em sua 30ª Sessão adotou, por unanimidade, os princípios que devem constituir a base da regulamentação internacional;

Considerando que a Assembléia Geral das Nações Unidas, em sua Segunda Sessão, endossou esses princípios e convidou a Organização Internacional do Trabalho a prosseguir em todos os seus esforços no sentido de que seja possível adotar uma ou várias convenções internacionais;

Adota, aos nove dias de julho de mil novecentos e quarenta e oito, a Convenção seguinte, que será denominada 'Convenção sobre a Liberdade Sindical e à Proteção do Direito Sindical, 1948'.

PARTE I
LIBERDADE SINDICAL

Art. 1º Cada Membro da Organização Internacional do Trabalho, para o qual a presente Convenção está em vigor, se compromete a tornar efetivas as disposições seguintes.

Art. 2º Os trabalhadores e os empregadores, sem distinção de qualquer espécie, terão direito de constituir, sem autorização prévia, organizações de sua escolha, bem como o direito de se filiar a essas organizações, sob a única condição de se conformar com os estatutos das mesmas.

Art. 3º 1. As organizações de trabalhadores e de empregadores terão o direito de elaborar seus estatutos e regulamentos administrativos, de eleger livremente seus representantes, de organizar a gestão e a atividade dos mesmos e de formular seu programa de ação.

2. As autoridades públicas deverão abster-se de qualquer intervenção que possa limitar esse direito ou entravar o seu exercício legal.

Art. 4º As organizações de trabalhadores e de empregadores não estarão sujeitas à dissolução ou à suspensão por via administrativa.

Art. 5º As organizações de trabalhadores e de empregadores terão o direito de constituir federações e confederações, bem como o de filiar-se às mesmas, e toda organização, federação ou confederação terá o direito de filiar-se às organizações internacionais de trabalhadores e de empregadores.

Art. 6º As disposições dos arts. 2, 3 e 4 acima se aplicarão às federações e às confederações das organizações de trabalhadores e de empregadores.

Art. 7º A aquisição de personalidade jurídica por parte das organizações de trabalhadores e de empregadores, suas federações e confederações, não poderá estar sujeita a condições de natureza a restringir a aplicação das disposições dos arts. 2, 3 e 4 acima.

Art. 8º 1. No exercício dos direitos que lhe são reconhecidos pela presente convenção, os trabalhadores, os empregadores e suas respectivas organizações deverão da mesma forma que outras pessoas ou coletividades organizadas, respeitar a lei.

2. A legislação nacional não deverá prejudicar nem ser aplicada de modo a prejudicar as garantias previstas pela presente Convenção.

Art. 9º 1. A medida segundo a qual as garantias previstas pela presente Convenção se aplicarão às forças armadas e à polícia será determinada pela legislação nacional.

2. De acordo com os princípios estabelecidos no § 82 do art. 19 da Constituição da Organização Internacional do Trabalho a ratificação desta Convenção, por parte de um Membro, não deverá afetar qualquer lei, sentença, costume ou acordo já existentes que concedam aos membros das forças armadas e da polícia garantias previstas pela presente Convenção.

Art. 10. Na presente Convenção, o termo organização significa qualquer organização de trabalhadores ou de empregadores que tenha por fim promover e defender os interesses dos trabalhadores ou dos empregadores.

PARTE II
PROTEÇÃO DO DIREITO SINDICAL

Art. 11. Cada Membro da Organização Internacional do Trabalho para o qual a presente Convenção está em vigor, se compromete a tomar todas as medidas necessárias e apropriadas a assegurar aos trabalhadores e aos empregadores o livre exercício do direito sindical.

PARTE III
MEDIDAS DIVERSAS

Art. 12. 1. No que se refere aos territórios mencionados no art. 35 da Constituição da Organização Internacional do Trabalho, tal como foi emendada pelo Instrumento de Emenda da Constituição da Organização Internacional do Trabalho, 1946, com exclusão dos territórios citados nos §§ 4º e 52 do dito artigo assim emendado, todo Membro da Organização que ratificar a presente Convenção deverá transmitir ao Diretor-Geral da Repartição Internacional do Trabalho com a ratificação, ou no mais breve prazo possível após a ratificação, uma declaração que estabeleça:

a) os territórios aos quais se compromete a aplicar as disposições da Convenção sem modificação;

b) os territórios aos quais se compromete a aplicar as disposições da Convenção com modificações, e em que consistem tais modificações;

c) os territórios aos quais a Convenção é inaplicável e, no caso, as razões pelas quais é ela Inaplicável.

2. Os compromissos mencionados nas alíneas a e b do § 1º do presente artigo serão considerados partes integrantes da ratificação e produzirão idênticos efeitos.

3. Qualquer Membro poderá, por nova declaração, retirar, no todo ou em parte, as reservas contidas na sua declaração anterior em virtude das alíneas b, c e d do § 1º do presente artigo.

4. Qualquer Membro poderá nos períodos durante os quais a presente Convenção pode ser denunciada de acordo com as disposições do art. 16, transmitir ao Diretor-Geral uma nova declaração que modifique em qualquer outro sentido os termos de qualquer declaração anterior e estabeleça a situação relativamente a determinados territórios.

Art. 13. 1. Quando as questões tratadas pela presente Convenção forem da competência própria das autoridades de um território não-metropolitano e Membro responsável pelas relações internacionais desse território, de acordo com o Governo do referido território, poderá comunicar ao Diretor-Geral da Repartição Internacional do Trabalho uma declaração de aceitação, em nome desse território, das obrigações da presente Convnção.

2. Uma declaração de aceitação das obrigações da presente Convenção será transmitida ao Diretor-Geral da Repartição Internacional do Trabalho:

a) por dois ou mais Membros da Organização, com relação a um território colocado sob sua autoridade conjunta;

b) por qualquer autoridade internacional responsável pela administração de um território em virtude das disposições da Carta das Nações Unidas ou de qualquer outra disposição em vigor, com relação a esse território.

3. As declarações transmitidas ao Diretor-Geral da Repartição Internacional do Trabalho de acordo com as disposições dos parágrafos precedentes do presente artigo, deverão indicar se as disposições da Convenção serão aplicadas no território com ou sem modificação; quando a declaração indicar que as disposições da Convenção sob reserva de modificações, ela deverá especificar em que consistem tais modificações.

4. O Membro ou os Membros ou a autoridade internacional interessados poderão, por uma declaração posterior, renunciar inteira ou parcialmente ao direito de invocar uma modificação indicada numa declaração anterior.

5. O Membro ou os Membros ou a autoridade internacional interessados poderão, nos períodos durante os quais a presente Convenção pode ser denunciada de acordo com as disposições do Art. 16, transmitir ao Diretor-Geral da Repartição Internacional do Trabalho uma nova declaração que modifique em qualquer outro sentido os termos de qualquer declaração anterior e estabeleça a situação no que se refere à aplicação desta Convenção.

PARTE IV
DISPOSIÇÕES FINAIS

Art. 14. As ratificações formais da presente Convenção serão transmitidas ao Diretor-Geral da Repartição Internacional do Trabalho e por ele registradas.

Art. 15. 1. A presente Convenção obrigará somente os Membros da Organização Internacional do Trabalho cujas ratificações tenham sido registradas pelo Diretor-Geral.

2. Entrará em vigor doze meses após serem registradas pelo Diretor-Geral, as ratificações por parte de dois Membros.

3. Posteriormente esta Convenção entrará em vigor, para cada Membro, doze meses após a data de registro de sua ratificação.

Art. 16. 1. Todo Membro que tenha ratificado a presente Convenção poderá denunciá-la ao expirar o prazo de dez anos, contados da data inicial da vigência da Convenção, por meio de um ato comunicado ao Diretor-Geral da Repartição Internacional do Trabalho e por ele registrado. A denúncia somente se tornará efetiva um ano após haver sido registrada.

2. Todo Membro que tenha ratificado a presente Convenção e que no prazo de um ano após o termo do período de dez anos, mencionado no parágrafo precedente, não houver feito uso da faculdade de denúncia prevista pelo presente artigo, ficará ligado por um novo período de dez anos e, posteriormente, poderá denunciar a presente Convenção ao termo de cada período de dez anos, nas condições previstas no presente artigo.

Art. 17. 1. O Diretor-Geral da Repartição Internacional do Trabalho notificará a todos os Membros da Organização Internacional do Trabalho o registro de todas as ratificações, declarações e denúncias que lhe forem transmitidas pelos Membros da Organização.

2. Ao notificar aos Membros da Organização o registro da segunda ratificação que lhe tenha sido transmitida, o Diretor-Geral chamará a atenção dos Membros da Organização para a data na qual a presente Convenção entrará em vigor.

Art. 18. O Diretor-Geral da Repartição Internacional do Trabalho transmitirá ao Secretário-Geral das Nações Unidas, para fins de registro de acordo com o art. 102 da Carta das Nações Unidas, informações completas a respeito de todas as ratificações, declarações, e atos de denúncia que tenha registrado de acordo com os artigos precedentes.

Art. 19. Ao termo de cada período de dez anos, contados da entrada em vigor da presente Convenção, o Conselho de Administração da Repartição Internacional do Trabalho deverá apresentar à Conferência Geral um relatório sobre a aplicação da presente Convenção e decidirá da conveniência de ser inscrita na ordem do dia da Conferência a questão de sua revisão total ou parcial.

Art. 20. 1. Caso a Conferência adotar uma nova Convenção que implique revisão total ou parcial da presente Convenção e a menos que a nova Convenção não disponha de outro modo:

a) a ratificação, por parte de um Membro, da nova Convenção revista acarretará de pleno direito, não obstante o art. 16 acima, denúncia imediata da presente Convenção desde que a nova Convenção revista tenha entrado em vigor;

b) a partir da data da entrada em vigor da nova Convenção revista, a presente Convenção cessará de estar aberta a ratificação por parte dos Membros.

2. A presente Convenção permanecerá, entretanto, em vigor na sua forma e teor para os Membros que a houverem ratificado e que não ratificarem a Convenção revista.

Art. 21. As versões francesa e inglesa do texto da presente Convenção são igualmente autênticas.

2. PROPOSTA DE EMENDA À CONSTITUIÇÃO (PEC N. 369/05)

Fórum Nacional do Trabalho: Proposta de Emenda à Constituição
EXPOSIÇÃO DE MOTIVOS

Proposta de Emenda à Constituição

Excelentíssimo Senhor Presidente da República,

Honra-me elevar à sua apreciação anteprojeto de emenda constitucional que permitirá viabilizar uma ampla reforma sindical, dentro dos princípios da liberdade e autonomia sindical.

A Reforma da Legislação Sindical é um dos mais caros compromissos de mudança desta gestão, em função do atraso estrutural das normas vigentes. Permitir uma organização sindical realmente livre e autônoma em relação ao Estado, além de fomentar a negociação coletiva como instrumento fundamental para solução de conflitos, são objetivos essenciais para o fortalecimento da democracia e estímulo à representatividade autêntica.

A proposta altera os arts. 8º e 11 do vigente texto constitucional, exatamente no que tange aos comandos fundamentais para que se aprove posteriormente uma legislação ordinária que atenda aos objetivos supracitados.

Além disso, com o objetivo de viabilizar a negociação coletiva no serviço público por meio de lei específica, adaptando-a aos postulados de liberdade sindical no âmbito da Administração, necessário se faz o acréscimo ao inciso VII do art. 37 da Constituição Federal, conforme proposto.

As alterações no art. 114 da Constituição Federal devem-se à necessidade de adaptações formais decorrentes da promulgação pelo Congresso Nacional da emenda constitucional destinada à reforma do Poder Judiciário.

A superação dos obstáculos constitucionais à modernização do sistema de relações sindicais é a base para a constituição de uma atmosfera de ampla liberdade e autonomia sindicais, sem a qual persistiremos prisioneiros de um sistema sindical estigmatizado pelo artificialismo em seus mecanismos representativos.

Para deixar absolutamente transparente o debate público e parlamentar, já foi elaborado, de acordo com os compromissos construídos pelo Fórum Nacional do Trabalho, o projeto de lei que dará conseqüência ao processo de reforma sindical, se o Congresso aprovar esta proposta de emenda constitucional, da forma como a propomos. Se ocorrerem alterações, pelo soberano Poder Legislativo, providenciaremos as adequações pertinentes. Assim, Exmo. Senhor Presidente da República, damos mais um passo inequívoco ao processo de modernização institucional liderado por Vossa Excelência.

Com meus respeitos, segue à consideração de Vossa Excelência.

Brasília, de fevereiro de 2005

Ricardo José Ribeiro Berzoini
Ministro de Estado do Trabalho e do Emprego

Proposta de Emenda à Constituição

Altera dispositivos dos arts. 8º, 11, 37 e 114 da Constituição Federal e dá outras providências.

Art. 1º Os arts. 8º, 11, 37 e 114 da Constituição Federal passam a vigorar com a seguinte redação:

"Art. 8º É assegurada a liberdade sindical, observado o seguinte:

I-A — o Estado não poderá exigir autorização para fundação de entidade sindical, ressalvado o registro no órgão competente, vedadas ao Poder Público a interferência e a intervenção nas entidades sindicais;

I-B — o Estado atribuirá personalidade sindical às entidades que, na forma da lei, atenderem requisitos de representatividade, de agregação que assegurem a compatibilidade de representação em todos os níveis e âmbitos da negociação coletiva e de participação democrática dos representados;

II — (revogado);

III — às entidades sindicais cabe a defesa dos direitos e interesses coletivos ou individuais do âmbito da representação, inclusive em questões judiciais e administrativas; (NR)

IV — a lei poderá autorizar a assembléia geral a estabelecer contribuição em favor das entidades sindicais que será custeada por todos os abrangidos pela negociação coletiva, que, em se tratando das entidades sindicais de trabalhadores, será descontada em folha de pagamento; (NR)

IV — A — a contribuição associativa dos filiados à entidade sindical será descontada em folha de pagamento;

V — ....
....

VI — é obrigatória a participação das entidades sindicais na negociação coletiva; (NR)

VII — ....
....

VIII — ....
.... "

"Art. 11. É assegurada a representação dos trabalhadores nos locais de trabalho, na forma da lei. (NR)"

"Art. 37. ....
....

VII — a negociação coletiva e o direito de greve serão exercidos nos termos e nos limites definidos em lei específica. (NR)"

"Art. 114. Compete à Justiça do Trabalho processar e julgar:

I — ....
....

II — ....
....

III — as ações sobre representação sindical, entre entidades sindicais, entre entidades sindicais e trabalhadores, e entre entidades sindicais e empregadores; (NR)

IV — ....
....

V — ....
....

VI — ....
....

VII — ....
....

VIII — ....
....

IX — ....
....

§ 1º ....
....

§ 2º Recusando-se qualquer das partes à arbitragem voluntária, é facultado às mesmas, de comum acordo, na forma da lei, ajuizar ação normativa, podendo a Justiça do Trabalho decidir o conflito, respeitadas as disposições mínimas legais de proteção ao trabalho, bem como as convencionadas anteriormente. (NR)

§ 3º Em caso de greve em atividade essencial, o Ministério Público do Trabalho tem legitimidade para ajuizamento de ação coletiva quando não forem assegurados os serviços mínimos à comunidade ou assim exigir o interesse público ou a defesa da ordem jurídica. (NR)"

Art. 2º Fica revogado o inciso II do art. 8º da Constituição Federal.

Art. 3º Esta emenda constitucional entra em vigor na data de sua publicação.

3. ANTEPROJETO DE LEI DAS RELAÇÕES SINDICAIS APROVADO PELO FÓRUM NACIONAL DO TRABALHO (FNT)

Exposição de Motivos

Reforma para a Modernização da Legislação Sindical Brasileira

Excelentíssimo Senhor Presidente da República Federativa do Brasil

É com grande satisfação que encaminho a Vossa Excelência o anteprojeto de lei que trata da reforma da legislação sindical brasileira. Ele atende ao anseio de amplos setores interessados em fortalecer e dinamizar as relações coletivas de trabalho por meio do diálogo e da negociação com os principais atores do mundo do trabalho, uma das metas prioritárias do Governo Federal.

Esse compromisso, expresso em seu programa de ação governamental, traduziu-se na instalação do Fórum Nacional do Trabalho — FNT, coordenado pelo Ministério do Trabalho e Emprego — MTE, por meio da Secretaria de Relações do Trabalho, e que conta com o apoio institucional da Organização Internacional do Trabalho — OIT.

Concebido como um órgão tripartite e paritário, o Fórum conduziu até agora a mais rica experiência nacional de negociação sobre questões sindicais e trabalhistas, cujo resultado está consolidado no Relatório Final da Reforma Sindical, entregue a Vossa Excelência em abril de 2004 e que serviu de base para a elaboração deste anteprojeto de lei.

Trabalhadores e empregadores escolheram livremente suas representações, em consonância com as normas da OIT e com base em critérios que valorizaram a participação de entidades de abrangência nacional, com notório reconhecimento, presença nos principais setores de atividade econômica e histórico de participação em fóruns e conselhos públicos.

Por dezesseis meses, essas representações reuniram-se com os representantes do governo para discutir todos os aspectos concernentes à redefinição das normas jurídicas relativas à organização sindical, à negociação coletiva e à solução de conflitos do trabalho. Mais de quinhentas pessoas participaram de quarenta e quatro reuniões oficiais em Brasília e de diversos encontros preparatórios.

Durante esse período, foram realizadas Conferências Estaduais do Trabalho em todas as unidades da Federação. Elas contaram com a participação de mais de vinte mil pessoas ligadas à área sindical e trabalhista, em ciclos de debates, oficinas, seminários e plenárias. Coordenadas pelas Delegacias Regionais do Trabalho, as Conferências colheram subsídios para a Comissão de Sistematização do Fórum.

Também foram realizadas consultas a juristas, operadores do direito e membros de associações da área trabalhista, reunidos na Comissão Nacional de Direito e Relações do Trabalho, bem como a autoridades de outras esferas do Poder Público, como o Tribunal Superior do Trabalho — TST, o Ministério Público do Trabalho — MPT, a Câmara dos Deputados e o Senado Federal.

Além disso, a coordenação do Fórum recebeu e examinou diversas contribuições, de caráter individual e institucional, e o governo empenhou-se em dialogar com os setores que reivindicavam maior participação no debate, como as confederações de trabalhadores, com as quais chegou a realizar cinco encontros oficiais.

Mesmo depois de concluídas as atividades oficiais do Fórum sobre a reforma sindical, foram realizados diversos encontros com os membros da Comissão de Sistematização, com o objetivo de aperfeiçoar o anteprojeto de lei que ora submeto à apreciação de Vossa Excelência para a devida avaliação e eventual encaminhamento ao Congresso Nacional.

Sem ignorar as divergências que se explicitaram nas sucessivas rodadas de negociação, é inegável que os consensos obtidos superaram as expectativas. É preciso, portanto, saudar o esforço dos representantes de trabalhadores e de empregadores que negociaram até o limite da exaustão em busca de um novo padrão jurídico-institucional para as relações coletivas de trabalho no Brasil.

Foi precisamente a valorização do diálogo e da negociação que pautou a atuação do governo. Isso implicou abdicar de uma proposta preliminar do Poder Executivo, que servisse de guia para o debate, em nome do consenso possível entre os principais interessados na reforma sindical — os próprios atores do mundo do trabalho.

A ênfase no diálogo social não significou, porém, ausência de orientação por parte deste Ministério quanto aos objetivos da pretendida reforma da legislação sindical, que foi pautada por um claro diagnóstico dos problemas que derivam do atual modelo de organização sindical, de negociação coletiva e de solução de conflitos do trabalho.

Como se sabe, o atual sistema de relações de trabalho é herdeiro de uma tradição corporativista que remonta à década de 1930 e cujos fundamentos persistem até hoje, apesar dos inúmeros questionamentos à sua atualidade e funcionalidade. As mudanças introduzidas ao longo dos anos desfiguraram os propósitos originais desse sistema, mas não conduziram à plena democratização das relações de trabalho.

A Constituição de 1988 pôs fim à interferência e à intervenção do Poder Público na organização sindical, restabeleceu o direito de greve e consagrou o princípio da livre associação sindical e profissional. Ao mesmo tempo manteve a unicidade, o sistema confederativo, a contribuição sindical obrigatória, o poder normativo da Justiça do Trabalho e ainda criou a contribuição confederativa, que possibilitou o acesso a mais uma fonte de custeio para as entidades sindicais sem garantia de contrapartidas aos seus representados.

O fim do controle político e administrativo das entidades sindicais representou inegável avanço e tornou nulas as normas de enquadramento sindical e a exigência de autorização prévia para a criação de entidade sindical. Mas, diante da determinação constitucional de Registro no órgão competente sem a devida regulamentação, o Ministério do Trabalho e Emprego, por decisão do Poder Judiciário, continuou a desempenhar esse papel.

Desde então, este Ministério enfrenta a difícil tarefa de disciplinar o registro sindical, por meio de instrumentos normativos de caráter administrativo, tendo que observar o princípio da unicidade sem afrontar a liberdade sindical. Isso tem sido motivo de grande insatisfação e de inúmeras decisões judiciais com entendimentos contraditórios.

A Constituição da República também assegurou aos servidores públicos o direito a livre associação sindical e o direito de greve, nos termos e nos limites definidos em lei específica. Contudo, os servidores não foram contemplados com o direito à negociação coletiva e continua pendente a regulamentação do exercício do direito de greve, assuntos que estão sendo apreciados pelo Fórum por meio da Câmara Setorial do Serviço Público.

Outro avanço inscrito na Constituição de 1988 foi o estabelecimento da garantia de eleição de um representante dos trabalhadores em empresas com mais de duzentos empregados, com a finalidade exclusiva de promover-lhes o entendimento direto com os empregadores. Na prática, porém, esse direito não se efetivou por falta de regulamentação legal.

Descompasso semelhante ocorreu em relação às centrais sindicais. Organizadas à margem das imposições legais, algumas delas se firmaram como as principais entidades nacionais de representação dos trabalhadores. Mas se as centrais conquistaram reconhecimento político-institucional, como indica a sua crescente participação em conselhos e fóruns públicos, não tiveram assegurada em lei a personalidade sindical.

Enfim, o texto constitucional refletiu o estágio das lutas sindicais e a dinâmica das relações de trabalho característicos do período de redemocratização nacional. Contudo, a tentativa de conciliação da liberdade sindical com a unicidade sindical revelou-se contraditória e abriu brechas para a pulverização de entidades sindicais e para o surgimento de "sindicatos de carimbo".

O aumento significativo do número de entidades sindicais nos últimos anos, que já ultrapassa dezoito mil, resultou menos do avanço na organização sindical e bem mais da fragmentação de entidades preexistentes, em um processo que está enfraquecendo tanto a representação de trabalhadores como a de empregadores, tendência que a vigência da unicidade não tem sido capaz de impedir.

É certo que não são poucas as entidades sindicais que possuem ampla representatividade e capacidade de atuação, mas isso contrasta com a proliferação de sindicatos cada vez menores e menos representativos, o que só reitera a necessidade de superação do atual sistema, há anos criticado por sua baixa representatividade e reduzida sujeição ao controle social.

Quanto à negociação coletiva, houve nos últimos anos um aumento do número de acordos coletivos e uma queda no número de julgamentos de dissídios coletivos, segundo dados oficiais do Tribunal Superior do Trabalho. Mas esse crescimento deve ser ponderado, pois a possibilidade de recolhimento da contribuição confederativa estimulou o aumento artificial do número de acordos coletivos.

Também ocorreu uma dispersão da negociação coletiva, traduzida em sua progressiva descentralização para as empresas e que reflete, em certa medida, a tendência à pulverização sindical. Ademais, o processo de negociação coletiva continuou restrito ao momento da data-base e limitado em sua abrangência e níveis de articulação.

A Justiça do Trabalho, por sua vez, continuou a desempenhar relevante papel. Contudo, o próprio Tribunal Superior do Trabalho admite que o país se tornou recordista em volume de reclamações trabalhistas. Além disso, a prevalência de soluções judiciais para conflitos de interesses tem representado, muitas vezes, a persistência de impasses que poderiam ser resolvidos por meio de composição voluntária, com segurança jurídica e sem prejuízo do acesso ao Poder Judiciário.

Essas e outras questões suscitam há décadas o debate público e indicam a necessidade de aprimorar o atual sistema de relações de trabalho, tarefa que exigirá operações complexas e que trará conseqüências tanto para os atores sociais como para as diferentes esferas do Poder Público ligadas à regulação do trabalho.

Não se trata, porém, de mera alteração legislativa, mas de um amplo reordenamento jurídico-institucional de caráter sistêmico que, do ponto de vista normativo, deverá envolver o Direito Sindical, a Legislação do Trabalho, o Direito Processual do Trabalho, os órgãos de Administração Pública do Trabalho e a Justiça do Trabalho.

A reforma sindical é o primeiro passo. A prioridade conferida a ela não decorre de motivações estritamente políticas, mas do entendimento de que a redefinição do sistema de relações coletivas de trabalho deve ser o centro dinâmico de qualquer esforço de democratização das relações de trabalho, precedendo, assim, a revisão dos demais institutos que regulam o trabalho no Brasil.

Ao contrário de se inspirar em um modelo doutrinário preconcebido, o presente anteprojeto de lei considerou a realidade atual do sindicalismo brasileiro, a dinâmica das relações coletivas de trabalho e o desejo de mudança dos próprios atores sociais, sem perder de vista a necessidade de incorporar princípios consagrados pelo direito internacional e supranacional.

Nos limites desta exposição de motivos, cabe destacar os principais objetivos da reforma sindical:

a) o fortalecimento da representação sindical, de trabalhadores e de empregadores, em todos os níveis e âmbitos de representação;

b) o estabelecimento de critérios de representatividade, organização sindical e democracia interna;

c) a definição de garantias eficazes de proteção à liberdade sindical e de prevenção de condutas anti-sindicais;

d) a promoção da negociação coletiva como procedimento fundamental do diálogo entre trabalhadores e empregadores;

e) a extinção de qualquer recurso de natureza para-fiscal para custeio de entidades sindicais e a criação da contribuição de negociação coletiva;

f) o estímulo à adoção de meios de composição voluntária de conflitos do trabalho, sem prejuízo do acesso ao Poder Judiciário;

g) o reconhecimento da boa-fé como fundamento do diálogo social e da negociação coletiva;

h) a democratização da gestão das políticas públicas na área de relações de trabalho por meio do estímulo ao diálogo social;

i) a disciplina do exercício do direito de greve no contexto de uma ampla legislação sindical indutora da negociação coletiva;

j) a disposição de mecanismos processuais voltados à eficácia dos direitos materiais, da ação coletiva e da vocação jurisdicional da Justiça do Trabalho; e,

k) a definição de regras claras de transição para que as entidades sindicais preexistentes possam se adaptar às novas regras.

Essa reforma, exaustivamente submetida à apreciação dos atores sociais, irá ao mesmo tempo valorizar a nossa cultura sindical e incorporar o princípio da autonomia privada coletiva, elevando a negociação coletiva à condição de meio preferencial para o reconhecimento e plena eficácia da liberdade sindical, em sintonia com o cenário jurídico predominante nas democracias contemporâneas.

Mas, como indica a experiência internacional, até mesmo em um contexto de ampla liberdade sindical não se pode prescindir de algum critério para identificar as entidades sindicais com um mínimo de representatividade. Se há o propósito de atribuir maior importância à negociação coletiva do trabalho, é indispensável identificar os atores da negociação habilitados ao exercício legítimo desse direito.

Qualquer entidade, independentemente de seu número de associados, poderá vir a se constituir em sindicato. Contudo, o exercício das prerrogativas asseguradas em lei, entre as quais a de instaurar o processo de negociação coletiva, exigirá um mínimo de representatividade do proponente, legitimando-o a exigir da contraparte a atenção e a qualificação necessárias ao pleno exercício da negociação coletiva.

Sem dúvida, a nova dimensão conferida à negociação coletiva deverá contribuir para a revitalização de confederações, federações e sindicatos. As confederações e federações, que hoje só negociam facultativamente, terão a prerrogativa de negociar em seus respectivos âmbitos de atuação. Os sindicatos não apenas irão preservar as suas prerrogativas de negociação como a celebração de qualquer contrato coletivo de trabalho estará sujeita ao crivo de seus representados.

A mesma orientação deverá nortear o novo modelo de organização sindical. O reconhecimento da personalidade sindical das centrais e o fortalecimento das confederações e federações dependerão da representatividade dos sindicatos, que serão a fonte legitimadora das entidades de nível superior e a unidade fundamental de representação e negociação coletiva, de trabalhadores e de empregadores.

O reconhecimento da personalidade sindical das centrais irá conferir estatuto jurídico à realidade de fato. Não se justifica o receio de que elas possam concorrer com os sindicatos ou comprometer suas prerrogativas de negociação. Para além de sua atuação de caráter político-institucional, o papel das centrais no processo de negociação coletiva será o de articular os interesses do conjunto de seus representados, cabendo às suas confederações, federações e sindicatos a tarefa efetiva de negociar em seus respectivos níveis e âmbitos de representação.

Ainda no campo da organização sindical, será possível que continuem a ser únicos os sindicatos que já são reconhecidos pelo Ministério do Trabalho e Emprego. A chamada exclusividade de representação constitui, na verdade, uma garantia àqueles que defendem a manutenção da unicidade sindical. A exclusividade dependerá, no entanto, do aval dos próprios representados, da comprovação de representatividade e da adesão a normas estatutárias que garantam os princípios democráticos que assegurem ampla participação dos representados, além de perder o seu caráter vitalício.

No que se refere à sustentação financeira, prevê-se a extinção imediata das contribuições confederativa e assistencial e a extinção gradual da contribuição sindical obrigatória, que deverão ser substituídas pela contribuição de negociação coletiva. Essa contribuição, que terá um teto, estará condicionada ao exercício da negociação coletiva e à prestação de serviços por parte das entidades sindicais aos seus representados, corrigindo uma das distorções do sistema atual.

Se este anteprojeto for acolhido pelo Congresso Nacional, também serão incorporados ao nosso ordenamento jurídico diversos institutos em vigor no direito estrangeiro, como a já mencionada tipificação das condutas anti-sindicais, a caracterização do que se compreende por boa-fé, o delineamento da proteção à liberdade sindical, a promoção efetiva da negociação coletiva e o refinamento dos mecanismos de tutela jurisdicional.

Nesse último caso, procurou-se consolidar os mecanismos de tutela consagrados no direito processual civil, mas de aplicação ainda discutida na esfera do processo do trabalho. A base do processo coletivo comum, formada pelo Código de Defesa do Consumidor e pela Lei da Ação Civil Pública, foi incorporada de maneira a conferir maior atualidade aos mecanismos de tutela jurisdicional coletiva.

A proposta acordada pelos representantes do governo, dos trabalhadores e dos empregadores visa facilitar o acesso à Justiça e a universalização da tutela jurisdicional assegurada pela Constituição da República, sem ferir as garantias do devido processo legal, notadamente do direito ao contraditório e de ampla defesa do trabalhador e do empregador.

Outra alteração sugerida diz respeito ao exercício do poder normativo da Justiça do Trabalho, que ao longo do tempo se revelou um mecanismo de desestímulo à negociação coletiva. Para resolver conflitos coletivos de interesses, trabalhadores e empregadores poderão recorrer, de comum acordo, à arbitragem privada ou a um procedimento de jurisdição voluntária no Tribunal do Trabalho.

Também se deseja rever a ação judicial em matéria de greve, ajustando-a ao regime de liberdade sindical. A possibilidade jurídica de emissão de ordem para o retorno dos trabalhadores ao serviço ficará restrita às graves situações em que estejam em jogo os interesses maiores da comunidade ou quando houver risco de prejuízos irreversíveis a pessoas ou ao patrimônio do empregador ou de terceiros.

Ressalte-se, ainda, a criação do Conselho Nacional de Relações do Trabalho — CNRT, concebido como um órgão tripartite e paritário, em consonância com as normas da Organização Internacional do Trabalho. Mais do que institucionalizar a prática já em curso do diálogo social, o CNRT terá a missão de democratizar a gestão pública no trato de questões pertinentes às relações coletivas de trabalho, de maneira a induzir a atuação do Poder Público em direção aos legítimos interesses dos atores sociais.

Por fim, este anteprojeto de lei quer dar um passo decisivo para que, de fato, seja assegurado o direito de representação dos trabalhadores nos locais de trabalho. Nesse ponto houve consenso quanto à relevância deste direito, mas não quanto à sua materialização. Todavia, o governo considerou que tal garantia é imprescindível para dinamizar o relacionamento entre trabalhadores e empregadores, sobretudo para estimular o diálogo social e prevenir conflitos a partir dos locais de trabalho.

Além da divergência já mencionada, que levou o governo a impulsionar unilateralmente o processo legislativo, há outros dispositivos que não foram objeto de consenso com as representações de empregadores e de trabalhadores. Há, ainda, outros dispositivos que incorporam os consensos registrados no Relatório Final da Reforma Sindical, mas sobre os quais houve divergências de interpretação com os representantes de empregadores.

Alguns aspectos do anteprojeto não tiveram origem nos consensos, mas se justificam pela necessidade de ajuste sistêmico e não são contraditórios com eles. Como não se tratava de uma reforma meramente pontual da legislação sindical, foi necessário articular, agregar e dispor coerentemente em um único diploma normativo os institutos afins dispersos no ordenamento jurídico nacional, em nome da clareza e da segurança jurídica.

Tenho a convicção de que essas divergências poderão ser superadas na nova etapa de diálogo e negociação que terá início com o envio deste anteprojeto de lei ao Congresso Nacional, a quem caberá soberanamente decidir sobre o formato final da nova legislação sindical brasileira, considerando, porém, as relevantes contribuições que tiveram origem no Fórum e que estão traduzidas nesta iniciativa do Poder Executivo.

A reforma da legislação sindical dependerá, ainda, de mudanças na Carta de 1988. Com a revogação e alteração de alguns dispositivos constitucionais, conforme a Proposta de Emenda Constitucional também sugerida por este Ministério a Vossa Excelência, estará aberto o caminho para que o Poder Legislativo dê prosseguimento ao debate e à avaliação das proposições aqui detalhadas.

Pelos motivos que acabo de expor, Excelentíssimo Senhor Presidente da República, passo às mãos de Vossa Excelência o presente anteprojeto de lei, confiante de que com a sua acolhida e as contribuições provenientes do debate parlamentar estará cumprida mais uma etapa para dotar o país de instituições verdadeiramente democráticas e sintonizadas com as novas exigências do desenvolvimento nacional e do mundo do trabalho.

Brasília, de novembro de 2004

Ricardo José Ribeiro Berzoini
Ministro de Estado do Trabalho e do Emprego

ANTEPROJETO DE LEI DE RELAÇÕES SINDICAIS

Dispõe sobre as relações sindicais e dá outras providências.

TÍTULO I
DAS DISPOSIÇÕES PRELIMINARES

Art. 1º Obedecerão ao disposto nesta Lei a organização sindical, a representação os trabalhadores nos locais de trabalho, o diálogo social, a negociação coletiva, o contrato coletivo de trabalho, o direito de greve, o Conselho Nacional de Relações do trabalho — CNRT e a tutela jurisdicional nos conflitos coletivos de trabalho.

Art. 2º As disposições desta Lei não se aplicam aos servidores públicos da União, dos Estados, do Distrito Federal e dos Municípios, bem como das autarquias e das fundações públicas, cujas relações sindicais serão objeto de lei específica.

Art. 3º Integram o sistema sindical os princípios da Organização Internacional do Trabalho — OIT sobre liberdade sindical, proteção ao direito sindical, diálogo social, negociação coletiva, representação dos trabalhadores nos locais de trabalho, consulta tripartite e os princípios do direito do trabalho, observadas as disposições desta Lei.

TÍTULO II
DA ORGANIZAÇÃO SINDICAL

Capítulo I
Da Liberdade e da Autonomia Sindical

Art. 4º Os trabalhadores e os empregadores têm direito a constituir entidades para fins sindicais, sem autorização prévia, cumprindo ao Ministério do Trabalho e Emprego o reconhecimento de representatividade.

Art. 5º Os trabalhadores e os empregadores têm direito de livre filiação, participação, permanência e desligamento das entidades sindicais que escolherem.

Art. 6º As entidades sindicais de trabalhadores e de empregadores podem eleger livremente seus representantes, organizar sua estrutura representativa e sua administração, formular seu programa de ação, filiar-se às respectivas organizações internacionais e elaborar seus estatutos, observando princípios democráticos que assegurem ampla participação dos representados.

Art. 7º As entidades sindicais de trabalhadores e de empregadores são independentes umas das outras, sendo-lhes vedadas, direta ou indiretamente, todas as formas de ingerência política, financeira ou administrativa destinadas a desvirtuar, impedir ou dificultar a atuação sindical.

Capítulo II
Da Personalidade Sindical

Art. 8º A aquisição da personalidade sindical, que habilita ao exercício das atribuições e das prerrogativas sindicais, depende de prévio registro dos atos constitutivos da entidade e do reconhecimento de representatividade.

§ 1º Os atos constitutivos e os estatutos das entidades sindicais serão inscritos no Registro Civil de Pessoas Jurídicas, na forma da Lei n. 6.015, de 31 de dezembro de 1973.

§ 2º O reconhecimento da representatividade será requerido pela entidade sindical e será acompanhado de cópias autenticadas do estatuto, bem como das atas da assembléia de fundação e da última eleição de diretoria.

§ 3º A personalidade sindical será atribuída por ato do Ministro do Trabalho e Emprego sempre que forem preenchidos os requisitos de representatividade estabelecidos nesta Lei, ressalvada a hipótese de exclusividade de representação, disciplinada no Capítulo V deste Título.

§ 4º O Ministério do Trabalho e Emprego deverá providenciar ampla e periódica divulgação das entidades dotadas de personalidade sindical nos respectivos âmbitos de representação, indicando o número de representados e o índice de filiação de cada uma delas.

Art. 9º A agregação de trabalhadores e de empregadores nas respectivas entidades sindicais será definida por setor econômico, por ramo de atividade ou, quando se tratar de central sindical, pela coordenação entre setores econômicos e ramos de atividades.

§ 1º Os setores econômicos e os ramos de atividades serão definidos por ato do Ministro do Trabalho e Emprego, mediante proposta de iniciativa do Conselho Nacional de Relações de Trabalho — CNRT.

§ 2º A proposta de que trata o parágrafo anterior deverá respeitar as diferenças de organização entre as entidades sindicais de trabalhadores e de empregadores e assegurar a compatibilidade de representação dos atores coletivos para todos os níveis e âmbitos da negociação coletiva.

Art. 10. A representatividade da entidade sindical será:

I — comprovada, quando satisfeitos os requisitos de representatividade em cada âmbito de representação;

II — derivada, quando transferida de central sindical, confederação ou federação possuidora de representatividade comprovada.

Art. 11. A obtenção de personalidade sindical por representatividade derivada pressupõe índice de representatividade comprovada acima do exigido para a preservação da personalidade sindical da entidade transferidora e suficiente para a aquisição ou preservação da personalidade sindical pela entidade beneficiada.

§ 1º A aquisição ou a preservação da personalidade sindical por representatividade derivada vinculará a entidade beneficiada à estrutura organizativa da entidade transferidora, na forma do estatuto desta última.

§ 2º A aquisição ou a preservação da personalidade sindical de confederação de trabalhadores ou de federação de trabalhadores ou de empregadores prescinde da transferência de índice de representatividade comprovada.

Art. 12. Os índices de representatividade deverão ser confirmados sempre que houver contestação por qualquer outra entidade com ou sem personalidade sindical no mesmo âmbito de representação, desde que seja observado o intervalo mínimo de 3 (três) anos a partir da data da aquisição da personalidade sindical ou da última confirmação de representatividade.

§ 1º Os procedimentos e prazos relativos à contestação e à confirmação de representatividade serão definidos pelo CNRT e publicados por ato do Ministro do Trabalho e Emprego.

§ 2º Quando não for confirmada a representatividade, a entidade perderá a personalidade sindical.

Art. 13. São atribuições e prerrogativas da entidade dotada de personalidade sindical:

I — representar os interesses do respectivo âmbito de representação perante as autoridades administrativas e judiciárias;

II — propor e participar de negociação coletiva;

III — celebrar contratos coletivos de trabalho;

IV — atuar em juízo como legitimado ordinário ou extraordinário;

V — estabelecer contribuições de negociação coletiva.

Capítulo III
Das Entidades Sindicais de Trabalhadores

Seção I
Dos níveis de atuação e do âmbito territorial

Art. 14. As entidades sindicais de trabalhadores poderão se organizar na forma de central sindical, confederação, federação e sindicato, em âmbito de atuação nacional, interestadual, estadual, intermunicipal e municipal.

Art. 15. A central sindical será constituída em âmbito nacional, a partir de sindicatos de qualquer setor econômico ou ramo de atividade, sendo-lhe permitida a criação de confederações, federações e sindicatos como parte de sua estrutura organizativa.

Art. 16. A confederação que não estiver filiada ou vinculada a central sindical será constituída em âmbito nacional, a partir de sindicatos do mesmo setor econômico, sendo-lhe permitida a criação de federações e sindicatos como parte de sua estrutura organizativa.

Art. 17. A federação que não estiver filiada ou vinculada a central sindical ou confederação será constituída a partir de sindicatos do mesmo ramo de atividade, em âmbito territorial mínimo correspondente aos Estados, sendo-lhe permitida a criação de sindicatos como parte de sua estrutura organizativa.

Parágrafo único. A criação de federação nacional por ramo de atividade é prerrogativa de confederação com personalidade sindical, que integrará a estrutura organizativa da entidade criadora.

Art. 18. O sindicato será constituído pelo critério do ramo de atividade preponderante dos empregadores em âmbito territorial mínimo correspondente ao município.

Seção II
Dos requisitos para o reconhecimento da representatividade

Art. 19. A central sindical obtém representatividade mediante a observância de 3 (três) dos seguintes requisitos:

I — filiação de sindicatos com representatividade comprovada em pelo menos 18 (dezoito) unidades da Federação, distribuídas nas 5 (cinco) regiões do país;

II — filiação de sindicatos com representatividade comprovada em pelo menos 9 (nove) unidades da Federação, com índice de filiação igual ou superior a 15% (quinze por cento) do total de trabalhadores em cada uma delas;

III — filiação de trabalhadores aos sindicatos filiados à central sindical em número igual ou superior a 22% (vinte e dois por cento) do total de trabalhadores nos respectivos âmbitos de representação;

IV — filiação de trabalhadores aos sindicatos filiados à central sindical, em pelo menos 7 (sete) setores econômicos, em número igual ou superior a 15% (quinze por cento) do total de trabalhadores em cada um desses setores em âmbito nacional.

Art. 20. A confederação obtém representatividade mediante filiação a central sindical ou com a observância dos seguintes requisitos:

I — filiação de sindicatos com representatividade comprovada em pelo menos 18 (dezoito) unidades da Federação, distribuídas nas 5 (cinco) regiões do país;

II — filiação de sindicatos com representatividade comprovada em pelo menos 9 (nove) unidades da Federação, com índice de filiação igual ou superior a 15% (quinze por cento) do total de trabalhadores no respectivo âmbito de representação em cada uma dessas unidades federativas;

III — filiação de trabalhadores aos sindicatos filiados à confederação em número igual ou superior a 22% (vinte e dois por cento) do total de trabalhadores nos respectivos âmbitos de representação.

Art. 21. A federação obtém representatividade mediante filiação a central sindical ou a confederação ou mediante a observância dos seguintes requisitos:

I — filiação de trabalhadores aos sindicatos filiados à federação em número igual ou superior a 22% (vinte e dois por cento) do total de trabalhadores nos respectivos âmbitos de representação desses sindicatos;

II — filiação de trabalhadores aos sindicatos filiados à federação em número igual ou superior a 15% (quinze por cento) do total de trabalhadores no âmbito de representação da federação.

Art. 22. O sindicato obtém representatividade mediante vinculação a central sindical, ou a confederação, ou a federação ou mediante a filiação de número igual ou superior a 20% (vinte por cento) dos trabalhadores do âmbito de representação.

Art. 23. Para aferição da representatividade será considerada a relação entre o número de filiados e o número de trabalhadores que estejam efetivamente empregados no âmbito de representação do sindicato.

Seção III
Das garantias da representação e dos dirigentes sindicais

Art. 24. São condições para o exercício do direito de voto e para a investidura em cargo de direção sindical:

I — ser filiado à entidade sindical e estar empregado no respectivo âmbito de representação;

II — ser maior de 16 (dezesseis) anos para votar e de 18 (dezoito) para ser votado.

Art. 25. Não pode concorrer a cargo de direção sindical, nem permanecer no seu exercício:

I — quem tiver rejeitadas suas contas de exercício em cargo de administração sindical;

II — quem houver, comprovadamente, lesado o patrimônio de qualquer entidade sindical.

Art. 26. É assegurado aos dirigentes sindicais:

I — proteção contra dispensa a partir do registro da candidatura e, se eleito, ainda que suplente, até um ano após o final do mandato, salvo se cometer falta grave nos termos da lei;

II — proteção contra transferência unilateral que dificulte ou torne impossível o desempenho das atribuições sindicais, ressalvado o caso de extinção do estabelecimento.

Art. 27. Para efeito das garantias de que trata o artigo anterior, a direção das entidades sindicais observará o seguinte limite:

I — 81 (oitenta e um) dirigentes na central sindical;

II — 81 (oitenta e um) dirigentes na confederação;

III — 81 (oitenta e um) dirigentes na federação;

IV — 81 (oitenta e um) dirigentes no sindicato.

§ 1º Nas empresas do âmbito de representação das entidades sindicais, poderá haver 1 (um) dirigente a cada 200 (duzentos) ou fração superior a 100 (cem) trabalhadores.

§ 2º Os limites estabelecidos neste artigo poderão ser ampliados mediante contrato coletivo.

§ 3º Os dirigentes afastados do trabalho a pedido da entidade sindical serão por ela remunerados, salvo disposto em contrato coletivo.

Art. 28. A entidade sindical notificará o empregador, dentro de 48 (quarenta e oito) horas e por escrito, o dia e a hora do registro da candidatura de seu empregado e, em igual prazo, sua eleição e posse, fornecendo-lhe comprovante no mesmo sentido.

Capítulo IV
Das Entidades Sindicais de Empregadores

Seção I
Dos níveis de atuação e do âmbito territorial

Art. 29. As entidades sindicais de empregadores poderão se organizar na forma de confederação, federação e sindicato, em âmbito de atuação nacional, interestadual, estadual, intermunicipal e municipal.

Art. 30. A confederação será constituída mediante filiação de federações e de sindicatos do mesmo setor econômico, em âmbito nacional, sendo-lhe permitida a criação de federações e sindicatos como parte de sua estrutura organizativa.

Art. 31. A federação que não estiver filiada ou vinculada a confederação será constituída mediante filiação ou vinculação de sindicatos do mesmo ramo ou setor econômico, em âmbito de atuação estadual ou interestadual, sendo-lhe permitida a criação de sindicatos como parte de sua estrutura organizativa.

Parágrafo único. A criação de federação nacional por ramo de atividade é prerrogativa de confederação com personalidade sindical, que integrará a estrutura organizativa da entidade criadora.

Art. 32. O sindicato será constituído pelo critério do setor econômico ou do ramo de atividade preponderante das empresas ou das unidades econômicas em âmbito territorial mínimo correspondente ao Município.

Seção II
Dos requisitos para o reconhecimento da representatividade

Art. 33. A confederação obtém representatividade mediante a observância de 3 (três) dos seguintes requisitos:

I — filiação de sindicatos, com representatividade comprovada, em pelo menos 18 (dezoito) unidades da Federação, distribuídas nas 5 (cinco) regiões do país;

II — filiação de sindicatos, com representatividade comprovada, em pelo menos 12 (doze) unidades da Federação, com índice de filiação igual ou superior a 20% (vinte por cento) da soma das empresas ou unidades econômicas correspondentes aos âmbitos de representação desses sindicatos;

III — filiação de sindicatos, com representatividade comprovada, em pelo menos 18 (dezoito) unidades da Federação, nas quais a soma do capital social das empresas ou unidades econômicas filiadas aos sindicatos vinculados à confederação seja igual ou superior a 20% (vinte por cento) da soma do capital social das empresas ou unidades econômicas correspondentes aos âmbitos de representação desses sindicatos;

IV — filiação de sindicatos, com representatividade comprovada, em pelo menos 18 (dezoito) unidades da Federação, nas quais a soma do número de empregados nas empresas ou unidades econômicas filiadas aos sindicatos vinculados à confederação seja igual ou superior a 20% (vinte por cento) da soma dos empregados das empresas ou unidades econômicas correspondentes aos âmbitos de representação desses sindicatos.

Parágrafo único. Para efeito de comprovação da representatividade de que trata este artigo, serão considerados os sindicatos filiados à federação que estiver filiada ou vinculada à confederação.

Art. 34. A federação obtém representatividade mediante filiação ou vinculação a confederação ou com a observância de três dos seguintes requisitos:

I — filiação de sindicatos com representatividade comprovada, em pelo menos 3 (três) ramos de atividade econômica;

II — filiação de sindicatos com representatividade comprovada e cuja soma de empresas ou unidades econômicas filiadas seja igual ou superior a 20% (vinte por cento) da soma das empresas ou unidades econômicas nos respectivos âmbitos de representação;

III — filiação de sindicatos com representatividade comprovada e cuja soma de capital social das empresas ou unidades econômicas filiadas seja igual ou superior a 20% (vinte por cento) da soma do capital social das empresas ou unidades econômicas nos respectivos âmbitos de representação;

IV — filiação de sindicatos com representatividade comprovada e cuja soma do número de empregados nas empresas ou unidades econômicas filiadas seja igual ou superior a 20% (vinte por cento) da soma do número de empregados das empresas ou unidades econômicas nos respectivos âmbitos de representação.

Art. 35. O sindicato obtém representatividade mediante vinculação a confederação ou a federação ou com a observância de 2 (dois) dos seguintes requisitos:

I — filiação de número igual ou superior a 20% (vinte por cento) das empresas ou unidades econômicas em seu âmbito de representação;

II — filiação de empresas ou unidades econômicas, cuja soma de capital social seja igual ou superior a 20% (vinte por cento) da soma do capital social das empresas ou unidades econômicas no respectivo âmbito de representação;

III — filiação de empresas ou unidades econômicas, cuja soma do número de seus empregados seja igual ou superior a 20% (vinte por cento) da soma do número de empregados das empresas ou unidades econômicas no respectivo âmbito de representação.

Seção III
Da direção das entidades sindicais

Art. 36. Constitui condição para o direito de voto e para a investidura em cargo de direção sindical o efetivo exercício da atividade econômica no âmbito da representação.

Art. 37. Não pode ser eleito a cargo de direção sindical nem permanecer no seu exercício:

I — quem tiver rejeitadas suas contas de exercício em cargo de administração sindical;

II — quem houver, comprovadamente, lesado o patrimônio de qualquer entidade sindical.

Capítulo V
Da Exclusividade de Representação

Art. 38. Para os fins desta Lei, considera-se exclusividade de representação a concessão de personalidade sindical a um único sindicato no respectivo âmbito de representação.

Art. 39. O sindicato que obteve registro antes da vigência desta Lei poderá obter a exclusividade de representação mediante deliberação de assembléia de filiados e não filiados e a inclusão em seu estatuto de normas destinadas a garantir princípios democráticos que assegurem ampla participação dos representados.

Parágrafo único. As condições para a obtenção da exclusividade de representação deverão ser comprovadas no prazo de 12 (doze) meses, contados da data da aprovação, pelo Ministro do Trabalho e Emprego, dos requisitos estatutários propostos pelo CNRT, período durante o qual o sindicato conservará a exclusividade no respectivo âmbito de representação.

Art. 40. Havendo modificação no âmbito de representação, será permitida a existência de mais de um sindicato com personalidade sindical.

§ 1º Em caso de fusão entre sindicato com exclusividade de representação e outro que optou pela liberdade de organização, a prerrogativa da exclusividade será mantida apenas no âmbito de representação da entidade que a requereu dentro do prazo de que trata o parágrafo único do artigo anterior.

§ 2º Em caso de fusão entre sindicatos com exclusividade de representação, a prerrogativa da exclusividade será mantida no âmbito de representação da entidade constituída.

Art. 41. O Ministério do Trabalho e Emprego cancelará a exclusividade de representação do sindicato se, no término do período de transição estabelecido nesta Lei, não for comprovada a representatividade, hipótese em que poderá existir mais de um sindicato no mesmo âmbito de representação.

Parágrafo único. O sindicato conservará sua personalidade sindical quando se vincular a central sindical, confederação ou federação, tratando-se de entidade de trabalhadores, ou a confederação ou a federação, tratando-se de entidade de empregadores, na forma do art. 11 desta Lei.

Capítulo VI
Do Custeio das Entidades Sindicais

Seção I
Das disposições gerais

Art. 42. São receitas das entidades sindicais:
I — a contribuição associativa;
II — a contribuição de negociação coletiva;
III — os frutos dos rendimentos de seu patrimônio;
IV — as doações e legados, quando aceitos na forma de seus estatutos;
V — as multas e outras rendas.

Parágrafo único. As entidades sindicais não terão finalidade lucrativa, sendo-lhes facultado, na forma dos estatutos, o desempenho de atividade econômica.

Seção II
Da contribuição associativa

Art. 43. A contribuição associativa é a prestação espontânea de recursos fundada no vínculo associativo em favor das entidades sindicais, conforme o disposto em estatuto e deliberações de assembléia.

Art. 44. É prerrogativa da entidade sindical de trabalhadores, quando expressamente autorizada por seus filiados, requisitar por escrito à empresa o desconto da contribuição associativa em folha de pagamento.

Parágrafo único. O repasse da contribuição deverá ser efetuado até o 10º (décimo) dia subseqüente ao desconto, sob pena de multa no valor de 10% (dez por cento) sobre o montante retido, acrescido de juros de mora sobre o principal da dívida, sem prejuízo de cominações penais, em especial as relativas à apropriação indébita.

Seção III
Da contribuição de negociação coletiva

Subseção I
Das disposições gerais

Art. 45. A contribuição de negociação coletiva é o valor devido em favor das entidades sindicais, com periodicidade anual, fundada na participação na negociação coletiva ou no efeito geral do seu resultado, ainda que por meio de sentença proferida na forma do Capítulo V, do Título VII, desta Lei.

§ 1º A proposta do valor da contribuição será submetida anualmente à apreciação e deliberação de assembléia dos destinatários da negociação coletiva, filiados ou não à entidade sindical.

§ 2º Observadas as exigências desta Lei, a cobrança da contribuição de negociação coletiva aprovada em assembléia geral não comportará oposição.

§ 3º O desconto ou pagamento será realizado mediante a celebração do contrato coletivo ou da comprovação da frustração da negociação coletiva, de acordo com os respectivos valores ou percentuais das contribuições determinadas pelas respectivas assembléias dos sindicatos envolvidos nas negociações.

Art. 46. O contrato coletivo ou os documentos dos quais trata o artigo anterior deverão especificar as entidades sindicais para as quais serão feitos os repasses correspondentes à sua participação na contribuição de negociação coletiva.

§ 1º Quando mais de uma entidade sindical participar da negociação coletiva, os valores correspondentes à contribuição serão distribuídos de maneira proporcional ao índice de sindicalização de cada uma delas.

§ 2º Nos contratos coletivos de âmbito municipal, intermunicipal, estadual, interestadual e nacional, os valores correspondentes à contribuição de negociação coletiva serão distribuídos de maneira proporcional à representatividade das entidades dentro da estrutura organizativa a que pertencem.

§ 3º Os documentos de que trata o artigo anterior serão depositados no Ministério do Trabalho e Emprego.

Art. 47. O recolhimento e os procedimentos de repasse da contribuição de negociação coletiva serão definidos por ato do Ministro do Trabalho e Emprego, ouvido o CNRT.

Subseção II
Da contribuição de negociação coletiva dos trabalhadores

Art. 48. A contribuição de negociação coletiva não poderá ultrapassar 1% (um por cento) do valor da remuneração recebida no ano anterior ao do desconto e será paga, no mínimo, em 3 (três) parcelas mensais, a partir do mês de abril, independentemente do número de contratos coletivos celebrados nos diversos âmbitos de negociação da entidade sindical.

§ 1º A base de cálculo da contribuição corresponderá ao "Total dos Rendimentos" indicado no "Comprovante de Rendimentos Pagos e de Retenção de Imposto de Renda na Fonte", deduzidas as quantias correspondentes ao imposto de renda retido na fonte e às contribuições previdenciárias oficial e privada.

§ 2º Quando o contrato de trabalho for extinto antes do desconto, a contribuição será paga de maneira proporcional ao número de meses trabalhados, no ato do pagamento das verbas rescisórias.

§ 3º O empregador deverá informar ao sindicato, até o final do mês de abril, o número de trabalhadores e o valor total dos salários, bruto e líquido, que foram considerados para o pagamento da contribuição.

Art. 49. A cobrança de contribuição de negociação coletiva é prerrogativa exclusiva do sindicato, cumprindo aos empregadores descontá-la da remuneração dos trabalhadores.

Parágrafo único. O repasse da contribuição deverá ser efetuado até o 10º (décimo) dia subseqüente ao desconto, sob pena de multa no valor de 10% (dez por cento) sobre o montante retido, acrescidos de juros de mora sobre o principal da dívida, sem prejuízo de cominações penais, em especial as relativas à apropriação indébita.

Art. 50. O rateio da contribuição aos demais integrantes da estrutura organizativa da entidade que participou da negociação coletiva obedecerá ao procedimento proposto pelo CNRT e aprovado pelo Ministro do Trabalho e Emprego, com os seguintes percentuais:

I — 10% (dez por cento) para as centrais sindicais;

II — 5% (cinco por cento) para as confederações;

III — 10% (dez por cento) para as federações;

IV — 70% (setenta por cento) para os sindicatos;

V — 5% (cinco por cento) para o Fundo Solidário de Promoção Sindical — FSPS, de que trata o Capítulo IV, do Título VI, desta Lei.

Parágrafo único. Quando a entidade sindical que participou da negociação não estiver filiada ou vinculada a qualquer dessas entidades, os percentuais a elas correspondentes serão repassados ao FSPS.

Subseção III
Da contribuição de negociação coletiva dos empregadores

Art. 51. A contribuição de negociação coletiva será paga no mês de maio de cada ano por todas as empresas ou unidades econômicas, independentemente do porte e do número de trabalhadores.

Parágrafo único. Estão isentas de pagamento as empresas ou unidades econômicas que não tiveram empregados para execução de suas atividades no ano anterior à estipulação da contribuição, conforme a Relação Anual das Informações Sociais — RAIS.

Art. 52. O valor da contribuição não poderá ultrapassar 0,8% (oito décimos percentuais) do valor do capital social da empresa ou unidade econômica registrada nas respectivas juntas comerciais ou órgãos equivalentes, e, para o setor rural, do valor da terra nua tributável, declarada no Imposto sobre a Propriedade Territorial Rural — ITR.

§ 1º A Secretaria da Receita Federal poderá celebrar convênios com as entidades sindicais do setor rural, com a finalidade de fornecer dados cadastrais de imóveis rurais que possibilitem a cobrança da contribuição de negociação coletiva a elas devidas.

§ 2º O recolhimento da contribuição efetuado fora do prazo previsto no artigo anterior será acrescido de multa de 10% (dez por cento) sobre o montante devido, além de juros de mora sobre o principal da dívida.

Art. 53. O valor mínimo da contribuição será equivalente a R$ 100,00 (cem Reais), revisto anualmente com base na média de reajustes salariais concedidos pelo respectivo setor econômico no ano anterior, e não poderá ultrapassar a quantia equivalente a 800 (oitocentas) vezes o valor mínimo.

Art. 54. A confederação poderá propor à assembléia a tabela de contribuição de negociação coletiva, observados os critérios referidos nos artigos anteriores.

Art. 55. O rateio da contribuição com os demais integrantes da estrutura organizativa da entidade que participou da negociação coletiva obedecerá ao procedimento proposto pelo CNRT, aprovado pelo Ministro do Trabalho e Emprego, com os seguintes percentuais:

I — 10% (dez por cento) para as confederações;

II — 20% (vinte por cento) para as federações;

III — 65% (sessenta e cinco por cento) para os sindicatos;

IV — 5% (cinco por cento) para o FSPS.

Parágrafo único. Quando a entidade sindical que participou da negociação coletiva não estiver filiada ou vinculada a qualquer dessas entidades, os percentuais a elas correspondentes serão repassados ao FSPS.

Subseção IV
Da prestação de contas

Art. 56. As entidades sindicais organizarão os lançamentos contábeis de forma a permitir o acompanhamento das transações, dos débitos e dos créditos, do recolhimento e do repasse das contribuições, assim como o conhecimento da composição patrimonial, a determinação dos custos dos serviços, o levantamento dos balanços gerais, a análise e a interpretação dos resultados econômicos e financeiros.

Art. 57. Os dirigentes sindicais responderão pela violação aos deveres de:

I — proceder à regular escrituração contábil e à prestação anual de contas na forma e segundo os padrões e normas gerais da contabilidade, ajustados às peculiaridades das respectivas entidades;

II — manter disponíveis à livre consulta de qualquer representado, pelo prazo de 5 (cinco) anos, o balanço, os balancetes, a memória completa dos lançamentos contábeis dos créditos e dos repasses referentes à contribuição de negociação coletiva, a cópia do estatuto da entidade vigente no período respectivo e a relação nominal atualizada dos dirigentes sindicais, com a respectiva ata de posse;

III — proporcionar, por todos os meios a alcance, o acesso dos representados aos estatutos e às informações aludidas nos incisos anteriores deste artigo.

Art. 58. A entidade sindical deverá manter atualizado o registro dos nomes e endereços de seus filiados.

Parágrafo único. As alterações na diretoria e no estatuto da entidade sindical deverão ser informadas ao Ministério do Trabalho e Emprego.

TÍTULO III
DA REPRESENTAÇÃO DOS TRABALHADORES NOS LOCAIS DE TRABALHO

Capítulo I
Das Disposições Preliminares

Art. 59. É assegurada a representação dos trabalhadores, nos locais de trabalho, com a finalidade de promover-lhes o entendimento direto com a empresa.

Art. 60. A representação dos trabalhadores nos locais de trabalho obedecerá ao disposto neste Título e, no que for cabível, às normas da Recomendação n. 143 e da Convenção n. 135 da Organização Internacional do Trabalho — OIT.

Art. 61. A representação dos trabalhadores nos locais de trabalho integra o sistema sindical e, sem prejuízo de sua autonomia, atua em colaboração com as entidades sindicais.

§ 1º Somente poderá existir uma única representação por local de trabalho.

§ 2º A representação dos trabalhadores será exercida conforme o regimento aprovado em assembléia.

Capítulo II
Dos Objetivos

Art. 62. A representação dos trabalhadores tem como objetivos:

I — representar os trabalhadores perante a administração da empresa

II — aprimorar o relacionamento entre a empresa e seus trabalhadores com base nos princípios da boa-fé e do respeito mútuo;

III — promover o diálogo e o entendimento no ambiente de trabalho com o fim de prevenir conflitos;

IV — buscar soluções para os conflitos decorrentes da relação de trabalho, de forma rápida e eficaz, visando à efetiva aplicação das normas legais e contratuais;

V — mediar e conciliar os conflitos individuais do trabalho;

VI — assegurar tratamento justo e imparcial aos trabalhadores, impedindo qualquer forma de discriminação por motivo de sexo, idade, raça, cor, religião, opinião política, atuação sindical, nacionalidade ou origem social;

VII — encaminhar reivindicações específicas dos trabalhadores de seu âmbito de representação;

VIII — acompanhar o cumprimento das leis trabalhistas, previdenciárias e dos contratos coletivos.

Capítulo III
Da Instalação

Art. 63. A representação dos trabalhadores será instalada pelo sindicato com personalidade sindical, por sua iniciativa ou por solicitação escrita de 20% (vinte por cento) dos trabalhadores com mais de 6 (seis) meses na empresa.

§ 1º O sindicato deverá comunicar previamente a instalação da representação ao empregador e ao órgão local do Ministério do Trabalho e Emprego.

§ 2º O sindicato que receber a solicitação dos trabalhadores terá o prazo de 30 (trinta) dias para convocar as eleições.

§ 3º Existindo mais de um sindicato no mesmo âmbito de representação, a constituição da representação dos trabalhadores será promovida de forma conjunta, sendo que a recusa de um deles não poderá impedir a iniciativa do outro.

§ 4º Caracterizada a recusa do sindicato, os trabalhadores poderão instalar diretamente a representação.

Art. 64. A representação dos trabalhadores será constituída nas empresas, de acordo com a seguinte proporção:

I — de 30 (trinta) a 80 (oitenta) trabalhadores: 1 (um) representante;

II — de 81 (oitenta e um) a 150 (cento e cinqüenta) trabalhadores: 2 (dois) representantes;

III — de 151 (cento e cinqüenta e um) a 300 (trezentos) trabalhadores: 3 (três) representantes;

IV — de 301 (trezentos e um) a 500 (quinhentos) trabalhadores: 4 (quatro) representantes;

V — de 501 (quinhentos e um) a 800 (oitocentos) trabalhadores: 5 (cinco) representantes;

VI — de 801 (oitocentos e um) a 1.000 (mil) trabalhadores: 6 (seis) representantes.

§ 1º Em empresa com mais de 1.000 (mil) trabalhadores, deverão ser acrescidos 2 (dois) representantes para cada 1.000 (mil) ou fração superior a 500 (quinhentos) trabalhadores.

§ 2º Em empresa com menos de 30 (trinta) trabalhadores, a representação poderá ser criada por contrato coletivo.

§ 3º Em empresa que possua, no mesmo âmbito de representação sindical, mais de um estabelecimento com menos de 30 (trinta) trabalhadores cada um, mas que, somados, alcancem esse número, a representação será constituída com base no total de trabalhadores.

§ 4º Na hipótese do parágrafo anterior, o sindicato indicará em qual estabelecimento será constituída a representação, cujos membros deverão ser eleitos e atuar nos respectivos locais de trabalho.

§ 5º Para a fixação do número de representantes será considerada a quantidade de trabalhadores na empresa no período de 3 (três) meses anteriores à data marcada para a eleição.

Capítulo IV
Da Eleição e da Posse

Art. 65. Cabe ao sindicato com personalidade sindical convocar a eleição para escolha de representante dos trabalhadores na empresa do respectivo âmbito de representação, com antecedência de 30 (trinta) dias.

Art. 66. Existindo mais de um sindicato no mesmo âmbito de representação, a eleição será promovida de forma conjunta, sendo que a recusa de um deles não impedirá a realização do processo eleitoral.

Art. 67. Os representantes serão eleitos mediante sufrágio livre, pessoal, direto e secreto.

§ 1º Os candidatos participarão da eleição por meio de chapas.

§ 2º Os candidatos à representação concorrerão em igualdade de condições, em especial no que concerne ao tempo de campanha e à disposição dos nomes na cédula eleitoral.

§ 3º A composição da representação dos trabalhadores será determinada pela proporcionalidade dos votos obtidos pelas chapas que alcançarem no mínimo 20% (vinte por cento) dos votos válidos.

§ 4º O empregador deverá oferecer os meios necessários para o normal desenvolvimento do processo eleitoral. Art. 68. São eleitores todos os que estiverem trabalhando na empresa há mais de 6 (seis) meses.

Art. 69. Podem ser eleitos todos os trabalhadores com mais de 18 (dezoito) anos de idade e empregados na empresa há mais de 12 (doze) meses, contados os períodos descontínuos.

Art. 70. Os ocupantes de cargos de gestão não poderão votar nem ser votados para a representação dos trabalhadores.

Parágrafo único. O representante promovido a cargo de gestão perderá imediatamente seu mandato.

Art. 71. Apurados os votos, serão declarados os eleitos, que tomarão posse no primeiro dia útil seguinte à eleição ou ao término do mandato anterior.

Parágrafo único. Os eleitos, de comum acordo, poderão indicar o coordenador e o secretário da representação.

Art. 72. Os documentos referentes ao processo eleitoral deverão permanecer, pelo prazo de 6 (seis) anos, sob a guarda do sindicato e à disposição para livre consulta de qualquer trabalhador, do Ministério Público do Trabalho e do Ministério do Trabalho e Emprego.

Parágrafo único. São documentos essenciais ao processo eleitoral:

I — ata da reunião que indicou os integrantes da mesa eleitoral, da comissão eleitoral e o presidente do processo eleitoral;

II — edital de convocação;

III — cópia do requerimento de registro de chapa e fichas de qualificação individual dos candidatos;

IV — lista de eleitores;

V — exemplar da cédula eleitoral;

VI — ata da votação;

VII — ata da eleição;

VIII — cópia das impugnações e das decisões;

IX — ata de posse.

Art. 73. As omissões na disciplina do processo eleitoral serão integradas pelas disposições do estatuto do sindicato destinadas a regulamentar a eleição dos dirigentes sindicais.

Capítulo V
Do Mandato

Art. 74. O mandato dos representantes será de 3 (três) anos, sendo permitida uma reeleição.

Art. 75. A representação dos trabalhadores não poderá sofrer redução no número de representantes e nem ser extinta antes do término do mandato, ainda que haja diminuição de trabalhadores, ressalvado o caso de encerramento das atividades da empresa.

Art. 76. Os representantes poderão ser destituídos somente por deliberação de assembléia especialmente convocada para esse fim pelo sindicato ou por, no mínimo, 1/3 (um terço) dos trabalhadores da empresa.

Parágrafo único. A destituição será decidida pelo voto da maioria absoluta dos trabalhadores, mediante sufrágio pessoal, livre, direto e secreto, com a observância dos princípios do contraditório e da ampla defesa.

Art. 77. Havendo vacância, será realizada eleição para a escolha do substituto que concluirá o mandato.

Parágrafo único. Caso fique comprovado que a vacância decorreu de ato discriminatório do empregador, o representante afastado retornará à representação, sem prejuízo do mandato do substituto.

Art. 78. A vacância, a substituição e a extinção do mandato deverão ser comunicadas ao Ministério do Trabalho e Emprego.

Art. 79. Os trabalhadores deverão ser informados sobre o exercício do mandato da representação.

Capítulo VI
Da Proteção aos Representantes e à Representação

Art. 80. O representante dos trabalhadores goza de proteção contra todo ato de discriminação em razão de sua atuação, contemporânea ou pregressa.

Art. 81. São assegurados ao representante:

I — proteção contra dispensa a partir do registro da candidatura e, se eleito, até um ano após o final do mandato, salvo se cometer falta grave nos termos da lei;

II — proteção contra transferência unilateral, exceto no caso de extinção do estabelecimento;

III — liberdade de opinião, garantindo-se a publicação e distribuição de material de interesse dos trabalhadores.

Art. 82. Para o exercício de suas funções, o representante terá direito a crédito mensal de horas, conforme o disposto em contrato coletivo.

Art. 83. A representação dos trabalhadores deverá dispor de local adequado na empresa para que possa desenvolver suas atividades, além de um ou mais quadros de aviso.

Art. 84. Constitui conduta anti-sindical a violação das garantias destinadas à proteção dos representantes e à instalação, eleição, funcionamento e renovação da representação dos trabalhadores.

Capítulo VII
Do Direito de Informação e de Reunião

Art. 85. A representação dos trabalhadores terá acesso às informações da empresa que forem necessárias ao efetivo cumprimento de suas atribuições.

Art. 86. O representante deverá preservar o sigilo das informações que forem recebidas com a expressa advertência do caráter confidencial, o qual será observado mesmo após o final do mandato.

Art. 87. É direito dos trabalhadores reunirem-se em assembléia, que poderá ser convocada pela representação ou por, pelo menos, 20% (vinte por cento) dos trabalhadores da empresa.

Parágrafo único. A assembléia durante o horário de trabalho poderá ser convocada somente mediante acordo com a empresa.

Capítulo VIII
Da Negociação Coletiva na Empresa

Art. 88. A negociação coletiva na empresa poderá ser conduzida diretamente pela representação dos trabalhadores.

§ 1º No prazo de até 5 (cinco) dias antes do início da negociação coletiva, o sindicato deverá ser notificado sobre o objeto da negociação e poderá avocar sua direção.

§ 2º Em caso de omissão do sindicato, presume-se que a representação dos trabalhadores está autorizada a prosseguir na negociação coletiva.

§ 3º Até a aprovação da proposta por assembléia de trabalhadores, o sindicato poderá avocar a direção da negociação coletiva.

§ 4º Após a aprovação da proposta, a representação dos trabalhadores comunicará ao sindicato o acordo para a celebração do contrato coletivo.

§ 5º Em caso de recusa do sindicato em celebrar o contrato coletivo, aplicar-se-á o disposto no art. 103 desta Lei.

Capítulo IX
Da Conciliação de Conflito Individual

Art. 89. Os trabalhadores poderão requerer à representação que promova tentativa de conciliação com o empregador.

§ 1º O pedido de conciliação deverá esclarecer o objeto da pretensão e será formulado por escrito ou reduzido a termo pela representação, entregando-se cópia datada e assinada ao empregador e ao trabalhador.

§ 2º O sindicato deverá ser comunicado do requerimento com 72 (setenta e duas) horas de antecedência, para que possa acompanhar a reunião designada pela representação.

Art. 90. Não prosperando a conciliação, será fornecida ao empregado e ao empregador declaração da tentativa conciliatória frustrada com a descrição de seu objeto, firmada por eles e pela representação.

Art. 91. Alcançada a conciliação, será lavrado termo discriminando o objeto e as condições do ajuste, que será assinado pelo trabalhador, pelo empregador, pelo membro do sindicato e pela representação, fornecendo-se cópias às partes.

Parágrafo único. O termo de conciliação é título executivo extrajudicial e terá eficácia liberatória somente em relação aos títulos e períodos que nele forem expressamente discriminados.

Art. 92. O prazo prescricional será suspenso a partir do requerimento de conciliação, recomeçando a fluir, pelo que lhe resta, a partir da data da declaração de que trata o art. 90 desta Lei.

TÍTULO IV
DO DIÁLOGO SOCIAL, DA NEGOCIAÇÃO COLETIVA E DO CONTRATO COLETIVO DE TRABALHO

Art. 93. O Estado promoverá o diálogo social, o fortalecimento das negociações tripartites e a participação proporcional das centrais sindicais e das confederações de empregadores nos colegiados dos órgãos públicos em que seus interesses sejam objeto de discussão e deliberação.

Parágrafo único. O diálogo social e as negociações tripartites serão conduzidos pelas centrais sindicais e pelas entidades sindicais de empregadores, conforme a natureza dos interesses envolvidos.

Art. 94. A negociação coletiva e o contrato coletivo de trabalho obedecerão ao disposto neste Título e, no que for cabível, às normas das Convenções ns. 98 e 154, da Organização Internacional do Trabalho — OIT.

Art. 95. O Estado deverá incentivar a negociação coletiva para que os contratos coletivos tenham aplicação ao maior número possível de trabalhadores e de empregadores.

Art. 96. Para os fins desta Lei, consideram-se:

I — atores coletivos, as entidades sindicais, os empregadores e as representações dos trabalhadores nos locais de trabalho;

II — negociação coletiva, o procedimento adotado pelos atores coletivos visando a celebração de contrato coletivo ou a resolução de conflitos coletivos de trabalho;

III — contrato coletivo, o negócio jurídico por meio do qual se estabelecem condições de trabalho e relações obrigacionais entre os atores coletivos;

IV — nível de negociação e de contrato coletivo, a empresa ou grupo de empresas, o ramo de atividade e o setor econômico.

Art. 97. A negociação coletiva e o contrato coletivo de trabalho poderão ter abrangência nacional, interestadual, estadual, intermunicipal e municipal.

Parágrafo único. As confederações, federações e sindicatos de trabalhadores e de empregadores poderão instaurar a negociação coletiva e celebrar o contrato coletivo.

Art. 98 A negociação coletiva deverá guardar correspondência com o âmbito de representação dos atores coletivos.

§ 1º O nível inicial da negociação coletiva corresponde à organização dos sindicatos de trabalhadores.

§ 2º As diferenças de organização e de critérios de agregação entre as entidades sindicais de trabalhadores e de empregadores não poderão ser invocadas como justificativa para a recusa à negociação coletiva.

Art. 99. A conduta de boa-fé constitui princípio da negociação coletiva.

§ 1º Para os fins desta Lei, considera-se boa-fé o dever de:

I — participar da negociação coletiva quando regularmente requerida, salvo justificativa razoável;

II — formular e responder a propostas e contrapropostas que visem a promover o diálogo entre os atores coletivos;

III — prestar informações, definidas de comum acordo, no prazo e com o detalhamento necessário à negociação;

IV — preservar o sigilo das informações recebidas com esse caráter;

V — obter autorização da assembléia para propor negociação coletiva, celebrar contrato coletivo de trabalho e provocar a atuação da Justiça do Trabalho, de árbitro ou de órgão arbitral para a solução do conflito coletivo de interesses.

§ 2º A violação ao dever de boa-fé equipara-se à conduta anti-sindical.

Art. 100. As entidades sindicais de trabalhadores e de empregadores apenas poderão propor a negociação coletiva com pauta específica e celebrar contratos coletivos por deliberação de assembléia geral dos sindicatos especialmente convocada para esses fins, conforme o disposto nos respectivos estatutos.

§ 1º A assembléia será precedida de ampla e efetiva divulgação, com antecedência razoável.

§ 2º Havendo negociação de nível superior ao âmbito de atuação dos sindicatos, a participação na assembléia será definida no estatuto da entidade de atuação mais abrangente.

§ 3º O contrato coletivo de nível superior poderá indicar as cláusulas que não serão objeto de modificação em níveis inferiores.

§ 4º O sindicato ficará vinculado ao contrato coletivo de nível superior se não requerer sua exclusão até o momento da celebração.

Art. 101. Quando existir mais de uma entidade com personalidade sindical no mesmo âmbito de representação, quem tomar a iniciativa da negociação deverá notificar todas as demais para que possam participar do procedimento.

§ 1º A negociação será conduzida por comissão formada na proporção da representatividade das entidades sindicais.

§ 2º Os atores coletivos estabelecerão, de comum acordo, o limite numérico para a composição das respectivas bancadas.

§ 3º As entidades sindicais de trabalhadores ou de empregadores definirão, de comum acordo, a pauta de negociação e os procedimentos de consulta aos representados.

§ 4º O contrato coletivo poderá ser celebrado por qualquer entidade sindical que participar da negociação, e que cumpra os procedimentos de consulta aos representados, e terá por abrangência todos os representados na empresa, ramo de atividade ou setor econômico.

Art. 102. Os atores coletivos têm o dever de participar da negociação coletiva nos respectivos âmbitos de representação, mas não de celebrar o contrato coletivo.

Art. 103. Havendo recusa, devidamente comprovada, à negociação por parte das entidades representativas, será conferida a outra entidade sindical do mesmo ramo de atividade ou setor econômico a titularidade da negociação coletiva.

§ 1º A recusa reiterada à negociação caracteriza conduta anti-sindical e sujeita as entidades sindicais de trabalhadores ou de empregadores à perda da personalidade sindical.

§ 2º A recusa em celebrar o contrato coletivo não caracteriza recusa à negociação coletiva.

Art. 104. Os contratos coletivos observarão a forma escrita e deverão conter as condições ajustadas e ementa, com indicação dos sujeitos, do nível e do âmbito de representação dos atores coletivos.

§ 1º No prazo de 8 (oito) dias da data da celebração, os atores coletivos promoverão o depósito de uma via do contrato coletivo no órgão competente do Ministério do Trabalho e Emprego.

§ 2º O Ministério do Trabalho e Emprego deverá providenciar ampla e periódica divulgação das ementas dos contratos coletivos registrados.

Art. 105. A vigência dos contratos coletivos será de até 3 (três) anos, salvo acordo em sentido contrário.

§ 1º Os contratos coletivos poderão estabelecer regras para que os efeitos de suas cláusulas subsistam após o término de sua vigência.

§ 2º Os efeitos do contrato coletivo subsistirão durante os 90 (noventa) dias subseqüentes ao término da vigência, após os quais as partes, de comum acordo, poderão ajustar nova prorrogação.

§ 3º Em caso de impasse, os atores coletivos, desde que de comum acordo e mediante autorização das respectivas assembléias, poderão requerer à Justiça do Trabalho ou a órgão arbitral a solução do conflito de interesses, na forma prevista no Capítulo V, do Título VII, desta Lei.

TÍTULO V
DO DIREITO DE GREVE

Art. 106. A greve é direito fundamental dos trabalhadores e seu exercício será disciplinado pelo presente Título.

Art. 107. Entende-se por greve a suspensão coletiva e temporária, total ou parcial, da prestação pessoal de serviços.

Art. 108. A titularidade do direito de greve e a oportunidade de sua deflagração pertencem aos trabalhadores.

Parágrafo único. O estatuto da entidade sindical deverá estabelecer as formalidades de convocação da assembléia geral e o número mínimo de trabalhadores para deliberar sobre a deflagração da greve.

Art. 109. O empregador ou suas entidades sindicais serão comunicados por escrito, com antecedência mínima de 72 (setenta e duas) horas, do início da paralisação.

Parágrafo único. Em caso de greve motivada por atraso no pagamento de salário ou por descumprimento de contrato coletivo ou de sentença proferida na forma do Capítulo V, do Título VII, desta Lei, fica dispensado o prévio aviso, salvo nos serviços e atividades essenciais à comunidade.

Art. 110. São assegurados aos grevistas o emprego de meios pacíficos tendentes a persuadir os trabalhadores a aderirem à greve, a arrecadação de fundos e a livre divulgação do movimento.

§ 1º Os meios adotados por trabalhadores e empregadores não poderão violar nem constranger os direitos e garantias fundamentais.

§ 2º As manifestações e os atos de persuasão não poderão causar dano à pessoa nem à propriedade.

§ 3º É vedado ao empregador constranger o trabalhador a comparecer ao trabalho com o objetivo de frustrar ou dificultar o exercício do direito de greve.

§ 4º É nulo de pleno direito todo ato que represente discriminação em razão do exercício do direito de greve.

Art. 111. A greve implica suspensão do contrato de trabalho, podendo seus efeitos ser regidos por contrato coletivo ou por sentença proferida na forma do Capítulo V, do Título VII, desta Lei.

§ 1º O pagamento correspondente aos dias de paralisação dependerá de estipulação em contrato coletivo ou de sentença proferida na forma do Capítulo V, do Título VII, desta Lei.

§ 2º É vedada a dispensa do trabalhador durante a greve, bem como a contratação de mão-de-obra destinada à substituição de grevistas.

Art. 112. As reivindicações de greve que tenham por objetivo a criação, a modificação ou a extinção de direitos serão objeto de contrato coletivo ou de sentença judicial ou arbitral, na forma do Capítulo V, do Título VII, desta Lei.

Art. 113. Durante a greve, a entidade sindical de trabalhadores, mediante acordo com o empregador, deverá manter equipes com o objetivo de assegurar os serviços cuja paralisação resulte em danos a pessoas ou prejuízo irreparável pela deterioração irreversível de bens, além de garantir a manutenção dos serviços necessários à retomada das atividades.

§ 1º A entidade sindical de trabalhadores e os empregadores, ou suas entidades sindicais, poderão, previamente ou durante a greve, definir os setores e o número de trabalhadores necessários à preservação dos serviços mínimos enquanto perdurar a paralisação.

§ 2º Não havendo acordo, o empregador poderá, durante o período de greve, contratar diretamente os serviços mínimos, definindo, de modo razoável, os setores e o número de trabalhadores, sem comprometer o exercício e a eficácia do direito de greve, sob pena de caracterizar ato anti-sindical.

Art. 114. São considerados serviços ou atividades essenciais à comunidade, independentemente do regime jurídico da prestação de serviços:

I — tratamento e abastecimento de água, produção e distribuição de energia elétrica, gás e combustíveis;

II — assistência médica e hospitalar;

III — distribuição e comercialização de medicamentos e alimentos;

IV — funerários;

V — transporte coletivo;

VI — captação e tratamento de esgoto e lixo;

VII — telecomunicações;

VIII — guarda, uso e controle de substâncias radioativas, equipamentos e materiais nucleares;

IX — processamento de dados ligados a serviços essenciais;

X — controle de tráfego aéreo;

XI — compensação bancária.

Art. 115. Nos serviços ou atividades essenciais, as necessidades inadiáveis da comunidade serão atendidas na forma do art. 113 desta Lei.

Parágrafo único. São necessidades inadiáveis da comunidade aquelas que, quando não atendidas, coloquem em perigo iminente a vida, a saúde ou a segurança das pessoas.

Art. 116. Na greve em serviços ou atividades essenciais, a Administração poderá propor e participar da negociação coletiva, visando a garantir a satisfação das necessidades inadiáveis da comunidade.

Art. 117. Na greve em serviços ou atividades essenciais, a entidade sindical de trabalhadores deverá comunicar à população a data do início da paralisação e o empregador ou suas entidades sindicais deverão informar os serviços mínimos que serão mantidos, com antecedência de 48 (quarenta e oito) horas.

Art. 118. É vedada a paralisação das atividades, por iniciativa do empregador, com o objetivo de frustrar a negociação ou dificultar o atendimento de reivindicações dos respectivos empregados *(lockout).*

Parágrafo único. A paralisação por iniciativa do empregador assegura aos trabalhadores o direito ao pagamento dos salários durante o respectivo período.

Art. 119. A responsabilidade pelos atos ilícitos ou crimes cometidos no curso da greve será apurada, conforme o caso, segundo a legislação trabalhista, civil e penal.

TÍTULO VI
DO CONSELHO NACIONAL DE RELAÇÕES DE TRABALHO

Capítulo I
Das Disposições Preliminares

Art. 120. Fica instituído no âmbito do Ministério do Trabalho e Emprego o Conselho Nacional de Relações de Trabalho — CNRT, de caráter tripartite e paritário, composto de representantes indicados pelo Governo Federal, pelos trabalhadores e pelos empregadores.

Art. 121. Compete ao Ministério do Trabalho e Emprego a nomeação dos membros dos órgãos do CNRT, observadas as indicações das respectivas representações.

Art. 122. A atividade exercida no CNRT é de relevante interesse público e não confere o direito ao pagamento de qualquer remuneração.

Art. 123. Os mandatos dos representantes dos trabalhadores e dos empregadores têm caráter institucional, facultando-se às respectivas entidades sindicais substituir seus representantes, na forma do Regimento Interno do CNRT.

§ 1º Os representantes dos trabalhadores e dos empregadores terão mandato de 3 (três) anos, permitida uma recondução.

§ 2º A cada três anos deverá haver a renovação de, pelo menos, um terço dos representantes dos trabalhadores e dos empregadores.

§ 3º A convocação dos suplentes será assegurada mediante a justificativa da ausência do respectivo titular, na forma do Regimento Interno do CNRT.

Art. 124. Todas as decisões do Ministro do Trabalho e Emprego em matéria de competência do CNRT serão motivadas, sob pena de nulidade.

Capítulo II
Da Estrutura

Art. 125. O CNRT é constituído pela Câmara Tripartite e por 2 (duas) Câmaras Bipartites.

Art. 126. A Câmara Tripartite é constituída por 15 (quinze) membros e respectivos suplentes, assim definidos:

I — 5 (cinco) representantes dos trabalhadores, indicados pelas centrais sindicais com personalidade sindical;

II — 5 (cinco) representantes dos empregadores, indicados pelas confederações com personalidade sindical;

III — 5 (cinco) representantes do Governo, indicados pelo Ministro do Trabalho e Emprego.

Art. 127. As Câmaras Bipartites são compostas, cada uma, por 10 (dez) membros e respectivos suplentes, assim definidos:

I — 5 (cinco) representantes dos trabalhadores, indicados pelas centrais sindicais com personalidade sindical, e 5 (cinco) representantes do Governo, indicados pelo Ministro do Trabalho e Emprego;

II — 5 (cinco) representantes dos empregadores, indicados pelas confederações com personalidade sindical, e 5 (cinco) representantes do Governo, indicados pelo Ministro do Trabalho e Emprego;

Parágrafo único. É vedada aos membros da Câmara Tripartite a participação na composição das Câmaras Bipartites.

Art. 128. O preenchimento das vagas dos representantes dos trabalhadores no CNRT, quando necessário, observará a proporcionalidade da representação das centrais sindicais.

Capítulo III
Do Funcionamento

Art. 129. A Presidência e a Vice-Presidência do CNRT serão exercidas pelas mesmas pessoas que ocuparem a Presidência e a Vice-Presidência da Câmara Tripartite.

§ 1º A Presidência da Câmara Tripartite terá mandato definido e será alternada entre as representações, na forma do Regimento Interno.

§ 2º A Vice-Presidência da Câmara Tripartite será exercida por um representante do Governo, quando a presidência couber à representação dos trabalhadores ou dos empregadores, e será indicada dentre os integrantes dessas representações quando a presidência couber ao Governo.

Art. 130. A coordenação das Câmaras Bipartites será alternada entre as representações, na forma do Regimento Interno do CNRT, sendo exercida pelo Ministério do Trabalho e Emprego, quando couber à representação do Governo.

Parágrafo único. O critério de desempate na votação será definido no Regimento Interno do CNRT.

Capítulo IV
Do Fundo Solidário de Promoção Sindical

Art. 131. Fica instituído, nas respectivas esferas de representação, o FSPS, vinculado ao Ministério do Trabalho e Emprego, destinado ao custeio das atividades do CNRT e de programas, estudos, pesquisas e ações voltadas à promoção das relações sindicais e do diálogo social.

Art. 132. O FSPS é constituído pelos recursos da contribuição de negociação coletiva a ele recolhidos e é composto de duas contas:

I — conta da contribuição dos trabalhadores;

II — conta da contribuição dos empregadores.

§ 1º A administração da respectiva conta deverá observar as normas de direito financeiro aplicáveis à espécie.

§ 2º Os responsáveis pela execução dos programas financiados pelo FSPS deverão apresentar às Câmaras Bipartites relatórios periódicos de acompanhamento físico e financeiro dos recursos aplicados.

Capítulo V
Das Atribuições

Art. 133. Compete à Câmara Tripartite:

I — aprovar o regimento interno do CNRT;

I — examinar e encaminhar para deliberação do Ministro do Trabalho e Emprego a lista de agregação por setores econômicos e ramos de atividades das entidades sindicais de trabalhadores e de empregadores, conforme propostas apresentadas pelas respectivas Câmaras Bipartites;

III — aprovar o procedimento de recolhimento e da prestação de contas dos valores da contribuição de negociação coletiva;

IV — propor, para aprovação do Ministro do Trabalho e Emprego, as disposições estatutárias mínimas a serem observadas pelos sindicatos que postularem a exclusividade de representação, visando a assegurar princípios de liberdade organizativa, democracia interna e de respeito aos direitos de minoria;

V — definir os procedimentos e prazos relativos à contestação e à confirmação da personalidade sindical;

VI — propor os setores econômicos e os ramos de atividade suscetíveis de representação específica, consideradas suas peculiaridades;

VII — propor a revisão de critérios e dirimir dúvidas relativas aos setores econômicos e ramos de atividade;

VIII — examinar, a cada 8 (oito) anos, a necessidade de revisão dos critérios de representatividade das entidades sindicais, propondo as alterações que julgar cabíveis;

IX — propor diretrizes de políticas públicas e opinar sobre programas e ações governamentais no âmbito das relações de trabalho;

X — opinar sobre as matérias previstas no art. 5º da Convenção 144 da Organização Internacional do Trabalho;

XI — opinar sobre pareceres referentes aos projetos legislativos em tramitação no Congresso Nacional, no âmbito das relações de trabalho;

XII — propor disposições normativas sobre assuntos afetos às relações de trabalho;

XIII — definir critérios para a utilização dos recursos do FSPS, considerando as propostas elaboradas pelas Câmaras Bipartites;

XIV — elaborar a proposta orçamentária do FSPS;

XV — deliberar sobre a prestação de contas e os relatórios de execução orçamentária e financeira do FSPS;

XVI — acompanhar a fiscalização e a administração do FSPS, podendo solicitar informações sobre contratos celebrados, ou em vias de celebração, e quaisquer outros atos, sem prejuízo das competências dos órgãos de controle interno e externo;

XVII — dar publicidade, com periodicidade anual, aos critérios de alocação e de uso dos recursos do FSPS;

XVIII — propor a alteração do rol de serviços ou atividades essenciais previsto nesta Lei;

XIX — propor diretrizes sobre as estatísticas e as informações referentes às relações de trabalho, representatividade, índice de filiação sindical, práticas anti-sindicais, greves, celebração de contratos coletivos e sentenças judiciais e arbitrais proferidas na solução de conflitos coletivos de interesses.

Art. 134. Os critérios referidos no inciso II do art. 133 desta Lei deverão observar, no que couber:

I — a compatibilidade entre os níveis de atuação das entidades sindicais de trabalhadores e de empregadores para efeito de negociação coletiva;

II — os índices oficiais de estatística em matéria de relações de trabalho.

Art. 135. As disposições referidas no inciso IV do art. 133 desta Lei deverão versar sobre os seguintes assuntos:

I — direitos e deveres dos filiados e dos membros da direção;

II — estrutura organizativa e suas finalidades;

III — composição da direção e suas atribuições;

IV — período dos mandatos dos membros da direção;

V — penalidades e perda do mandato;

VI — requisitos para votar e ser votado;

VII — conselho fiscal e prestação de contas;

VIII — remuneração dos membros da direção;

IX — processo eleitoral;

X — dissolução da entidade.

Art. 136. Compete às Câmaras Bipartites, nas respectivas esferas de representação:

I — definir a lista dos setores econômicos e dos ramos de atividade, submetendo-a à apreciação da Câmara Tripartite;

II — propor critérios para a utilização dos recursos do FSPS à Câmara Tripartite;

III — gerir o FSPS;

IV — selecionar programas a serem financiados com recursos do FSPS;

V — encaminhar à Câmara Tripartite subsídios para a elaboração da proposta orçamentária do FSPS;

VI — acompanhar a execução dos programas financiados com recursos do FSPS;

VII — proceder à prestação anual de contas referentes ao FSPS;

VIII — elaborar os relatórios de execução orçamentária e financeira do FSPS;

IX — Recomendar soluções ao Ministro do Trabalho nas contestações ao reconhecimento de personalidade sindical;

X — mediar e conciliar os conflitos de representatividade sindical;

XI — analisar o desempenho dos índices de sindicalização, conforme os critérios de representatividade definidos em lei;

XII — Recomendar soluções ao Ministro do Trabalho sobre os pedidos de reconsideração das decisões de cancelamento da exclusividade de representação e de perda da personalidade sindical.

TÍTULO VII
DA TUTELA JURISDICIONAL

Capítulo I
Das Disposições Preliminares

Art. 137. A tutela jurisdicional nos conflitos coletivos decorrentes da relação de trabalho obedecerá ao disposto neste Título.

Art. 138. Para a defesa dos direitos coletivos decorrentes da relação de trabalho são admissíveis todas as espécies de ações capazes de propiciar tempestiva, adequada e efetiva tutela jurisdicional.

Art. 139. Os juízes e os tribunais do trabalho empregarão sempre os seus bons ofícios e capacidade de persuasão no sentido de alcançar solução conciliatória dos conflitos coletivos decorrentes da relação de trabalho.

Art. 140. Às ações coletivas de que trata esta Lei aplicam-se os dispositivos do Título X da Consolidação das Leis do Trabalho, que disciplinam o processo do trabalho, naquilo que for compatível e sem prejuízo da aplicação subsidiária do processo comum.

Capítulo II
Das Ações Coletivas em Geral

Seção I
Dos direitos de trato processual coletivo

Art. 141. A defesa coletiva dos direitos decorrentes da relação de trabalho será exercida quando se tratar de:

I — direitos coletivos, assim entendidos os transindividuais, de natureza indivisível, de que seja titular grupo de pessoas ligadas entre si ou com a parte contrária por uma relação jurídica base;

II — direitos individuais homogêneos, assim entendidos os de natureza divisível, de que sejam titulares pessoas determinadas, que tenham origem no mesmo fato ou ato jurídico e que sejam caracterizados pela prevalência das questões comuns sobre as questões individuais;

III — direitos individuais, assim entendidos os de natureza divisível e de que sejam titulares pessoas determinadas, sempre que apresentarem afinidade de questões por um ponto comum de fato ou de direito, nas hipóteses previstas nesta lei.

Parágrafo único. O disposto nesta lei não prejudicará as hipóteses de defesa de direitos difusos previstas no processo comum.

Seção II
Da competência para a ação coletiva

Art. 142. As demandas coletivas serão processadas e julgadas pelo juízo:

I — do foro do lugar da prestação de serviços;

II — do foro da sede ou de filial do réu, quando se tratar de pedido de âmbito intermunicipal, estadual, interestadual ou nacional.

Art. 143. É competente para a execução o juízo:

I — da ação condenatória, nas hipóteses dos incisos I e III do art. 141 desta Lei;

II — da ação condenatória ou da liquidação da sentença, na hipótese do inciso II do art. 141 desta Lei.

Seção III
Da legitimidade para as ações coletivas

Art. 144. As entidades dotadas de personalidade sindical, nos respectivos âmbitos de representação, têm legitimidade concorrente para as ações coletivas.

Parágrafo único. Quando não ajuizar a demanda nos casos previstos em lei, o Ministério Público do Trabalho atuará como fiscal da lei, sempre que estiver presente o interesse público ou social.

Seção IV
Dos provimentos destinados à tutela jurisdicional das ações coletivas

Art. 145. Sendo relevante o fundamento da demanda e havendo justificado receio de ineficácia do provimento final, é lícito ao juiz, mediante requerimento da parte, conceder a tutela liminarmente ou após justificação prévia, citado o réu.

Parágrafo único. A liminar poderá ser revogada ou modificada, a qualquer tempo, em decisão fundamentada.

Art. 146. Quando a ação tiver por objeto o cumprimento de obrigação de fazer ou não fazer, o juiz concederá a tutela específica ou determinará providências que assegurem o resultado prático equivalente ao do adimplemento.

§ 1º A conversão da obrigação em perdas e danos somente será admissível se por elas optar o autor ou se for impossível a tutela específica ou a obtenção do resultado prático correspondente.

§ 2º A indenização por perdas e danos será definida sem prejuízo da multa de que trata este artigo.

§ 3º O juiz poderá, na liminar ou na sentença, impor multa diária ao réu, independentemente de pedido do autor, se for suficiente ou compatível com a obrigação, fixando prazo razoável para o cumprimento do preceito.

§ 4º Para a tutela específica ou para a obtenção do resultado prático equivalente, o juiz poderá determinar as medidas necessárias, tais como busca e apreensão, remoção de coisas e pessoas, desfazimento de obra, impedimento de atividade nociva, além de requisição de força policial.

§ 5º O juiz poderá, de ofício, modificar o valor ou a periodicidade da multa, caso verifique que ela se tornou insuficiente ou excessiva, bem como providenciar a imediata execução da quantia já vencida.

§ 6º A multa será exigível desde o dia em que se houver configurado o descumprimento à ordem e ficará depositada, em instituição oficial de crédito, até o trânsito em julgado da decisão.

§ 7º O valor da multa será destinado a fundo público cuja finalidade guarde conexão com o objeto da demanda.

Art. 147. Quando a ação tiver por objeto a entrega de coisa, o juiz, ao conceder a tutela específica, fixará o prazo para o cumprimento da obrigação.

Parágrafo único. Não cumprida a obrigação no prazo estabelecido, expedir-se-á em favor do credor mandado de busca e apreensão ou de imissão de posse, conforme se tratar de coisa móvel ou imóvel, sem prejuízo da aplicação da multa de que trata o artigo anterior.

Art. 148. O disposto nesta seção aplicar-se-á a todas as ações previstas neste Título.

Seção V
Das ações coletivas para a defesa de direitos individuais homogêneos

Subseção I
Das disposições gerais

Art. 149. O sindicato dotado de personalidade sindical, no âmbito de sua representação, poderá propor, em nome próprio e no interesse dos trabalhadores, demanda coletiva para a defesa de direitos individuais homogêneos.

Art. 150. Para os fins do art. 841 da Consolidação das Leis do Trabalho, o réu será citado para comparecer à primeira audiência desimpedida, depois do prazo de 30 (trinta) dias.

Art. 151. O sindicato poderá se conciliar com o réu mediante fórmula genérica, que fixará as condições do acordo e os critérios para que os beneficiados possam ser identificados na liquidação.

Parágrafo único. Vincular-se-ão às condições da conciliação os beneficiados que requererem a liquidação individual dentro do prazo ajustado no acordo e os filiados ao sindicato que, após a comunicação de que trata o art. 165 desta Lei, não requererem sua exclusão do processo.

Art. 152. O processo será extinto sem julgamento do mérito quando a origem do direito em que se amparar o pedido não for comum aos integrantes do grupo ou quando as questões individuais prevalecerem sobre as questões comuns.

Art. 153. Em caso de procedência do pedido, a condenação será genérica, fixando a responsabilidade do réu pelos danos causados e os critérios para que os beneficiados possam ser identificados na liquidação.

Art. 154. O sindicato deverá providenciar ampla divulgação da propositura da demanda e da sentença de homologação da conciliação ou do trânsito em julgado da sentença.

Art. 155. O ajuizamento da demanda coletiva não interromperá o prazo de prescrição das pretensões individuais dos integrantes do grupo.

Parágrafo único. No processo coletivo as pretensões individuais não serão atingidas pela prescrição intercorrente.

Subseção II
Da liquidação e da execução da decisão

Art. 156. A liquidação e a execução poderão ser promovidas pelo trabalhador ou pelo sindicato dotado de personalidade sindical, no âmbito de sua representação, em nome próprio e no interesse de seus filiados ou em nome de seus representados.

Art. 157. A liquidação, individual ou coletiva, poderá ser requerida no foro da prestação de serviços dos beneficiados e deverá ser acompanhada de certidão da sentença de homologação da conciliação ou de certidão da sentença de condenação, da qual deverá constar a ocorrência ou não do trânsito em julgado.

Art. 158. A liquidação coletiva deverá identificar os beneficiados, fornecer as informações individuais necessárias à fixação do crédito e estar acompanhada ou de prova de filiação ao sindicato ou dos instrumentos de mandato dos representados.

Art. 159. Com a prudência de não frustrar as vantagens da tutela jurisdicional coletiva, o juiz poderá limitar o número de substituídos ou de representados quando ele dificultar a defesa ou comprometer o julgamento do pedido.

Parágrafo único. O requerimento de limitação interromperá o prazo para resposta, que recomeçará da intimação da decisão.

Art. 160. Quando for necessário provar fato novo, a liquidação far-se-á por artigos, um para cada fato que se pretenda demonstrar, observado o procedimento comum da Consolidação das Leis do Trabalho.

Parágrafo único. Se for desnecessária a produção de prova oral, o juiz poderá dispensar a audiência e determinar que a contestação seja apresentada em Secretaria.

Art. 161. Será admitida a efetivação de decisão imediatamente executiva, decorrente de antecipação de tutela, quando a petição inicial estiver acompanhada de memória discriminada e atualizada dos cálculos, com a justificativa dos valores e suficiente identificação dos beneficiados.

Art. 162. A execução coletiva decorrente de sentença condenatória abrangerá os indivíduos cujos créditos já tenham sido fixados em sentença de liquidação, sem prejuízo do ajuizamento de outras execuções.

Seção VI
Das ações coletivas para a defesa de direitos individuais

Art. 163. O sindicato dotado de personalidade sindical, no âmbito de sua representação, poderá propor, em nome próprio e no interesse dos seus filiados, demanda coletiva para defesa de direitos individuais nas hipóteses previstas no § 2º do art. 195 da Consolidação das Leis do Trabalho, no art. 25 da Lei n. 8.036, de 11 de maio de 1990, e visando o cumprimento de cláusula de contrato coletivo ou de sentença proferida na forma do Capítulo V, do Título VII, desta Lei.

Art. 164. A petição inicial deverá identificar os substituídos, fornecer as informações individuais que forem necessárias ao julgamento da pretensão e será instruída com prova de filiação ao sindicato.

Art. 165. No prazo de 10 (dez) dias após o ajuizamento da demanda, o sindicato deverá comprovar que divulgou a instauração do processo, esclarecendo aos substituídos que os efeitos da sentença, favorável ou contrária, serão vinculativos para quem não requerer sua exclusão do processo.

§ 1º No prazo de 40 (quarenta) dias após o ajuizamento da demanda, o substituído poderá requerer sua exclusão do processo, independentemente da concordância do réu.

§ 2º Decorrido o prazo de que trata o parágrafo anterior, a exclusão dependerá da concordância do réu.

§ 3º O pedido será extinto sem julgamento do mérito se não for comprovada a tempestiva e adequada divulgação da instauração do processo aos substituídos.

§ 4º Observar-se-á o disposto neste artigo sempre que, em nome próprio e no interesse de seus filiados, o sindicato requerer a liquidação de sentença genérica proferida em processo instaurado para a defesa de direitos individuais homogêneos.

Art. 166. A conciliação será permitida apenas mediante autorização escrita ou por requerimento do substituído, ouvido o sindicato.

Art. 167. Em caso de procedência do pedido, a condenação fixará o direito de cada substituído e a responsabilidade do réu pelos danos causados.

Art. 168. A liquidação e a execução da sentença serão promovidas pelo substituído ou pelo sindicato, sendo desnecessária a providência de que trata o art. 165 desta Lei.

Art. 169. Às ações coletivas de que trata esta Seção aplica-se o disposto nos arts. 150 e 159 desta Lei.

Seção VII
Da coisa julgada

Art. 170. Nas ações coletivas previstas neste Título, o conteúdo da sentença fará coisa julgada:

I — *ultra partes*, mas limitadamente ao grupo, quando se tratar da hipótese prevista no inciso I do art. 141 desta Lei;

II — *erga omnes*, apenas no caso de procedência do pedido, para beneficiar todos os integrantes do grupo, na hipótese do inciso II do art. 141 desta Lei;

III — *erga omnes*, no caso de procedência ou de improcedência do pedido, para beneficiar ou prejudicar o autor da demanda e o titular da relação jurídica controvertida, na hipótese do inciso III do art. 141 desta Lei, bem como na liquidação coletiva de direitos individuais homogêneos.

§ 1º Na hipótese prevista no inciso I, a coisa julgada não prejudicará direitos individuais dos integrantes do grupo.

§ 2º Na hipótese prevista no inciso II, em caso de improcedência do pedido os interessados poderão ajuizar igual demanda a título individual, no prazo de até dois anos após o trânsito em julgado da sentença.

Art. 171. Configurar-se-á litispendência quando o Ministério Público do Trabalho ou qualquer entidade sindical do mesmo âmbito de representação ajuizar demanda com a mesma causa de pedir e o mesmo pedido em face do réu.

Parágrafo único. Nas hipóteses previstas nos incisos I e II do art. 141 desta Lei, as demais entidades sindicais do mesmo âmbito de representação serão notificadas do ajuizamento da demanda e poderão intervir como assistentes litisconsorciais.

Art. 172. Nas hipóteses previstas nos incisos I e II do art. 141 desta Lei, as demandas coletivas não induzirão litispendência para as demandas individuais, mas a autoridade da coisa julgada não beneficiará os autores destas se não for requerida a suspensão do processo no prazo de 30 (trinta) dias, a contar da ciência nos autos do ajuizamento da demanda coletiva.

Capítulo III
Da Ação de Prevenção e Repressão à Conduta Anti-Sindical

Art. 173. Sempre que o empregador comportar-se de maneira a impedir ou limitar a liberdade e a atividade sindical, bem como o exercício do direito de greve, o juiz do trabalho, em decisão imediatamente executiva, poderá ordenar a cessação do comportamento ilegítimo e a eliminação de seus efeitos.

Art. 174. Têm legitimidade concorrente para o ajuizamento da demanda a entidade dotada de personalidade sindical, no âmbito de sua representação, e o trabalhador prejudicado pela conduta anti-sindical.

Art. 175. Sem prejuízo de outras hipóteses previstas em lei, configura conduta antisindical todo e qualquer ato do empregador que tenha por objetivo impedir ou limitar a liberdade ou a atividade sindical, tais como:

I — subordinar a admissão ou a preservação do emprego à filiação ou não a uma entidade sindical;

II — subordinar a admissão ou a preservação do emprego ao desligamento de uma entidade sindical;

III — despedir ou discriminar trabalhador em razão de sua filiação a sindicato, participação em greve, atuação em entidade sindical ou em Representação dos Trabalhadores nos Locais de Trabalho;

IV — conceder tratamento econômico de favorecimento com caráter discriminatório em virtude de filiação ou atividade sindical;

V — interferir nas organizações sindicais de trabalhadores;

VI — induzir o trabalhador a requerer sua exclusão de processo instaurado por entidade sindical em defesa de direito individual;

VII — contratar, fora dos limites desta Lei, mão de obra com o objetivo de substituir trabalhadores em greve;

VIII — contratar trabalhadores em quantidade ou por período superior ao que for razoável para garantir, durante a greve, a continuidade dos serviços mínimos nas atividades essenciais à comunidade ou destinados a evitar danos a pessoas ou prejuízo irreparável ao próprio patrimônio ou de terceiros;

IX — constranger o trabalhador a comparecer ao trabalho com o objetivo de frustrar ou dificultar o exercício do direito de greve;

X — violar o dever de boa-fé na negociação coletiva.

Art. 176. Quando se configurar conduta anti-sindical, o juiz do trabalho, mediante provocação, avaliando a gravidade da infração, eventual reincidência e a capacidade econômica do infrator, aplicará multa punitiva em valor de um até quinhentas vezes o menor piso salarial do âmbito de representação da entidade sindical, ou referência equivalente, sem prejuízo da aplicação da multa coercitiva destinada ao cumprimento de obrigação de fazer ou não fazer, prevista no art. 146 desta Lei.

Parágrafo único. A multa punitiva será executada por iniciativa do juiz e será destinada à conta da representação do prejudicado no FSPS.

Art. 177. As providências judiciais destinadas à prevenção e repressão da conduta anti-sindical, até mesmo a condenação no pagamento da multa punitiva, são cabíveis quando a entidade sindical de trabalhadores:

I — induzir o empregador a admitir ou dispensar alguém em razão de filiação ou não a uma entidade sindical;

II — interferir nas organizações sindicais de empregadores;

III — violar o dever de boa-fé na negociação coletiva;

IV — deflagrar greve sem a prévia comunicação de que trata o art. 109 desta Lei.

Capítulo IV
Da Ação em Matéria de Greve

Seção I
Das disposições gerais

Art. 178. As entidades dotadas de personalidade sindical, no âmbito de sua representação, e os empregadores têm legitimidade para o ajuizamento de demanda destinada a garantir serviços mínimos durante a greve.

Parágrafo único. O Ministério Público do Trabalho tem legitimidade para o ajuizamento da demanda quando não forem assegurados os serviços mínimos nas atividades essenciais à comunidade ou assim exigir o interesse público ou a defesa da ordem jurídica.

Art. 179. É competente para o julgamento da demanda:

I — o Tribunal Superior do Trabalho, quando o conflito coletivo exceder a competência territorial dos Tribunais Regionais do Trabalho, ressalvado o disposto no art. 12 da Lei n. 7.520, de 15 de julho de 1986;

II — o Tribunal Regional do Trabalho do local em que ocorrer o conflito coletivo que conduziu à greve.

Parágrafo único. Compete ao juiz do trabalho do local da paralisação o julgamento da demanda de prevenção e repressão à conduta anti-sindical praticada durante a greve.

Art. 180. O tribunal do trabalho, em decisão imediatamente executiva, poderá ordenar a cessação do comportamento abusivo e a eliminação de seus efeitos nas seguintes situações:

I — quando os trabalhadores deflagrarem greve sem garantir os serviços mínimos destinados ao atendimento das necessidades inadiáveis da comunidade;

II — quando os trabalhadores deflagrarem greve sem garantir os serviços mínimos destinados a evitar danos a pessoas ou o prejuízo irreparável ao patrimônio do empregador ou de terceiros;

III — quando os trabalhadores não cumprirem o acordo de que trata o art. 113 desta Lei, prejudicando os serviços mínimos destinados ao atendimento das necessidades inadiáveis da comunidade ou destinados a evitar danos a pessoas ou o prejuízo irreparável ao patrimônio do empregador ou de terceiros;

IV — quando o empregador contratar trabalhadores em número superior ao que for razoável para garantir a continuidade dos serviços mínimos destinados ao atendimento das necessidades inadiáveis da comunidade ou destinados a evitar danos a pessoas ou prejuízo irreparável ao seu patrimônio ou de terceiros;

V — quando a paralisação envolver serviços técnicos especializados nos quais é impraticável recrutar pessoal treinado ou que possa ser treinado durante o período de prévio aviso, configurando grave risco de danos a pessoas ou de prejuízo irreparável ao patrimônio do empregador, de terceiros ou à continuidade de atividades essenciais à comunidade.

§ 1º Nas hipóteses dos incisos I, II e III, o tribunal do trabalho ordenará à entidade sindical que os trabalhadores cumpram o acordo ou assegurem os serviços mínimos durante o período em que perdurar a greve.

§ 2º Na hipótese do inciso IV, o tribunal do trabalho ordenará ao empregador que reduza imediatamente o contingente de trabalhadores temporários ao número necessário para a simples preservação dos serviços mínimos.

§ 3º Na hipótese do inciso V, o tribunal do trabalho ordenará à entidade sindical que os trabalhadores mantenham os serviços mínimos durante o período necessário para o treinamento ou para a contratação de pessoal especializado.

Art. 181. A multa coercitiva de que cuida o art. 146 desta Lei será paga pelo empregador ou pela entidade sindical e será destinada à conta da representação do prejudicado no FSPS.

Parágrafo único. O tribunal do trabalho poderá expedir carta de ordem para a execução das decisões que proferir.

Art. 182. Apenas mediante requerimento formulado em conjunto pelos atores coletivos envolvidos na greve, o tribunal do trabalho poderá criar, modificar ou extinguir condições de trabalho.

Seção II
Do procedimento

Art. 183. A petição inicial será autuada e encaminhada ao juiz competente, na forma do Regimento Interno, que deverá designar audiência para tentativa de conciliação, apresentação de defesa e instrução no prazo de até 48 (quarenta e oito) horas.

Art. 184. O juiz-relator poderá expedir carta de ordem ao juízo do local da paralisação para a tentativa de conciliação e para as diligências necessárias ao esclarecimento do litígio, com a presteza que a urgência da situação exigir.

Art. 185. Alcançada ou não a conciliação e depois de realizadas as diligências necessárias ao esclarecimento dos fatos, o juiz deverá restituir os autos à Secretaria com o "visto" em até 24 (vinte e quatro) horas, para inclusão em pauta de julgamento, sem revisor, na primeira sessão no prazo de até 24 (vinte e quatro) horas.

Art. 186. O membro do Ministério Público do Trabalho presente à sessão de julgamento poderá apresentar parecer oral, que deverá ser reduzido a termo na certidão.

Art. 187. Concluído o julgamento ou homologada a conciliação, o acórdão deverá ser lavrado em até 48 (quarenta e oito) horas, para publicação no órgão oficial.

Capítulo V
Do Conflito Coletivo de Interesses

Seção I
Das disposições gerais

Art. 188. No fracasso da negociação coletiva destinada à celebração ou à renovação de norma coletiva, os atores coletivos em conflito poderão, de comum acordo, provocar a atuação do tribunal do trabalho, de árbitro ou de órgão arbitral para o fim de criar, modificar ou extinguir condições de trabalho.

Parágrafo único. Consideram-se normas coletivas o contrato coletivo e a sentença proferida pelo tribunal do trabalho, por árbitro ou por órgão arbitral para a solução de conflito coletivo de interesses.

Art. 189. Em atividades submetidas a controle tarifário, em nenhuma hipótese, quer pela via judicial, quer pela via da arbitragem ou do contrato coletivo, a concessão de reajuste ou aumento de salário poderá ser utilizada para justificar reivindicação de aumento de tarifa.

Art. 190. Sob pena de nulidade, todas as entidades com personalidade sindical no mesmo âmbito de representação deverão ser notificadas da instauração do processo judicial ou arbitral.

Parágrafo único. A entidade sindical que não participar da instauração do processo não ficará vinculada à coisa julgada.

Art. 191. A sentença atingirá todos os representados pelas entidades sindicais e produzirá efeitos:

I — a partir da data de sua publicação, quando o processo for instaurado após o prazo previsto no § 2º do art. 105 desta Lei;

II — a partir do dia imediato ao termo final de vigência da norma coletiva, quando o processo for instaurado dentro do prazo previsto no § 2º do art. 105 desta Lei.

Seção II
Da ação normativa

Subseção I
Das disposições gerais

Art. 192. A solução do conflito coletivo de interesses compete:

I — ao Tribunal Superior do Trabalho, quando o conflito coletivo exceder a competência territorial dos Tribunais Regionais do Trabalho, ressalvado o disposto no art. 12 da Lei n. 7.520, de 15 de julho de 1986;

II — ao Tribunal Regional do Trabalho do local em que ocorrer o conflito coletivo.

Parágrafo único. As ações incidentais à negociação coletiva e à arbitragem privada são de competência do juízo da localidade em que esses atos estão sendo praticados.

Art. 193. O processo será instaurado por petição assinada em conjunto pelos atores coletivos envolvidos na negociação coletiva e deverá indicar:

I — a qualificação dos requerentes e o respectivo âmbito de representação;

II — as propostas e contrapropostas de cada parte, com seus fundamentos;

III — a existência de outra entidade com personalidade sindical no mesmo âmbito de representação:

IV — o período de vigência das cláusulas controvertidas.

Art. 194. A nulidade dos atos processuais deverá ser alegada na primeira oportunidade em que couber à parte falar em audiência ou nos autos, sob pena de preclusão.

Parágrafo único. Não se aplica esta disposição às nulidades que o juiz tiver de decretar de ofício e nem prevalece a preclusão quando a parte provar que não praticou o ato por justa causa.

Art. 195. O tribunal do trabalho decidirá nos limites do requerimento conjunto, sendo lhe vedado conceder mais do que foi postulado, atribuir coisa diversa da que foi reivindicada ou oferecida e deixar de decidir sobre cláusula a cujo pronunciamento está obrigado.

Parágrafo único. As partes poderão estabelecer que a solução do conflito seja feita por ofertas finais.

Art. 196. A sentença comporta apenas recurso de embargos de declaração, na forma do art. 897-A da Consolidação das Leis do Trabalho.

Subseção II
Do Procedimento

Art. 197. O requerimento conjunto será autuado e encaminhado ao juiz competente, na forma do Regimento Interno, que deverá designar audiência para tentativa de conciliação, no prazo de até 10 (dez) dias, notificando as partes.

Art. 198. Alcançada ou não a conciliação, o juiz deverá restituir os autos à Secretaria com o "visto" em até 5 (cinco) dias, para inclusão em pauta de julgamento, sem revisor, na primeira sessão no prazo de até 5 (cinco) dias.

Art. 199. O membro do Ministério Público do Trabalho presente à sessão de julgamento poderá apresentar parecer oral, que deverá ser reduzido a termo na certidão.

Art. 200. Concluído o julgamento ou homologada a conciliação, o acórdão deverá ser lavrado em até 5 (cinco) dias, para publicação no órgão oficial.

Seção III
Da arbitragem

Art. 201. A arbitragem nos conflitos coletivos de interesses obedecerá ao disposto nesta Lei e, nos casos omissos, reger-se-á segundo as disposições da Lei n. 9.307, de 23 de setembro de 1996.

Art. 202. O árbitro e o órgão arbitral deverão ser registrados junto ao Ministério do Trabalho e Emprego.

Art. 203. O processo arbitral deverá respeitar os princípios do contraditório, da igualdade das partes, da publicidade, da imparcialidade e do livre convencimento do árbitro.

Art. 204. Quando existir cláusula compromissória e houver resistência na instituição da arbitragem, o interessado poderá requerer a citação da parte contrária para comparecer ao tribunal do trabalho a fim de lavrar-se o compromisso arbitral, na forma do art. 7º da Lei n. 9.307, de 23 de setembro de 1996.

Capítulo VI
Das Ações de Anulação, Declaração e Revisão de Norma Coletiva

Seção I
Das disposições gerais

Art. 205. As ações de anulação, de declaração e de revisão de norma coletiva são de competência originária do tribunal do trabalho que solucionou o conflito coletivo de interesses ou daquele a quem competiria o julgamento

Seção II
Da ação de anulação de norma coletiva

Art. 206. A demanda de anulação de norma coletiva poderá ser ajuizada pelos sujeitos do contrato coletivo, pelas partes do processo, judicial ou arbitral, ou pelo Ministério Público do Trabalho, nos termos do art. 83 da Lei Complementar n. 75, de 20 de maio de 1993.

Art. 207. A sentença será anulada quando:

I — proferida pela Justiça do Trabalho, incorrer em qualquer dos vícios previstos no art. 485 do Código de Processo Civil;

II — proferida por órgão arbitral, incorrer em qualquer dos vícios previstos no art. 32 da Lei n. 9.307, de 23 de setembro de 1996.

Art. 208. Os contratos coletivos poderão ser anulados como os negócios jurídicos em geral, na forma prevista em lei.

Art. 209. Anulada a norma coletiva, reputam-se de nenhum efeito todas as suas cláusulas.

§ 1º Quando o vício incidir somente sobre uma cláusula que seja independente das outras, o tribunal do trabalho pronunciará a nulidade parcial da norma coletiva.

§ 2º Quando a nulidade não atingir a convenção de arbitragem, aplicar-se-á o disposto no § 2º do art. 33 da Lei n. 9.307, de 23 de setembro de 1996.

Art. 210. A petição inicial da demanda de anulação obedecerá aos requisitos do art. 282 do Código de Processo Civil, incumbindo ao autor:

I — cumular ao pedido de anulação, se for o caso, o pedido para que a cláusula anulada seja objeto de julgamento no mesmo processo;

II — comprovar o depósito da quantia correspondente a 100 (cem) vezes o menor piso salarial do ramo de atividade ou do setor econômico, ou referência equivalente, a título de multa, que reverterá para o réu caso a pretensão seja declarada inadmissível ou improcedente.

Parágrafo único. A União, o Distrito Federal, os Estados, os Municípios e o Ministério Público do Trabalho estão dispensados do depósito de que trata este artigo.

Art. 211. A demanda para a anulação de norma coletiva observará o procedimento comum do Código de Processo Civil e deverá ser proposta no prazo de até 90 (noventa) dias contados da celebração do contrato coletivo ou da ciência da sentença ou da decisão de embargos de declaração.

Parágrafo único. O juiz-relator deverá designar audiência para tentativa de conciliação.

Art. 212. O acolhimento da pretensão de impugnação à norma coletiva não importará na restituição das vantagens já recebidas pelos trabalhadores.

Seção III
Da ação declaratória de norma coletiva

Art. 213. As entidades dotadas de personalidade sindical, no âmbito de sua representação, o Ministério Público do Trabalho ou qualquer outra entidade que tenha participado da celebração do contrato coletivo ou da instauração do processo, judicial ou arbitral, poderão ajuizar demanda declaratória visando à obtenção de certeza quanto à aplicação ou interpretação de cláusula de norma coletiva.

Seção IV
Da ação de revisão de norma coletiva

Art. 214. As entidades dotadas de personalidade sindical, no âmbito de sua representação, o Ministério Público do Trabalho ou qualquer outra entidade que tenha participado da celebração da norma coletiva ou da instauração do processo, judicial ou arbitral, poderão ajuizar demanda de revisão de cláusula de contrato coletivo sempre que sobrevier modificação no estado de fato ou de direito, por fato superveniente e imprevisível,

TÍTULO VIII
DAS DISPOSIÇÕES FINAIS E TRANSITÓRIAS

Art. 215. O período de transição para a aplicação das normas de que trata o Título I desta Lei será de:

I — 36 (trinta e seis) meses para as entidades de trabalhadores, prorrogáveis por 24 (vinte e quatro) meses, por solicitação da entidade sindical ao Ministério do Trabalho e Emprego, conforme a análise de desempenho dos índices de sindicalização pela Câmara Bipartite, contados da data de início da vigência desta Lei;

II — 60 (sessenta) meses para as entidades de empregadores, prorrogáveis por 24 (vinte e quatro) meses, por solicitação da entidade sindical ao Ministério do Trabalho e Emprego, conforme a análise de desempenho dos índices de sindicalização pela Câmara Bipartite, contados da data de início da vigência desta Lei.

Art. 216. Durante o período de transição, a entidade sindical com registro concedido anteriormente ao início da vigência desta Lei preservará a personalidade sindical.

Parágrafo único. A personalidade sindical será cancelada se, até 3 (três) meses após o término do período de transição, a entidade não comprovar a representatividade perante o Ministério do Trabalho e Emprego.

Art. 217. A central sindical obtém representatividade transitória mediante a observância de 3 (três) dos seguintes requisitos:

I — filiação de sindicatos com representatividade comprovada em pelo menos 18 (dezoito) unidades da Federação, distribuídas nas 5 (cinco) regiões do país e em 7 (sete) setores econômicos;

II — filiação de sindicatos com representatividade comprovada em pelo menos 12 (doze) unidades da Federação, com índice de filiação igual ou superior a 5% (cinco por cento) do total de trabalhadores nessas unidades da Federação;

III — filiação de trabalhadores aos sindicatos filiados à central sindical em número igual ou superior a 20% (vinte por cento) do total de trabalhadores nos respectivos âmbitos de representação;

IV — filiação de trabalhadores aos sindicatos filiados à central sindical, em pelo menos 5 (cinco) setores econômicos, em número igual ou superior a 5% (cinco por cento) do total de trabalhadores nesses setores econômicos em âmbito nacional.

Art. 218. A confederação obtém representatividade mediante filiação a central sindical ou com a observância dos seguintes requisitos:

I — filiação de sindicatos com representatividade comprovada em pelo menos 18 (dezoito) unidades da Federação, distribuídas nas 5 (cinco) regiões do país;

II — filiação de sindicatos com representatividade comprovada em pelo menos 9 (nove) unidades da Federação, com índice de filiação igual ou superior a 15% (quinze por cento) do total de trabalhadores no respectivo âmbito de representação em cada uma dessas unidades federativas;

III — filiação de trabalhadores aos sindicatos filiados à confederação em número igual ou superior a 20% (vinte por cento) do total de trabalhadores nos respectivos âmbitos de representação.

Art. 219. A federação obtém representatividade mediante filiação a central sindical ou a confederação ou mediante a observância dos seguintes requisitos:

I — filiação de trabalhadores aos sindicatos filiados à federação em número igual ou superior a 20% (vinte e por cento) do total de trabalhadores nos respectivos âmbitos de representação desses sindicatos;

II — filiação de trabalhadores aos sindicatos filiados à federação em número igual ou superior a 5% (cinco por cento) do total de trabalhadores no âmbito de representação da federação.

Art. 220. A contribuição sindical dos trabalhadores será extinta no período de três anos, a partir do início da vigência desta Lei e corresponderá a:

I — 75% (setenta e cinco por cento) de um dia de trabalho no primeiro ano;

II — 55% (cinqüenta e cinco por cento) de um dia de trabalho no segundo ano;

III — 35% (trinta e cinco por cento) de um dia de trabalho no terceiro ano.

§ 1º Durante o período de transição, o percentual de repasse da contribuição sindical será de 5% (cinco por cento) para as confederações, 15% (quinze por cento) para as federações, 60% (sessenta por cento) para os sindicatos e 20% (vinte por cento) para a "Conta Especial Emprego e Salário".

§ 2º O sindicato deverá indicar a confederação e a federação para as quais serão destinados os recursos referidos no parágrafo anterior.

Art. 221. A contribuição sindical dos empregadores será extinta no período de 5 (cinco) anos, observando-se a base de cálculo e o procedimento de recolhimento previstos no art. 580, III, §§ 1º, 2º e 3º, e no art. 581 da Consolidação das Leis do Trabalho.

§ 1º A partir do terceiro ano contado do início da vigência desta Lei, a contribuição sindical corresponderá a:

I — 75% (setenta e cinco por cento) no terceiro ano;

II — 55% (cinqüenta e cinco por cento) no quarto ano;

III — 35% (trinta e cinco por cento) no quinto ano.

§ 2º Durante o período de transição, o percentual de repasse da contribuição sindical será de 5% (cinco por cento) para as confederações, 15% (quinze por cento) para as federações, 60% (sessenta por cento) para os sindicatos e 20% (vinte por cento) para a "Conta Especial Emprego e Salário";

§ 3º O sindicato deverá indicar a confederação e a federação para as quais serão destinados os recursos referidos no parágrafo anterior.

§ 4º Durante o decurso do prazo de que trata este artigo, a entidade sindical que comprovar sua representatividade, ou obtiver declaração expressa da confederação respectiva do setor econômico, garantindo o cumprimento dos critérios de representatividade, poderá substituir a cobrança da contribuição sindical pela contribuição de negociação coletiva.

Art. 222. Até que seja aprovada a lei específica de que trata o art. 2 º desta Lei, aplicar-se-ão às entidades sindicais de servidores públicos da União, dos Estados, do Distrito Federal e dos Municípios, bem como das autarquias e fundações públicas, os arts. 4º a 13, incisos I, 14 a 25, 27, 28, 43 e 56 a 58 desta Lei.

Parágrafo único. A presente Lei não será, de modo algum, interpretada em detrimento dos direitos e dos costumes que regulam as relações sindicais dos servidores públicos até que venha a ser aprovada a lei específica de que trata o art. 2º desta Lei.

Art. 223. Durante o período de 3 (três) anos após o início da vigência desta Lei, a representação dos trabalhadores nos locais de trabalho será constituída nas empresas conforme a seguinte proporção:

I — de 100 (cem) a 200 (duzentos) trabalhadores: 1 (um) representante;

II — de 201 (duzentos e um) a 300 (trezentos) trabalhadores: 2 (dois) representantes;

III — de 301 (trezentos e um) a 500 (quinhentos) trabalhadores: 3 (três) representantes;

IV — de 501 (quinhentos e um) a 800 (oitocentos) trabalhadores: 4 (quatro) representantes;

V — de 801 (oitocentos e um) a 1000 (mil) trabalhadores: 5 (cinco) representantes.

§ 1º Em empresa com mais de 1.000 (mil) trabalhadores, deverão ser acrescidos 2 (dois) representantes para cada 1.000 (mil) ou fração superior a 500 (quinhentos) trabalhadores.

§ 2º Em empresa com menos de 30 (trinta) trabalhadores, a representação poderá ser criada por contrato coletivo.

§ 3º Em empresa que possua, no mesmo âmbito de representação sindical, mais de um estabelecimento com menos de 30 (trinta) trabalhadores cada um, mas que, somados, alcancem esse número, a representação será constituída com base no total de trabalhadores.

§ 4º Na hipótese do parágrafo anterior, o sindicato indicará em qual estabelecimento será constituída a representação, cujos membros deverão ser eleitos e atuar nos respectivos locais de trabalho.

§ 5º Para a fixação do número de representantes será considerada a quantidade de trabalhadores na empresa no período de 3 (três) meses anteriores à data marcada para a eleição.

Art. 224. Nos 3 (três) anos seguintes ao período de que trata o art. anterior, a representação dos trabalhadores será constituída conforme a seguinte proporção, após o quê será observada a proporção fixada no art. 64 desta Lei:

I — de 50 (cinqüenta) a 100 (cem) trabalhadores: 1 (um) representante;

II — de 101 (cento e um) a 200 (duzentos) trabalhadores: 2 (dois) representantes;

III — de 201 (duzentos e um) a 400 (quatrocentos) trabalhadores: 3 (três) representantes;

IV — de 401 (quatrocentos e um) a 600 (seiscentos) trabalhadores: 4 (quatro) representantes;

V — de 601 (seiscentos e um) a 800 (oitocentos) trabalhadores: 5 (cinco) representantes;

VI — de 801 (oitocentos e um) a 1.000 (um mil) trabalhadores: 6 (seis) representantes.

§ 1º Em empresa com mais de 1.000 (mil) trabalhadores, deverão ser acrescidos 2 (dois) representantes para cada 1.000 (mil) ou fração superior a 500 (quinhentos) trabalhadores.

§ 2º Em empresa com menos de 30 (trinta) trabalhadores, a representação poderá ser criada por contrato coletivo.

§ 3º Em empresa que possua, no mesmo âmbito de representação sindical, mais de um estabelecimento com menos de 30 (trinta) trabalhadores cada um, mas que, somados, alcancem esse número, a representação será constituída com base no total de trabalhadores.

§ 4º Na hipótese do parágrafo anterior, o sindicato indicará em qual estabelecimento será constituída a representação, cujos membros deverão ser eleitos e atuar nos respectivos locais de trabalho.

§ 5º Para a fixação do número de representantes será considerada a quantidade de trabalhadores na empresa no período de 3 (três) meses anteriores à data marcada para a eleição.

Art. 225. Caberá ao Ministério do Trabalho e Emprego instalar o CNRT no prazo de 30 (trinta) dias, contados da publicação desta Lei.

Art. 226. Nos primeiros 12 (doze) meses após sua instalação, a Câmara Tripartite será composta por 18 (dezoito) membros e respectivos suplentes, observada a proporcionalidade da representação.

Art. 227. Nos primeiros 12 (doze) meses após sua instalação, as Câmaras Bipartites serão compostas, cada uma, por 12 (doze) membros e respectivos suplentes, observada a proporcionalidade da representação.

Art. 228. Caberá à representação do Governo as duas primeiras Presidências e Coordenações da Câmara Tripartite e das Câmaras Bipartites, respectivamente.

Art. 229. No período de que tratam os arts. 226 e 227 desta Lei, as representações dos trabalhadores e dos empregadores serão exercidas pelas entidades sindicais participantes do Fórum Nacional do Trabalho, referidas no inciso II, do § 2º, do art. 2º do Decreto n. 4.796, de 29 de julho de 2003.

Art. 230. No prazo de 90 (noventa) dias a contar da instalação do CNRT, a Câmara Tripartite deverá propor, para deliberação do Ministro do Trabalho e Emprego, as matérias de que cuidam os incisos II e IV do art. 133 desta Lei.

Art. 231. As normas de direito processual desta Lei aplicar-se-ão desde logo, sem prejuízo da validade dos atos praticados antes da vigência delas.

Art. 232. Nas ações de que trata esta Lei, são devidos honorários advocatícios, nos termos do Código de Processo Civil e da Lei n. 8.906, de 4 de julho de 1994.

Art. 233. O § 4º do art. 789 da Consolidação passa a ter seguinte redação:

"§ 4º Na ação normativa, as partes responderão em proporções iguais pelo pagamento das custas, sobre o valor arbitrado na sentença".

Art. 234. O art. 876 de Consolidação das Leis do Trabalho passa a ter a seguinte redação:

"Art. 876. As decisões passadas em julgado ou das quais não tenha havido recurso com efeito suspensivo; os contratos coletivos, quando não cumpridos; os termos de ajuste de conduta firmados perante o Ministério Público do Trabalho e os termos de conciliação firmados com assistência da Representação dos Trabalhadores nos Locais de Trabalho serão executados pela forma estabelecida neste Capítulo.

Parágrafo único. Serão executados 'ex officio' os créditos previdenciários devidos em decorrência de decisão proferida pelos juízes e tribunais do trabalho, resultantes de condenação ou homologação de acordo".

Art. 235. O art. 12 da Lei n. 7.520, de 15 de julho de 1986, passa a ter a seguinte redação:

"Art. 12. Compete exclusivamente ao Tribunal Regional do Trabalho da 2ª Região processar a ação normativa e a ação em matéria de greve cujas decisões produzirão efeitos em área territorial alcançada, em parte, pela jurisdição desse mesmo Tribunal e, em outra parte, pela jurisdição do Tribunal Regional do Trabalho da 15ª Região".

Art. 236. Fica extinta a contribuição assistencial e qualquer outra existente sob igual hipótese de incidência ou base de cálculo.

Art. 237. Ficam revogados os arts. 511 a 625, 625-A a 625-H e 856 a 875 da Consolidação das Leis do Trabalho, assim como a Lei n. 4.725, de 13 de julho de 1965, a Lei n. 7.783, de 28 de junho de 1989 e a Lei n. 8.073, de 30 de julho de 1990.

Parágrafo único. O art. 580, III, §§ 1º, 2º e 3º, e o art. 581 da Consolidação das Leis do Trabalho serão revogados ao término do período de transição definido no art. 221 desta Lei.

Art. 238. Esta Lei entra em vigor na data de sua publicação, revogadas as disposições em contrário, correndo suas despesas por dotações orçamentárias próprias, ou suplementadas, se necessário.

Produção Gráfica e Editoração Eletrônica: **LINOTEC**
Capa: **FÁBIO GIGLIO**
Impressão: **HR GRÁFICA E EDITORA**